U0727571

山东省社科规划项目研究成果（项目批准号：24DDJJ02）

马克思主义
人学视域下的
自我革命研究

李菲菲 著

北京出版集团
北京出版社

图书在版编目（CIP）数据

马克思主义人学视域下的自我革命研究 / 李菲菲著 .
北京 ： 北京出版社，2024. 12. -- ISBN 978-7-200
-18840-0

Ⅰ. C912.1

中国国家版本馆 CIP 数据核字第2024G3C292 号

马克思主义人学视域下的自我革命研究
MAKESI ZHUYI RENXUE SHIYU XIA DE ZIWO GEMING YANJIU
李菲菲　著

出 版	北京出版集团	
	北京出版社	
地 址	北京北三环中路 6 号	
邮 编	100120	
网 址	www.bph.com.cn	
发 行	北京伦洋图书出版有限公司	
印 刷	河北鑫玉鸿程印刷有限公司	
开 本	787 毫米 × 1092 毫米　1/16	
印 张	15.75	
字 数	250 千字	
版 次	2024 年 12 月第 1 版	
印 次	2024 年 12 月第 1 次印刷	
书 号	ISBN 978-7-200-18840-0	
定 价	68.00 元	

如有印装质量问题，由本社负责调换
质量监督电话：010-58572393

内容简介

《马克思主义人学视域下的自我革命研究》从马克思主义人学视域出发，考察自我革命到底在何种程度上、在什么意义上真正实现的问题。

马克思主义人学视域下的自我革命是指主体内在的，以推动自我发生根本变革引起主体自我从旧质到新质的飞跃，推动人类社会发展进步的根本性变革活动。从一般性来看，自我革命是主体所具有的内在禀赋及其革新活动。具有主体性特征、拥有满足需要的能力以及符合发展目标的现实的人，具有开展自我革命的可能性因素。自我革命是现实的人可能实现自身发展的实践方式之一，是现实的人可能采用的实践权利。从特殊性来看，自我革命作为一种革命实践活动，以实现人与社会的发展为日的。真正有能力开展自我革命的主体，必须遵循人民群众利益、以人的解放为目标、具有最彻底的革命意志。中国共产党拥有开展自我革命的政治底气、精神支撑与制度保障。中国共产党自我革命的实践水平反映的是人民群众的智慧和意志。中国共产党的自我革命对党的建设、整个社会的革命性进步等都具有重要意义。

本书第一章先明确自我革命研究的马克思主义人学相关理论，明晰马克思主义人学研究的基本问题以及与自我革命研究的内在联系，确定马克思主义人学可以为自我革命研究提供相关理论依据、理论借鉴与现实依据。第二章明晰马克思主义人学视域下自我革命的一般规定，论述马克思主义人学视域下自我革命的科学内涵、构成要素、主要特征、价值目标等基本内容。第三章聚焦开展自我革命的驱动要素分析，强调其驱动要素的内在力量。第四章重点突出自我革命的实现条件，虽然自我革命是一切社会主体都可能实施的实践活动，但是就其实现的具体条件来看，只有与时代同行的先进个人、群体乃至人类整体才具有实现自我革命的现实可能。第五章与第六章讨论中国自我革命的特殊的现实力量；勇于自我革命是中国共产党区别于其他政党的显著标志，中国共产党的自我革命预示着未来，具有普遍意义和人类价值。

序

　　我的学生李菲菲编写的《马克思主义人学视域下的自我革命研究》是她对博士学位论文进行探索、研究的成果。作为她的博士生导师，我参与了本书的逐章分析、认真修改的全过程。本书书成之后，她希望我写一篇序言。那么，我就本书的思想指导、核心内容、创新观点谈一些看法，是为序。

一、坚持马克思主义的世界观和方法论，贯彻习近平新时代中国特色社会主义思想

　　中国特色社会主义进入新时代，是一场伟大社会革命的成果。这样一场广泛深刻的伟大社会革命离不开社会主体的前提性革命。无论是全面建成小康社会还是在21世纪中叶建成社会主义现代化强国，人自身首先需要破旧立新。中国特色社会主义事业是人的自我革命创造的选择，是在实现主体生产力自身发展的同时提高社会生产力，进而促进社会整体层面的变革发展的召唤下选择的。从这个意义上看，伟大的社会革命同时也是一场人的伟大的自我革命。这种自我革命是在人正确把握社会矛盾运动规律以及人的自我科学认识规律（马克思主义人学）的基础上建立的。马克思主义人学作为以现实的人为研究对象、以实现人的解放为目标的学问，为自我革命研究提供了重要依据。马克思主义人学视域下的自我革命是指主体内在的，以推动自我发生根本变革引起主体自我从旧质到新质的飞跃，推动人类社会发展进步的根本性变革活动。本书从现实的人的角度，依据习近平总书记关于党的自我革命的相关重要思想，立足于当代现实问题，关注社会主体及主体间性的矛盾，考察自我革命的路径实现、目标归宿等，进一步揭示中国共产党自我革命的现实力量与普遍意义。

二、在马克思主义人学视域下系统论述自我革命的相关内容

本书从马克思主义人学理论依据出发，尝试把握自我革命的发展规律，揭示自我革命从自我反思、自我设计、自我改造、自我发展、自我实现到自我评价的一般实践运动过程以及中国共产党这一特殊革命主体所赋予的特殊内涵；从主体、客体、中介要素出发，分析革命主体通过自我斗争、自我批评、自我教育等中介转换器建立与对象客体的联系，将主体自身的能量、信息等指向对象化的客体的同时，又通过对象化的客体来充实人的自身发展。为了抓住自我革命根本向前的动力，本书探究了自我革命开展的可能性因素（如人的主体性、需要与理想目标驱动）以及自我革命从可能向现实转变的实现条件（如人的健康体魄、人的智力发展、人的德行水平，实践导向要体现人民利益、发挥人民智慧、反映人民诉求，实践进展遵循人的解放的发展规律）。依据自我革命的实现条件，自我革命需要思想先进的阶级及领导者首先进行自我革命才能发挥方向引领与精神带动的作用，进而才能影响到别的群体和个体实现正确的自我革命的目的。中国共产党拥有开展自我革命的现实力量，是用马克思列宁主义武装起来的、最革命的、最具有战斗力的无产阶级政党。中国共产党的自我革命关系到自身的党性建设，关系到人民群众的根本利益的维护以及人类命运共同体的构建。中国共产党开展自我革命的普遍意义也恰恰反映了中国共产党在伟大自我革命与伟大社会革命之间的统一作用，而这也对如何开展全社会层面的自我革命以推进伟大社会革命具有研究意义。

三、在一些研究问题上的创新

本书在马克思主义人学视域下探讨自我革命的一般性与特殊性的相关论证体现了一定的前沿性和创新性。从普遍性层面来看，自我革命以实践性、社会性和现实性基础上的个体、群体与人类整体作为革命主体，以对象自我为客体。自我革命的过程是一个不断自我反思、自我批判、自我否定、自我开刀的过程。我们需要追问：自我革命主体如何才能义无反顾地刀刃向内、刮骨疗毒？可想而知，自我革命具有它的特殊性。这一特殊性体现在自我革命的主体素质水平的进步性与主体的层次性差异上。即真正没有自己任何特殊利益并始终心怀人民群众最根本利益的人才能够凝聚广

大人民合力进而开展个体、群体与人类层面的自我革命。中国共产党作为中国工人阶级、中国人民和中华民族的先锋队，作为马克思主义执政党与革命党，其所开展的自我革命不仅有利于加强自身的建设，更有利于推动中国人民乃至人类整体的发展与进步。

当然，自我革命蕴含着丰富的马克思主义人学意蕴，而新时代新征程又赋予自我革命新的责任，加之作者研究视野、研究水平的局限，本书作为一项研究成果不可避免地存在不足之处。未来希望李菲菲博士能够带着一腔研究热忱，在这一领域继续做实做深，为新时代多做贡献。

董慧

2024 年 3 月 10 日

目 录

CONTENTS

绪　论

马克思主义人学是以辩证唯物主义和历史唯物主义的世界观和方法论为指导，在从整体层面对什么是人、如何做人进行探求的基础上，追求每个人自由全面发展的学问。人的自由全面发展的需要要求人在遵循自然规律、社会发展客观规律的基础上，充分发挥主体能动性，始终保持自我保存、自我更新的状态。社会的历史是以人为主体的实践活动的过程和结果。在人的发展与社会生产发展的统一体中，人始终是实践的主体。人在一定范围内可以通过自我改变使社会生产为自己的目的服务。当前，许多国家或地区在发展过程中存在物质利益片面化、精神文化侵蚀化、社会秩序新挑战等现象，这些都影响着人的素质的全面发展的实现，阻碍着人的本性需要的满足。面对复杂交错的现实问题，为了使人摆脱发展困境、朝着人的自由全面发展的方向前进，人的自我改变无疑成为破除自身阻碍因素的重要方式之一。"革命是历史的火车头"[①]，是推动社会向前发展的重要实践活动。因此，自我革命可以看作是人最彻底的自我改变的活动。总的来说，为了实现人与世界的和谐共处，人的自我革命越来越重要。不论是个体、群体还是人类，要自觉地实现自我改造，就需要始终坚持勇于自我革命，努力增强自我净化、自我完善、自我革新、自我提高的能力。

人民是国家的主人，是社会历史发展的决定性力量。国家的繁荣复兴离不开人民群众在自我革命中的不断自我改造与自我发展。习近平强调中国人民自我革命的重要性。他认为"中国人民勇于自我革命、自我革新，不断完善中国特色社会主义制度，不断革除阻碍发展的各方面体制机制弊

---

① 中共中央马克思恩格斯列宁斯大林著作编译局编译:《马克思恩格斯文集》第二卷，北京：人民出版社2009年版，第161页。

端"①，是中国社会发展的真正推动力量。现实障碍的克服以及社会的发展与进步需要每个人的共同努力。在这一现实背景下，人们如何在现实社会中不断突破自我、革新自我，进而在推动人的现代化基础上实现更高层次的人类文明的繁荣与发展，是需要加强研究的重大而紧迫的问题。

自我革命是中国共产党始终保持初心使命的行动密码。"为人民而生、因人民而兴"的中国共产党人，始终坚持以批评与自我批评为武器，做勇于自我革命的战士。中国共产党作为百年大党，需要在如何永葆先进性、纯洁性、活力性、人民性等方面花费功夫去思考并着力实现，而自我革命正是实现这一目标的方法之一。自我革命是中国共产党保持马克思主义政党本色、始终牢记党的初心与使命的重要力量。自我革命是中国共产党保证先进性、实现自我超越的重要手段。"自我革命精神是党永葆青春活力的强大支撑。"②中国共产党在实现自我革新的过程中，切实推动了中国社会的成长，实现了中国经济的发展、民生的改善、法治的进步以及治理的优化。坚持自我革命是中国共产党在长期实践过程中积累的宝贵经验，并随着实践的深化而不断发展。

一、选题缘起

人的本质属性是社会性。社会历史归根结底是人作为主体不断劳动实践的结果。当前，人类生活在一个机遇与挑战并存的社会中。如新型冠状病毒引发的疫情，历史性地重挫了世界各国经济社会的发展，但也用事实证明了人类社会历史发展进程的具体性与特殊性。社会历史的变化发展与人的变化发展是一致的，二者既相互制约又相互促进。为了推动社会的不断发展，历史赋予了人类始终推动自我发展的责任与要求。人通过劳动实践改变着人自身的素质水平，改变着社会生产的主体，也改变着人与人之间的社会关系。中国共产党坚持勇于自我革命的精神，使自身始终保持先进性，并带领人民完成了全面建成小康社会的第一个百年奋斗目标。人通

---

① 习近平：《论坚持推动构建人类命运共同体》，北京：中央文献出版社2018年版，第519–520页。

② 《中共中央关于党的百年奋斗重大成就和历史经验的决议》，北京：人民出版社2021年版，第70页。

过劳动实践不断创新着社会环境，社会环境也通过自己的改变不断塑造着更高水平的人。全面建成小康社会的实现，标志着我国向着中国梦的伟大目标向前跨越了关键性的一步，这也为广大人民向着更加美好的新生活和现代化新目标提出了新任务。实践呼唤理论。马克思主义人学作为一种以研究人与世界关系、实现人的解放和自由全面发展为最高理想的理论学说，为中国共产党加强自身建设、带领全体人民实现发展、不断推进构建人类命运共同体，提供了重要的依据。

（一）选题依据

自我革命是以个体、群体与人类相统合的有机整体，为了实现人与社会共同发展而做出的合规律性、合目的性的统一的革命实践活动。自我革命作为一项实践活动是人类社会发展的必然选择。人作为社会主体，要想推动社会的发展前进，离不开人驾驭新技术、新理念等新事物的自我能力与水平的相应提升。人作为主体生产力，其自我水平的提升与变革，无疑是一场重要的且十分紧迫的自我革命实践活动，而这场自我革命实践活动是一定社会历史条件下的现实需要，是社会发展演进的历史启示与历史规律的选择，更是人类文明前进发展的未来召唤。

1.自我革命的现实需要

在我国社会主义现代化的发展进程中，人始终处于实践主体、价值主体的地位。人的这种主体地位表明，社会主义现代化的本质是实现人的现代化。人的现代化的检验标准是不断克服人的发展障碍，实现人的自由与全面的发展。人的自由全面发展的实现，要求人在发展过程中要始终坚持"既见物又见人"①的态度。从我国当前所处的社会主义初级阶段来看，人的现代化的实现面临着一系列的矛盾，主要包括市场经济发展引发的矛盾，文化价值冲突引发的矛盾，信息、数字及风险等引发的矛盾。问题是时代的格言，它表达着一定社会历史条件下的实际呼声。为了回应时代呼声，增强人们应对复杂局面和风险挑战的能力，人们应该正视现实问题，时刻保持迎接挑战的勇气，坚持在自我革命中不断提升破解问题的能力。

---

①　陈志尚主编：《人学原理》，北京：北京出版社2004年版，第9页。

第一，市场经济发展引发的矛盾。从人的发展状态来看，人对自由的追求、对全面发展的追求，是人追求自我发展的根本要求。然而，在市场经济的影响下，人的应然状态与实然状态存在差异。虽然社会主义的历史发展是必然趋势，但这些冲突与矛盾无疑增加了社会主义建设与发展的难度，同时也阻碍了人自身的发展。因此，人们要勇于面对阻碍自身发展的挑战因素，具体问题具体分析，在不断破除人的发展障碍的同时，推动社会的全面进步。其一，人才评价单一化与素质全面性之间的矛盾。人的素质是人从事各种实践活动的主体条件。素质的发展影响着人的心理和行为的内容以及发展水平。其中，创新能力和水平的高低是人的素质水平高低的集中表现。人是创新的主体，创新的开展离不开人才的内驱力。人才创新驱动作用的发挥，离不开创新人才评价体制机制的建立与健全。然而，人才评价单一化的现象，却在一定程度上影响了人的素质的全面发展，进而影响了人的发展方向与社会的成才观念，阻碍了人的活力的全面释放。其二，公共权力寻租与权力人民性之间的矛盾。我国从计划经济到市场经济的转变，证明了经济要素在社会发展中的积极作用，它调动了人民的积极性，高效地实现了资源的配置。然而，经济利益的驱使、权力掌握者管理职权范围过宽与法律监督制度的不健全，为部分公权掌握者提供了谋私的可能性。当社会权力由"公"向"私"扭曲转变时，社会便产生了超越于经济规律的"超经济人"群体。"超经济人"以权力为资本，为自身谋取经济利益，形成了权力寻租现象。权力寻租的出现引发了公共权力与权力人民性之间的矛盾，造成了权力的异化，阻碍了人的全面发展进程。其三，物质利益至上的观念引发人与自然之间的矛盾。从人的发展来看，自由与全面是人的本质发展的价值旨归。但是，在不断完善的市场经济下，社会生产力的有限性与人的生活需要的发展之间的矛盾，使人与人之间的联结呈现出物与物联结的关系趋向。人在异化的过程中逐渐丧失自身的独立性，朝着片面的人、狭隘的利己主义的人的方向偏离，进而引发利益驱动的片面化。利益驱动片面化形成的"经济唯上论"等理念扭曲了人与自然的关系，破坏了人的生存环境，使人最终处于被自然奴役的状态。面对人与自然之间的挑战，人们应该认识到人与自然的关系不存在任何主奴关系。人越是与自然处于和谐状态，就越能实现自己的发展。

第二，文化价值冲突引发的矛盾。世界历史的演进使世界各国日益紧密地联系起来。世界各国日益紧密的联系，不仅为文化交流提供桥梁，也滋生着文化趋同、文化渗透的土壤。这些价值观无孔不入地在世界各地弥散着，影响人的人生价值、自我价值与社会价值的形成、塑造与实现。其一，享乐主义与人生价值实现之间的矛盾。人与动物不同，人延续自己的生命不仅是为了活着，而且还追求人生价值的实现。人生价值一般是指人活着为了什么。从社会角度来看，这是指个人对社会存在与发展的贡献。随着物质条件繁荣的复杂化，享乐主义在社会中逐渐滋生与发展。享乐主义者把享乐作为自己的人生目标，认为人存活于世的目的就是实现感官需要的满足并在满足中获得快乐，却忽略了社会价值的实现，造成人的生命价值的异化，使人忽视人类正义事业等更有意义的价值实现。其二，个人主义与自我价值实现之间的矛盾。自我价值一般是指主体自我对于自身需要的满足。人具有社会属性。一个人只有通过对社会需要的满足才能真正满足自己的需要。但当前个人主义所倡导的个人利益至上的价值观，使人越来越忽视个人对社会的价值部分，导致了社会共同体存在凝聚力分散的风险，影响了人对社会的贡献与作用，阻碍了自我价值的实现。其三，虚无主义与社会价值实现之间的矛盾。人的社会价值主要表现为社会的自我价值与个人对社会的价值。社会价值的实现以社会成员生存、发展的需要满足程度来衡量。社会成员的需要满足程度越高，一个社会的进步程度与合理程度就越高。但是，当前社会弥散的历史虚无主义、民族虚无主义、文化虚无主义等错误思潮，增加了社会的不稳定因素，甚至存在造成社会乃至国家分裂的不确定性因素，不断加重社会实现自身价值的负担、难度与挑战。

第三，信息、数字及风险等引发的矛盾。全球化进程的推进与现代技术的飞速发展，使现代社会出现数字社会、风险社会、消费社会等复杂的社会形态，引发了人与人之间的社会关系难题。其一，数字社会与数字人权实现的矛盾①。人的一切活动都离不开人的需要的满足，而人要想满足自身的需要，必不可少的条件是在社会中享有应有的权利。然而，随着大规模生产、分享与应用数据的开启，整个现代人类社会被拽入一个充满数字信息的时代——数字时代。数字时代充斥着大数据等算法，在给人们带来创新性变革的同时，也挑战着人类社会的和谐与发展，造成数字人权等问题的出现。例如，数字社会对人的隐私权利的侵犯使人的公私领域之间的分离界限变得模糊不清；数字技术的引入使人逐渐被抽象化为一种碎片编码与数据衍生物，进而丢失原本的独立思考能力；"数据精英"的出现影响着人的权利的公平性的实现。其二，风险社会与健全人格实现的矛盾。健全的人格可以释放人的潜能，使人的性格气质、人生观、价值观等朝着健康的方向发展。但风险社会的存在却又挑战着健全人格的实现，加剧人的个体性的消解，使人较难满足自身的安全感的需要等，进而有可能引发道德人格边缘化的现象。例如，受害者心态、仇富心态、仇官心态的出现。其三，消费社会与本性需要满足的矛盾。人的需要即"他们的本性"。人的需要是人的天然的、内在规定性的客观范畴，包括生存需要、享受需要与发展需要。然而，消费社会的出现却影响着人在消费客体中满足主体需要的程度。人们在消费社会中容易把社会中的消费标准等同于自身真正的需要，造成人的需要异化，主要表现为需要的物质化、虚假化、单一化等，进而导致人的精神需要的贫瘠。例如，消费社会的消费符号化实质是消费需求单一化的表现，是人们在物质财富丰富的社会背景下因精神财富的匮乏而引起的相对病态需要。

2.自我革命的历史启示

自我革命是一个历久弥新的话题。马克思主义人学视域下的自我革命研究不仅是当代中国发展的现实需要，也是近代以来中国人民致力于现代化国家建设、谋求中华民族伟大复兴的重要历史启示、历史经验的选择。近代以来的中国现代化发展历程离不开人的现代化的发展与进步。人的现

---

① 李菲菲、董慧：《大数据时代下城市治理的伦理诉求》，《城市发展研究》2020年第5期，第65–71页。

代化的发展演进过程反映着中国共产党的自我革命过程，也是人民群众的自我革命过程。

第一，人民群众的自我革命是中国现代化发展的必然要求。社会现代化的发展是一个综合性的现代化发展过程，它包含很多内容，如经济现代化、政治现代化、社会文化现代化等。中国的现代化探索历程自1840年鸦片战争之后便开始了。新中国成立之前，虽然中国现代化历程涉及经济、科技、人才教育等各领域，但反动阶级推动下的中国现代化发展却十分缓慢。除了因为旧中国本身处于半殖民地半封建社会，政治地位弱势、资金积累不足、技术设备落后之外，还有一个重要原因就是人的问题。在反动阶级领导的现代化发展过程中，一方面，由于领导阶级本身的反动性与落后性，所以他们不可能站在广大人民的立场上，制定真正推动社会现代化发展进步的政策；另一方面，由于广大人民群众处于被压迫、被剥削的地位，并不能获得良好的现代化教育，进而导致缺乏擅长操作机器工业设备的技术人才以及现代企业管理人才。经过对近代以来中国现代化发展的简要分析，可以看到要想真正实现中国现代化的发展，必然以推动生产力发展为标准。生产力的发展既包括物的生产力，也包括人的生产力。在人的生产力中，劳动者是首要的生产力，同时它也是人民群众的主体部分。中国现代化的发展，以人民群众不断自我完善、自我革新的能力、水平、思想、道德、理想等为必然要求。中国现代化不断完善的过程，也是人民群众不断与时俱进的自我革命的过程。总的来说，人民群众是社会变革的决定力量，中国现代化的发展离不开人民群众的参与。"在新时代，中国人民将继续自强不息、自我革新，坚定不移全面深化改革，逢山开路，遇水架桥，敢于向顽瘴痼疾开刀，勇于突破利益固化藩篱，将改革进行到底。"① 但是，需要特别指出的是，反动阶级领导下的中国现代化之所以没有得到发展与进步，很大程度上是因为人民群众这种巨大推动、变革社会的力量没有充分迸发。这也说明，人民群众的历史推动力量，离不开先进领导力

---

① 习近平：《论坚持推动构建人类命运共同体》，北京：中央文献出版社2018年版，第524页。

量的引领与组织。

第二，人民群众的自我革命以中国共产党的自我革命为表率。中国现代化的发展离不开人的现代化，而人的现代化又必然离不开人通过自我革命的方式增强其生产力的水平。人不是抽象的，人是个体、群体、人类组成的有机统合。因此，人的现代化水平包含中国共产党的现代化水平。中国共产党是中国无产阶级的先进部队，始终代表中国无产阶级和劳动人民的利益与意志，坚持以人类的解放事业为己任。中国共产党作为可以代表最广大人民根本利益的政党，自成立之日起，就肩负起了中国现代化的探索责任，努力破除阻碍生产力发展的障碍、始终维护最广大人民群众的根本利益。中国共产党在坚持马克思主义理论与中国具体实际相结合的过程中，使中国的现代化始终保持其先进性，始终坚持推动经济、政治、文化、科技、人口等各方面协同发展的现代化。对比反动阶级领导下的中国现代化进程和中国共产党领导的中国现代化的发展，事实表明，一个国家的现代化程度，在很大程度上取决于领导阶级对人民群众利益的维护程度。新中国成立以前，推动中国现代化的历届政府由于其自身的落后性、反动性，因而不能代表广大人民的利益，更不能推动社会生产力的发展。由此得知，反动政府所推动的现代化进程必然受到妨碍，甚至阻碍中国现代化的发展，而真正能够带动全体人民共同推动中国现代化进程的领导者是始终能够代表最广大人民根本利益的。只有始终代表最广大人民根本利益的人，才能拥有彻底自我革命的勇气。中国共产党的百年奋斗史也是其自我革命史。中国共产党的自我革命是以共产党人自身为主体与客体对象的革命实践活动，其自我革命的实践水平反映的是中国人民自我革命的水平与意志，是一定历史条件下中国现代化发展的现实要求。中国共产党作为中国人民及其根本利益的先进代表，始终肩负中华民族伟大复兴的初心与使命，始终承担着共产主义的最高理想。因此，中国共产党的性质、历史使命一方面要求中国共产党必须为中国人民的自我革命做出表率；另一方面也要求中国共产党通过自我革命的实践活动始终保持自身的先进性，使其不断提升带领广大人民群众实现社会主义现代化强国的能力。中国共产党始终坚持以自我革命的精神开展自我革命活动，严肃对待党内隐患问题。当前，在世情国情的新变化下，中国共产党也同样面临着日益复杂的挑战与风险。为了营造良好的政治生态，提高执政能力和领导水平，巩固党的执政基础，中国共产党应该始终坚持自我革命的精神与勇气，破除组织内一切影响纯洁性的杂质，使其始终成为中国人民的坚强后盾。

3.自我革命的未来召唤

自我革命是一场以进步的个体、群体、人类为有机统一的实践活动。人由于其社会属性而选择自我革命。人无论参与何种社会交往活动，都离不开相应的交往能力。其中，人最基本的交往活动及其活动能力是人的生产劳动及与之相适应的主体生产能力。自我革命不仅是主体的自觉选择，更是人作为主体生产力推动社会历史发展的必然选择。自我革命的未来召唤是在实现主体生产力自身发展的同时，提高社会生产力，促进社会整体层面的变革发展。

第一，中华民族伟大复兴的历史任务，为中国人民提出了社会革命的要求。改革开放以来，中国在经济、社会等方面取得的重大成就，使中国人民越来越接近中华民族伟大复兴这一梦想。但是，梦想的实现并不轻松。新时代，中国改革事业进入新的历史阶段，也出现了许多新特点、新情况与新矛盾。其一，从生产的发展层面来看，我国仍然存在相当数量的传统的甚至相对落后的生产能力，而且这种生产能力还存在着分布差异。其二，从"五位一体"总体布局来看，推动国家各方面发展、健全、完善的条件还有待加强。例如，关于文化建设问题，世界关系的大调整为不同文化之间的交流提供了条件，但也使中华民族精神文化遭到一定程度的冲击；关于生态环境问题，诸如大气污染、水污染、土壤污染、农村"脏乱差"现象等问题仍有待进一步解决；关于社会保障问题，民生领域诸如公共服务等还存在短板。其三，从城乡区域发展来看，中国不平衡不充分发展矛盾突出表现为城乡之间的不平衡不充分发展问题。当前，中国农业发展质量效益竞争力仍然不高，农民自我发展能力也较弱，特别是老少边穷地区人民生活条件尤其落后。其四，从收入分配来看，我国虽然实现了第一个百年奋斗目标，也消除了绝对贫困问题，但从当前社会主要矛盾来看，我国仍然面临不平衡与不充分发展的问题。因此，为了实现中华民族伟大复兴的历史任务，全国人民需要团结起来，在不断自我革新的基础上，破除阻碍中国梦实现的障碍，坚定不移全面深化更加具有广泛性、全面性、系统性的社会革命。

第二，社会革命以中国共产党的自我革命为引领。伟大社会革命的进行离不开社会主体的自我革命。人民群众是一切推动社会变革的人的总和，是历史的主要创造者。人民群众中间蕴藏着巨大的力量，这种力量只有被组织起来才能得到发挥。中国共产党作为中国先进无产阶级政党，之所以可以发挥领导一切的作用，是经过长期的革命实践中的人民选择与历史选择。中国共产党具有彻底的革命性特征，这一革命性质决定了"党是阶级的先进部队，是阶级的领导者和组织者"①。中国共产党始终坚持在自我革命中，致力于彻底实现全体人民站起来、富起来、强起来的伟大历史任务，致力于实现中华民族的伟大复兴的奋斗目标。因此，社会主体的自我革命离不开中国共产党这一先进政党的带动，广大人民只有"坚决维护党中央权威和集中统一领导"②，才能保证社会主体的自我革命与社会整体的革命实践活动共同发展与前进。回顾我国改革开放以来的奋斗历程，可以看到，"我们党总是在推动社会革命的同时，勇于推动自我革命"③。为了始终把增强党性作为自身发展的重要方面，中国共产党要坚持自我革命精神，敢于同一切违背人民利益的行为做坚决的斗争，努力做到讲实话、干实事、求实效。在自我革命动力支持下，推进全面深化改革与全面从严治党活动，不断检视自己、正视自己、纠正自己的错误思想与言行，消除影响自身先进性、纯洁性的各种消极因素，以更好地承担起民族复兴的伟大重任。

总的来说，社会的发展与人的发展是相互促进、相互完善的统一过程。社会问题与人的发展问题的出现，离不开社会历史发展过程中一定的偶然性因素的作用，同时也包含着内在的、更为深层的原因，即人的主体能动性与社会客观规律的制约性之间的相互作用。因此，现实问题的化解在本

---

① 中共中央马克思恩格斯列宁斯大林著作编译局编：《列宁专题文集：论无产阶级政党》，北京：人民出版社2009年版，第337页。
② 习近平：《习近平谈治国理政》第三卷，北京：外文出版社2020年版，第6页。
③ 习近平：《习近平谈治国理政》第三卷，北京：外文出版社2020年版，第541页。

质上可以看作是人的素质、能力等的不断革新以及进步主体与社会生活条件的不断改善的客体相结合的主客体的双向运动。从这个角度来看，人通过自我革命克服自身前进障碍、实现自身的发展与进步，在本质上是人类社会实践发展的客观诉求与必然要求。人作为自我革命的主体在社会交往关系中被划分为个体、群体以及人类的有机整合。因此，如何发挥好有机整体的合力作用，使其能够心往一处想、劲往一处使，共同为助力社会生产力的发展进步进而推动更广泛的社会革命做出贡献，是马克思主义人学视域下的自我革命研究的重要考察点。马克思主义人学认为人民群众的合力作用的发挥离不开先进组织的引导。中国共产党作为以人民群众利益为根本利益的组织，恰恰为社会主体的自我革命与伟大的社会革命的开展构建了桥梁。中国共产党的自我革命为追求进步的个体、群体、人类的自我革命做出表率，为更广泛意义上的社会革命提供主体力量。

（二）研究意义

上述问题反映了人的发展是具体的、历史的。人在按照自身需要追求自身的目的时，受到一定社会历史条件的限制。要想实现自身的发展，人只能在改造和创新社会环境的过程中不断革新自我、发展自我。那么，人应该如何在实现自身发展的同时实现社会的共同进步？这一问题呼唤关于人的科学理论的指导。马克思主义人学是一项围绕研究人的存在、本质和发展的规律而展开的、以实现人的解放和自由全面发展为最高理想的理论学说。马克思主义人学关于人的系统问题的深刻剖析与展开，既有助于人的相关现实问题的破解，又有利于实现马克思主义相关理论的丰富与发展。

1.现实意义

马克思主义人学研究的根本目的是正确认识自己，从而实现人的自我塑造、自我改变。马克思主义人学视域下的自我革命研究是关于人的存在、本质与活动规律的进一步展开与深入剖析，是人认识自己、实现自己本质过程中必然要考察的问题。马克思主义人学视域下的自我革命研究，是坚持以现实的人的本质的展开和实现为依据，探索人在发展中不断面临的新问题的研究。这对由所有个体、各种类型的群体以至整个人类相互联系所构成的有机系统的发展研究，具有重要的现实意义。

第一，马克思主义人学视域下的自我革命研究为人的现代化发展提供了现实考量。人作为一切社会关系的总和，在社会中发挥实践主体的角色与价值主体目标发展的作用。在一定意义上可以说，人是国家发展的关键因素。因此，要想实现社会主义现代化强国建设的第二个百年奋斗目标，离不开关于人的现代化实现路径的积极探索，离不开全国各族人民的团结奋斗与勠力同心。伴随着全面建成小康社会的实现，我国关于人的现代化建设、人的素质培育等任务也在有条不紊地推进。事物是过程的集合体。人的现代化的实现也是一个不断发展前进的过程。从目前的社会发展现状以及德智体美劳全面发展的人的评价标准来看，人的现代化实现需要破解的问题仍然很多，诸如有些人由于对利益的追逐而大发昧心财、灾害财等破坏社会道德风尚的情况，由于文化素质低而引发犯罪的情况，由于高强度的工作而使现代人身心处于亚健康情况，等等。因此，在风险与机遇复杂交织的时代，为了使人不断摆脱发展困境，朝着人的自由全面发展方向前进，人如何在马克思主义人学的指引下，在自我觉醒、自我反思的基础上，不断开展破除阻碍自身物质层面与精神层面发展的自我革命活动变得越来越重要。

第二，马克思主义人学视域下的自我革命研究体现了中国共产党的先进性。从历史责任来看，马克思、恩格斯曾清晰阐明建立共产主义政党的必要性，认为共产党人始终是代表无产阶级革命运动的整体利益，在历史发展过程中起推动作用的、意志最坚决的人。国家是阶级统治的工具，共产主义社会实现之前，剥削依然存在，只不过表现得更加隐秘。这也意味着时代的向前推进对无产阶级政党始终把握无产阶级运动规律、始终保持自身的先进性提出了新的要求。从时代现状来看，马克思主义政党的自我革命是新的历史条件下我们党领导人民实现中华民族伟大复兴的现实要求。我国社会主义现代化建设事业越是不断往前发展，就越离不开党的先进性建设，党的自我革命的任务就越繁重，要求也越迫切。中国共产党成立以来所创造的令人瞩目的成就，是党不断开展自我革命的结果。为了进一步深化对共产党执政规律的认识，加强党长期执政能力建设、先进性与纯洁性建设，我们需要不断深化党的建设，提升勇于开展党的自我革命的能力，以保证马克思主义政党可以经得住长期复杂的考验与挑战。事实证明，是否有一个坚强有力的政党作为领导核心，决定着一个国家发展或者社会发展的兴衰。我国社会主义现代化进程的不断深入深化、日益密切的经济与文化价值交流以及人们生活水平的不断提升，使得人们对美好生活的向往、对自由全面发展的需求成为现实的时代任务，对我们党提出了新的时代课题。

第三，马克思主义人学视域下的自我革命研究为人类命运共同体的构建提供了新思路。从各国的关系来看，世界多元化的国际形势在赋予了中国发展机会的同时也附加了国际环境日趋严峻的压力，加之某些国家对中国采取制华策略，这对中国构成一定的安全压力，也增加了影响世界和平的不稳定因素。从人与自然的关系来看，全球气候变暖、臭氧层破坏、空气污染、水资源匮乏等，使人类的生存空间愈来愈紧张。中国人民一直努力把自己的前途命运同各国人民的前途命运紧密联系起来，始终愿意也一直践行为人类和平与发展做贡献的事业。为了助力中国人民构建人类命运共同体、让和平薪火相传的美好夙愿，本书关于马克思主义人学视域下的自我革命研究正是题中应有之义。马克思主义人学视域下的自我革命研究以人与人、人与周围世界的关系为研究内容，以解决当代人类在实践中存在的现实困境为行动动力，以人的自由全面发展价值目标为方向引导，坚持破除影响世界和平与发展的阻碍因素基础上，通过对人如何进行自我觉醒、自我反思、自我革命等问题的研究，探究实现自由与解放的人的自我塑造的实现条件与路径。

2.理论意义

马克思主义人学是以现实的人为研究对象、关注人与周围世界的关系把握，致力于实现人的解放与自由全面发展的理论学说，这为自我革命的相关分析提供了有力支撑。创新与发展是理论始终保持生命力的关键。马克思主义人学视域下的自我革命研究在破解人的实践困境、推动人的发展的现实意义基础上，也赋予了马克思主义人学、中国特色社会主义理论、中国共产党的党的建设理论等以新的生机与活力，为已有理论的自我超越创造条件。

第一，马克思主义人学视域下的自我革命研究是对马克思主义革命理论的丰富与拓展。马克思主义革命理论倾向于从社会生产力的发展、阶级矛盾的激化等层面来分析革命的历史推动作用，认为革命是一个阶级推翻另一个阶级的暴力行动。本书尝试从人的问题出发，揭示人的自我革命是社会发展的必然要求，进而起到丰富马克思主义革命理论的作用。一方面，从自我革命的立足点来看，自我革命研究不是立足于人道主义的，也不是人本主义的人，不是以抽象的人为研究出发点，不是以个人主义为价值取向，而是坚持以包括物质的人、实践的人、社会的人、历史的人在内的"现实的人"为研究出发点，坚持以包括人与自然、人与社会、人与人的关系在内的人与周围世界的关系为研究对象，致力于实现人的自由全面发展的研究目标为行动指引。另一方面，从自我革命的产生来说，马克思主义人学视域下的自我革命倾向于从人的内在驱动要素，如人的主体性、人的本性需要与理想追求等主体的自身层面来分析，倾向于从人的解放的必要条件中揭示自我革命实现的具体条件，这为马克思主义革命理论提供了新的思考方式。

第二，马克思主义人学视域下的自我革命研究有助于深化对中国特色社会主义制度的认识。经济基础与上层建筑之间的辩证关系表明，经济基础的发展为国家上层建筑的发展提供物质基础，而国家上层建筑的发展与完善也对经济基础的巩固起推动作用。随着我国改革开放的不断深入，中国特色社会主义制度也得到了完善与健全。随着新时期中国社会发展的不断进步，新型的产业层出不穷，经济发展的模式在不断转化，社会矛盾也在不断变化，因此上层建筑也要求不断与时俱进。中国特色社会主义制度在发展中创新，要赶得上时代的变化和步伐，要能够推动生产力的发展和解放，进而体现中国特色社会主义制度的共建共享的优越性，就必须在进行社会革命的同时进行自我革命。因此，在马克思主义人学视域下深化自我革命研究，可以进一步深化对中国特色社会主义制度的认识。

第三，马克思主义人学视域下的自我革命研究是党的建设理论的重要内容。一方面，马克思主义人学视域下的自我革命研究阐明自我革命是进步人类实现自身发展的行动方案，坚持自我革命精神是中国共产党始终保持马克思主义政党本色的精神支撑。革命精神是马克思主义政党在斗争实践中磨炼出来的政治品格，是中国共产党人的精神本色、一贯作风。中国共产党自成立起，之所以能够实现从弱到强的历史转变，一个重要原因就是它始终坚定自己的理想与信念，加强自身的党性修养，坚决全面从严治党，勇于开展批评和自我批评，在党内外的双重监督下，不断促进党的建设，坚持社会革命与自我革命并举，不断进行科学化建设。中国共产党的自我革命特征恰恰体现了它始终保持先进性、肩负历史重大使命的可能性与可行性。另一方面，将自我革命引向深入，体现了党的建设理论的深刻性。自我革命是中国共产党的重要精神品格，而中国共产党肩负着为无产阶级和人民群众谋解放的使命。本书通过对个体、群体、人类的层次分析，揭示了中国共产党的自我革命不仅是中国共产党自身建设的内在要求，也是中国人民和进步人类实现自身发展的要求。在一定意义上可以说，从人的角度分析自我革命，有利于丰富自我革命的理论与实践。马克思主义人学视域下的自我革命研究，在辩证唯物主义与历史唯物主义的指导下，揭示中国共产党自我革命的现实力量与普遍意义。因此，马克思主义人学视域下的自我革命研究是党的建设理论的重要内容。

二、研究综述

马克思主义人学视域下的自我革命这一研究主题，需要对"马克思主义人学""自我""革命""人的革命""自我革命"等主题、概念、特征等进行归纳、整理与分析。

（一）国内研究综述

本书针对马克思主义人学视域下的自我革命这一研究主题，确定了"马克思主义人学""自我""革命""人的革命""自我革命"等相关研究主题。本书在明确以上研究主题的基础上，对国内相关文献资料进行归纳整理之后，得出了以下分析与总结。

第一，关于"马克思主义人学"的相关研究。其一，马克思主义人学的整体性研究。马克思主义人学是本书研究的重要视域，对其进行整体性研究具有重要意义。只有对马克思主义人学的整体性进行把握，才能更为准确地理解其实质和内涵。从马克思主义人学研究方法的整体性来看，陈志尚①认为，研究人学要坚持理论与应用的结合、定性与定量的结合，认为不仅要坚持历史唯物主义、辩证唯物主义的方法，而且要运用科学的系统论和社会调查方法等的结合。丰子义②认为，关于马克思主义人学的研究应该重点加强专题性研究、跨学科研究、比较研究、宏观研究、微观研究等相结合的研究方法。根据马克思主义人学自身的整体性研究来看，张雷声③认为，马克思主义的整体性需要在理论逻辑、历史逻辑与实践逻辑的统一中进行把握。陈新夏④认为，马克思主义人学自身整体性研究主要表现在回归马克思与恩格斯的经典文本分析、借鉴西方马克思主义研究深化马克思主义人学价值、吸收中国文化的优秀人学思想资源、在实践中发展人学等。其二，马克思主义人学的基本概念。从总体来看，人学是以整体的人为研究对象的科学理论。袁贵仁⑤认为，人学是对人的存在方式、人的行为需要等所内含的因素及其之间的相互作用关系的系统分析。例如，人的自然因素、社会因素和精神因素的辩证关系与人的生理需要、社会需要和精神需要等之间存在的关系等等。韩庆祥⑥认为，人学不是对所有关于人的问题的讨论的科学，在研究领域它是不可以被唯物史观取代的，更与抽象的、人道主义的人学存在着质的差异。他认为，人学是在对各门关于人的科学的提升基础上，建立的以关于人的完整性、人的本质、人的存在及其发展为研究对象的科学。其三，关于马克思主义人学主体的研究。马克思主义人学主要关注人的存在状态问题和生存状态问题，关注人的现实层面的需求以及现实问题的解决，等等。有学者认为，马克思主义人学

① 陈志尚：《人学研究的回顾与展望》，《毛泽东邓小平理论研究》2010年第6期，第64-70页。

② 丰子义：《面向新时代的人学研究》，《江海学刊》2022年第1期，第55-63页。

③ 张雷声：《关于理论逻辑、历史逻辑、实践逻辑相统一的思考——兼论马克思主义整体性研究》，《马克思主义研究》2019年第9期，第48-56页。

④ 陈新夏：《当代中国人学研究的主要路径》，《武汉科技大学学报（社会科学版）》2021年第4期，第373-378页。

⑤ 袁贵仁：《马克思主义人学理论研究》，北京：北京师范大学出版社2017年版，第3页。

⑥ 韩庆祥：《现实逻辑中的人：马克思的人学理论研究》，北京：北京师范大学出版社2017年版，第8页。

主张"人的根本就是人本身"①，主张从"现实的人"出发，袁贵仁②认为马克思主义人学强调对人进行整体研究，主张从现实的人出发，反对关于"抽象的人"的空洞议论。马克思主义人学认为人的主体分为不同类别。陈志尚③认为，人学与人类生物学研究不同，在马克思主义人学中，现实的人是系统质的层次结构。现实的人不仅是自然存在物，还是真正的社会存在物，是个体和类、个体和社会的统一，是个体、群体和类的统合。其四，马克思主义人学的研究目标。陈志尚④等人认为，马克思主义人学把人的自由全面解放视为其目标，其中现实个人的解放建立在个体、社会群体和人类各个层面的统一协调发展。其五，马克思主义人学的研究方法。陈志尚⑤认为，马克思主义人学研究工作在方法上要自觉贯彻唯物辩证法，始终坚持客观性原则，坚持个体、群体和类的统合，坚持主客体统一的历史辩证法。陶德麟⑥认为马克思主义人学必须要坚持马克思主义的指导，人类要想实现自身的发展离不开对世界的认识与改造，更离不开对自己的认识与改造，而这一切只有建立在唯物史观的基础上，人的真正本质才能被揭开。阮青⑦认为马克思主义人学的研究方法取决于马克思对人的本质的理解，他认为马克思主义人学坚持主体与实践、存在和本质相统一的方法是马克思主义人学最基本的方法；坚持研究人及其本质的方法不可能仅靠人自身的研究，还需要到人的活动对象中进行把握；坚持个人与人类、个

---

① 中共中央马克思恩格斯列宁斯大林著作编译局编译：《马克思恩格斯文集》第一卷，北京：人民出版社2009年版，第11页。

② 袁贵仁：《马克思主义人学理论研究》，北京：北京师范大学出版社2017年版，第7页。

③ 陈志尚主编：《人学原理》，北京：北京出版社2004年版，第11页。

④ 陈志尚等：《人学新论：马克思主义人学基本理论和重大现实问题研究》，北京：人民出版社2015年版，第62页。

⑤ 陈志尚主编：《人学原理》，北京：北京出版社2004年版，第11-12页。

⑥ 陶德麟：《关于人学研究的两个问题之我见》，《马克思主义哲学研究》2006年第1期，第295-299页。

⑦ 阮青：《马克思主义人学研究方法论研讨会述要》，《哲学动态》1998年第1期，第8-10页。

体与群体之间的统一性的研究方法。袁贵仁①认为劳动是人的存在方式，是人和动物的根本区别，指出实践是理解整体的人的根本角度，人的主体性是考察主体的人的重要原则、唯物史观对人的发展考察的坚定基石。

第二，关于"自我"的相关研究。其一，自我的概念。目前国内学者关于自我的概念分析主要集中于哲学与心理学两个研究领域。赵敦华②在《西方人学观念史》一书中，对自我的不同概念做了分析。他指出，自我在法国哲学家笛卡儿那里被看作是一种精神实体，而在费希特那里又被理解为一种行动而不是实体。刘岸英③等人在心理学领域研究自我，把自我视为自我概念，主要从自我是人对自身存在状态的认知角度出发展开研究。乔治·诺瑟夫④认为，从哲学层面来看，自我是作为无时间性的心理属性存在的；从心理学与神经科学来看，自我又是作为非时间性的高级认知整合存在的。其二，自我的特性。乔治·诺瑟夫⑤认为，自我的本质是具有时间性特征的。王萍、王健在翻译的特伦斯·迪肯、詹姆斯·海格、杰伊·奥格威的《自我的涌现》一文中指出，自我是以一种双向自反方式而组织的，具有以自反的方式组织的自反性和因果关系的循环递归性。其三，自我的类型。王启康⑥等人认为自我主要包括物质自我、社会自我与精神自我三种类别。王德军⑦把自我分成自然自我、社会自我与文化自我三种形式。

第三，关于"革命"的相关研究。其一，革命主体。有的学者从革命主体角度进行探究。张一兵认为无产阶级是革命的主体，是推翻资产阶级

①　袁贵仁：《马克思主义人学理论研究》，北京：北京师范大学出版社2017年版，第7页。

②　赵敦华主编：《西方人学观念史》，北京：北京出版社2005年版，第232页。

③　刘岸英：《自我概念的理论回顾及发展走向》，《心理科学》2004年第1期，第248–249页。

④　[加]乔治·诺瑟夫：《自我及其时间》，秦鹏民译，《华南师范大学学报（社会科学版）》2020年第2期，第5–13+189页。

⑤　[加]乔治·诺瑟夫：《自我及其时间》，秦鹏民译，《华南师范大学学报（社会科学版）》2020年第2期，第5–13+189页。

⑥　王启康：《论自我意识及其与自我之关系》，《华中师范大学学报（人文社会科学版）》2007年第1期，第124–133页。

⑦　王德军：《人的自我及其实现》，《浙江社会科学》2006年第6期，第112–117页。

统治的革命主体，并在《反抗帝国：新的革命主体和社会主义战略——奈格里、哈特〈帝国〉解读》中指出无产阶级革命主体的新形式，认为当前无产阶级的革命主体已经突破了帝国主义时代的传统意义上的被资本家剥削的工人层面，而是在更加广泛的层面把革命主体定义为一切被帝国主义方式的资本主义所屈从的个人，即"新无产阶级的诸众"。其二，革命性质。有人认为革命是一种政治行为。例如，赵鼎新在《社会与政治运动讲义》中将革命分为政治革命与社会革命，认为革命是对社会的根本改造行为，即具有高度组织的特定主体以夺取政权为目标的制度外的政治行为。有的学者将革命视为社会某一领域的变革，如程美东等在《20世纪中国革命理论与中国现代化的历程：孙中山、毛泽东、邓小平的革命观》中指出，广义上所使用的革命的概念是指工业革命、科技革命、哲学革命、社会革命等各种形式。有的学者致力于寻求主体自身精神和道德方面的革命活动，如郭祥才[1]认为，社会的发展以及社会主体对时代变化的接受程度，如社会的发展转型等，主要取决于主体自身的革命，主要从主体价值观念的革命、主体认知结构的革命、主体劳动技能的革命、主体行为方式的革命以及主体社会关系的革命等几个方面展开论述。其三，革命特征。胡大平[2]认为，革命体现了一种后现代的特征，革命中充斥着断裂、非中心、延异等特征。

第四，关于"人的革命"的相关研究。国内学者关于"人的革命"的相关研究，基本上是在马克思主义关于人的学说理论基础上展开的。其一，关于"人的革命"的内涵。人的革命一般是指因人在物质层面、精神层面等范围内存在的缺陷与不足而展开的一切为了保证人的发展性的破除性活动。袁贵仁认为，人的革命是一项"努力变革和提高人的生命或精神的世界"[3]

---

[1] 郭祥才：《论知识经济条件下的主体革命》，《中共浙江省委党校学报》1999年第3期，第32—35页。

[2] 胡大平：《后革命氛围与全球资本主义：德里克"弹性生产时代的马克思主义"研究》，北京：北京师范大学出版社2018年版，第33页。

[3] 袁贵仁：《人的素质论》，北京：中国青年出版社1993年版，第3页。

的活动。王端庆①把人的革命主体视为人类整体，认为人的革命主要是从整体角度来审视、考察、反省人类的发展现状。原华荣②从相对微观的层面揭示人的革命主要涉及人口数量、人的思想甚至人的生产生活方式的革命。李泾一、杨玉瑞、陈锋③把人的革命聚焦于人的素质的提高，主要表现为人的思想层面的改善与提高。李开玲认为，人的革命的内涵是指"在自然观上改变人类中心观；在社会观上精神文明统领物质文明共同进步；在自由观上真正理解自由；在成才观上充分开发人最深处的各种能力"④。其二，关于"人的革命"的作用。国家为什么要重视人的革命作用，学者们给出了自己的解答。袁贵仁认为，人的现代化是一个国家实现现代化的重要衡量标准与必要条件⑤。衣俊卿认为，"中国现代化的命运依赖于20世纪文化背景中更加成熟的现代中国公民的生成"⑥。王晓升⑦从实现可持续发展的途径角度出发，将社会问题的解决与人的自身问题的解决建立联系，强调人应该进行革命。其三，关于"人的革命"的途径。韩庆祥认为，人的革命首先是文化理念的革命与革新，即使人寻求并建立新的文化价值观。夏有恒认为，人的革命发展主要朝着实现"现代自然人角色、现代世界人角色、超级现代人角色"⑧等几个方面发展。王端庆认为，人的革命依赖于教育的革命，并致力于从应试教育向素质教育转变⑨。

---

① 王端庆:《人的革命与高等教育革命》,《辽宁高等教育研究》1995年第4期，第30–35页。

② 原华荣:《人的革命与可持续发展》,《西北人口》1998年第3期，第23–26页。

③ 李泾一、杨玉瑞、陈锋:《对21世纪"人的革命"的思考》,《甘肃广播电视大学学报》1999年第4期，第19–22页。

④ 李开玲:《WTO·高等教育大众化·人的革命》,《辽宁教育研究》2003年第1期，第26–28页。

⑤ 袁贵仁:《人的素质与当代中国发展》,《人学与现代化——全国第二届人学研讨会论文集》1998年，第231–235页。

⑥ 衣俊卿:《人类发展状况批判与人学主题的确立》,《人学与现代化——全国第二届人学研讨会论文集》1998年，第40–46页。

⑦ 王晓升:《实现可持续发展的途径——人的革命还是科技革命》,《贵州社会科学》1997年第6期，第31页。

⑧ 夏有恒:《人的革命和企业人革命》,《企业文化》1998年第2期，第4页。

⑨ 王端庆:《人的革命与高等教育革命》,《辽宁高等教育研究》1995年第4期，第32页。

第五，关于"自我革命"的相关研究。国内学者关于自我革命的研究主要从中国共产党的自我革命入手进行了重点探究，而中国共产党的自我革命研究是学者近几年普遍关注的热点。从中国共产党自我革命内涵来看，多数学者如任晓伟[①]等人从中国共产党的自我革命界定的四个方面，即自我净化、自我完善、自我革新、自我提高展开研究。也有部分学者给出了自己的解释，如赵秀华[②]认为中国共产党的自我革命主要表现为三层含义，即守正、革故与鼎新。从中国共产党自我革命形式来看，当前学者主要从自我革命精神与自我革命实践两种形式展开研究。例如，辛向阳[③]主要强调自我革命的精神层面，将其精神理念与马克思主义信仰、共产主义远大理想等理念挂钩；黄丹[④]从实践行动的建设、自我革命理论学习、人民立场的价值取向、自我批评的实践方法以及慎独的道德修养等方面致力于自我革命精神的巩固与发展；而唐皇凤等[⑤]则从自我革命的实践经验与实践路径角度进行分析，指出中国共产党在不同的社会历史阶段中的自我革命实践活动。从中国共产党的自我革命的实现途径来看，国内学者也给出了自己的构想。例如，汤俊峰[⑥]通过构建完整的战略体系，如目标、环境、布局、指向等来解决当前我国党的建设问题，揭示党的建设的现实困境与治理手段途径等。唐皇凤等指出以把党的政治建设摆在首位等方式推进中国共产党的自我革命路径。从中国共产党自我革命的动力分析来看，陈建兵等[⑦]认为，中国共产党自我革命的动力要素是复合的，主要包括属性特质的内

---

① 任晓伟：《习近平关于"两个伟大革命"基本内涵和内在关系的重要论述及其意义》，《党的文献》2019年第5期，第18—23页。

② 赵秀华：《准确理解中国共产党自我革命的科学内涵》，《马克思主义研究》2020年第2期，第45页。

③ 辛向阳：《共产党人如何练就彻底的自我革命精神》，《人民论坛》2018年第20期，第28页。

④ 黄丹：《中国共产党人自我革命精神论》，《学校党建与思想教育》2017年第16期，第37页。

⑤ 唐皇凤、任婷婷：《新中国70年中国共产党的自我革命：实践历程、基本经验与战略路径》，《江苏社会科学》2019年第5期，第30—40页。

⑥ 汤俊峰：《自我革命——全面从严治党战略》，北京：研究出版社2017年版，第1页。

⑦ 陈建兵、郭小铭：《中国共产党自我革命的动力探析》，《科学社会主义》2022年第2期，第15—21页。

源力、信念追求的牵引力、价值取向的推动力、革命精神的激发力、实践创新的支撑力等的结合。从中国共产党自我革命的经验总结来看，张润峰等[1]指出，建党百年以来，中国共产党的自我革命经验主要体现为坚定维护党中央权威和集中统一领导、坚定站稳以人民为中心的政治立场、坚定推进党要管党和全面从严治党、坚持思想建党与制度治党相统一、坚持运用批评与自我批评的锐利武器等。从中国共产党自我革命的重要作用来看，杨俊[2]认为，自我革命的重要作用主要体现为中国共产党经过自我革命而不断淬炼成为先进的马克思主义政党，进而不断带领人民引领伟大社会革命。

国内研究评述：中国知网数据显示，国内学者关于"人的革命"的相关研究不多，且主要集中于1990—2005年之间。关于"自我革命"的相关研究，国内学者涉猎分散且数量较少，党的十八大以前，主要表现为农场、会计事务所等多元社会主体方面的自我革命；党的十八大以来，主要落脚点在于以中国共产党为主体所开展的自我革命的相关研究。基于对以上文献的分析，目前国内关于自我革命主体的研究，大量集中在对中国共产党主体自身的考察，这对于本书有重要的意义和价值。本书认为，要探究中国共产党自我革命的深层次原因，一方面，应将其置于一个更为普遍的视域，对自我革命的普遍性内涵、意义进行揭示；另一方面，在此基础上，揭示出将自我革命主体的普遍性，逻辑性地落到中国共产党这一主体上，这是一个值得进一步探究的问题。这就需要我们对自我革命的主体在马克思主义人学视域中，对"自我革命"的普遍性、特殊性及其实现因素等问题，展开全面的把握以及规律的真正探寻。本书认为，自我革命与人的本质具有内在的统一性。那么，自我革命何以实现？要真正形成自我革命的秉性，离不开一定的、必要的现实条件，特别是人类进步力量的发挥。因此，从马克思主义人学视域出发，尝试更深层地探析和挖掘自我革命主

---

[1]　张润峰、梁宵:《党的自我革命：建党百年回望及经验启示》,《重庆大学学报（社会科学版）》2021年第3期，第14—26页。

[2]　杨俊:《中国共产党推进自我革命的伟大实践及意义》,《理论视野》2022年第1期，第5–10页。

体的普遍意义与实现的特殊条件，更深刻、更全面地揭示中国共产党自我革命的内在本质及其实现的必然逻辑，是本书力图解决的问题。

（二）国外研究综述

从目前的文献资料搜集情况来看，国外关于马克思主义人学视域下的自我革命研究相关的研究主题主要聚焦于"自我""革命""人学中的革命问题""人的革命"以及心理或精神层面的自我层面的相关问题，具体研究如下。

第一，关于"自我"的相关研究。有的学者从生物学角度来分析人的自我层面的相关问题，如约翰·C.埃克尔斯在《脑的进化：自我意识的创生》[①]中，通过脑的种系发育进化，揭示从猿人脑到现代人脑的独特演化过程，揭示人类灵巧精致的感觉和运动控制神经系统是从高等灵长类动物进化而来的。人类的进化是在高等灵长类动物尤其是古人猿业已完成进化的基础上的继续，进而阐释了意识和自我意识的起源与发展问题，内在说明了人的发展本质问题。有的学者则从心理、精神、思想等角度来分析人的自我层面的相关问题。如泰勒通过认同与善的角度，包括"道德空间""现代认同"等去追溯人们有关什么是人类主体性、人格或自我的现代概念，通过探究道德哲学中如何做是正确的，而不是怎样生存是善的问题等，实现自身的发展问题。Yolanda Chávez Leyva 则从精神的作用角度分析，精神、意识对一个人、国家产生革命性活动的影响力。他在 *"I go to fight for social justice：children as revolutionaries in the Mexican revolution，1910—1920"* 中对革命者的思想、精神、心理活动等进行分析，墨西哥的精神政策导致了大多数人的悲惨结果，特别是农村贫困人口。但是经常不加区分的暴力和破坏也成为创造力，植根于那个时代的孩子，并有可能成为社会正义的坚定信念的种子。

第二，关于"革命"的相关研究。其一，从革命的性质来看，有的西方学者将革命视为一种政治性的实践活动。例如，汉娜·阿伦特认为革命

---

① ［澳］约翰·C.埃克尔斯：《脑的进化：自我意识的创生》，潘泓译，上海：上海科技教育出版社2005年版，第238–239页。

不是一种纯粹的变动，而是一种社会的根本性的变革，并在《论革命》①中把革命现象描述为一种变迁活动，认为革命变迁意味着新的开端，意味着新的政体的出现，意味着自由与解放。马尔库塞在《理性与革命——黑格尔和社会理论的兴起》②中强调理性在革命中的内在驱动力，认为主体通过理性的指导所实现的现实改造的实践活动在本质上就是革命，并指出工人所采取的对资本社会的否定力量就是理性的力量的展现。其二，从革命的种类来看，西方学者从微观层面将革命划分为政治革命、社会革命、科技革命等不同种类的革命。例如，科恩③认为，科学革命作为一种革命，其作用与政治革命或者社会革命是完全不同的，政治革命或社会革命的目的是推翻当前的政治制度，而科学革命则是一种技术上的革新，是一系列无止境的、无终点的革命。从革命工具、手段角度来分析，Jason Gainous 和Kevin M.Wagner 在"*Tweeting to Power—the social media revolution*"中提出了自我革命的新型领域。他认为社交媒体像视频一样具有革命性，它是一种不同于电视传播的交流手段，它提高了人们在政治活动中的参与度，同时也为竞选、候选人和政治领袖提供了更直接的媒体平台等。他认为，随着社交媒体应用的不断发展，它将在世界范围内不断渗透到政治的未来活动中。

第三，关于"人学中的革命问题"的相关研究。国外相关学者关于人学的研究与人类学研究相似，西方人学倡导抛开人的社会关系，把人的生产活动简单归结为人的"行为"。Schroeder Lauren④在"*Revolutionary Fossils, Ancient Biomolecules, and Reflections in Ethics and Decolonization: Paleoanthropology in 2019*"一文中，借助古DNA、古蛋白质组学等新主

---

① ［美］汉娜·阿伦特：《论革命》，陈周旺译，南京：译林出版社2011年版，第12–18页。

② ［美］赫伯特·马尔库塞：《理性与革命——黑格尔和社会理论的兴起》，程志民等译，重庆：重庆出版社1993年版，第7页。

③ ［美］伯纳德·科恩：《科学中的革命》，鲁旭东、赵培杰译，北京：商务印书馆2019年版，第16页。

④ Schroeder Lauren, "Revolutionary Fossils, Ancient Biomolecules, and Reflections in Ethics and Decolonization: Paleoanthropology in 2019," *American Antheropogist*, Vol.122, No.2, 2020, pp.306–320.

题以及将一系列新的分析方法和理论框架应用于古人类学问题的研究，对人学做了人类进化的研究。Kim Young Won[1]在 "*The Revolutionary Life Extension of Transhumanism and Christianity*：*Cyborg and Eternal Life*" 一文中则从哲学和基督教人类学的角度批判性地分析了超人类主义中通过赛博技术延长生命的革命性问题。作者认为基督教对复活和永生的思考，可以说是对人心的深刻理解，对身心问题的整体观，从这个意义上说，基督教的永生理念可以成为超人类主义者追求近乎永生的有益指导。

第四，关于"人的革命"的相关研究。其一，关于人的革命内涵。Graeme Barker 等[2]在 "*The 'human revolution' in lowland tropical Southeast Asia：the antiquity and behavior of anatomically modern humans at Niah Cave（Sarawak, Borneo）*" 一文中，将人的革命定义为人类行为的现代性。R.Endleman[3]在 "*Reflections on the human revolution*" 一文中，把人的革命界定为人类祖先从原始人猿时代到最早的完全人类阶段的演化发展过程。其二，关于人的革命目标。James N. Karioki[4]在 "*Tanzania's Human Revolution*" 一书中，讨论在贫困和生产力低下的条件下，进行人的革命以实现社会主义的可能性问题，在一定程度上可以理解为人的革命致力于社会主义目标的实现。Mark Teeuwen[5]则在 "*Soka Gakkai's human revolution：The rise of a mimetic nation in modern Japan*" 一文中将人的革命的发展目标确定为新型的、更具包容性的、国际性的现代文化。其三，关于人的革命形成。Simon E.Fisher 、Matt Ridley 以及 Sarah Milliken 等学者主要聚焦于生物学角度分

---

① Kim Young Won, "The Revolutionary Life Extension of Transhumanism and Christianity: Cyborg and Eternal Life," Literature and Religion, Vol.25, No.1, 2020, pp.59–82.

② Graeme Barker, Huw Barton, Michael Bird, "The 'human revolution' in lowland tropical Southeast Asia: the antiquity and behavior of anatomically modern humans at Niah Cave（Sarawak, Borneo）," Journal of Human Evolution, No.52, 2007, pp.243–261.

③ R. Endleman, "Reflections on the human revolution", Psychoanal Rev, Vol.53, No.2, 1966, pp.169–188.

④ James N.Karioki, *Tanzania's Human Revolution*, University Park, Pa.and London: Pennsylvania State University Press, 1979.

⑤ Mark Teeuwen, "Soka Gakkai's human revolution: The rise of a mimetic nation in modern Japan", Contemporary Japan, Vol.33, No.1, 2021, pp.138–141.

析人的革命问题。其中Simon E.Fisher 、Matt Ridley在 "*Culture, Genes, and the Human Revolution*" 一文中指出，生物基因与文化驱动之间的相互作用促成了人的革命形成与发展。他认为Foxp2不是与人类革命相关的唯一基因，当人类革命具备积累文化的能力时，这是一种文化作用的结果，而不是其原因。而Sarah Milliken[①]也在 "*Rethinking the human revolution*" 一文中聚焦现代人类行为、认知、生物学、人口起源等多个因素考察人的革命形成问题。

国外研究评述：国外学者在研究 "革命" 的相关问题时与国内学者研究基本相似，大多将革命从政治革命、社会革命、科技革命等微观层面分析；关于 "人学中的革命问题"，国外学者则主要在西方人学理论基础上强调人的权力、人的本性等问题；关于 "人的革命" 等问题的分析，国外学者主要聚焦于普遍意义上的人的革命问题，而中国学者则更多是从 "人民" 的层面讨论人的革命问题，并进一步延伸到人类的发展问题；关于 "自我革命" 的研究，国外学者基本上没有进行直接主题的研究，更多是与 "自我" 概念的相关研究，但对自我革命研究也起到一定的启迪作用。

结合国内外学者的相关研究，目前国内学者对 "马克思主义人学关于人的革命" 问题的讨论，有了一定的研究基础，也对中国共产党的自我革命研究展开了充分的讨论；国外学者也就 "革命""人学中的革命问题""人的革命""自我" 等与自我革命主题相关的问题展开了丰富的讨论，这为本书研究提供了一定的理论借鉴与现实依据。通过以上相关研究分析，我们认识到马克思主义人学与马克思主义理论的关系，认识到马克思主义人学与西方抽象的人学理论的差别，认识到国内外关于人的革命问题的不同层面的理解，也看到了当前关于自我革命的研究较多集中于中国共产党的自我革命研究。

本书在上述研究基础之上，以马克思主义人学作为重要研究视域，深化自我革命的研究。其一，致力于从马克思主义人学的角度分析自我革命产生的内在根据，揭示自我革命主体的普遍性与特殊性；其二，分析自我

---

① Sarah Milliken, "Rethinking the human revolution," Before Farming, No1, 2008, pp.1-9.

革命实现与开展的具体条件，揭示自我革命实现和开展必须依赖人民群众的主体力量、依靠最坚定的无产阶级及其政党的带领的必然性和必要性；其三，分析自我革命的现实力量，揭示中国共产党开展自我革命的必然性、中国人民实现自身发展以及构建人类命运共同体的重要意义。其中，在马克思主义人学视域下剖析自我革命的内在驱动要素、实现条件等的系统研究，尚付阙如，这正是本书所重点解决与系统构建的理论课题。

三、研究的重点、难点及可能的创新点

马克思主义人学视域下的自我革命是一个具有现实迫切需要的重大研究课题，它具有丰富的内容、系统的结构和重要的意义。开展马克思主义人学视域下的自我革命研究，需要明确其研究的重点、难点及创新点。

（一）重点

对自我革命的特征、驱动要素与实现的具体条件的分析是本书的研究重点。马克思人学视域下的自我革命涉及的概念复杂，既包括与自我革命相近的概念分析，如自我革新、自我改革等概念分析；也包括与自我革命相反的概念分析，如改良、反动等概念分析。马克思主义人学视域下的自我革命研究包含的主体丰富，涉及一切社会关系中的个体与群体以及个体与群体的关系中衍生出的其他主体等。但是，自我革命实践属性的特殊性决定了其主体的特殊性；自我革命的目标又决定了自我革命的驱动要素。

（二）难点

本书的研究难点是如何实现马克思主义人学关于自我革命主体的一般规定到自我革命主体的特殊规定的转变及其之间的关联。在马克思主义人学看来，自我革命作为一种实践活动，是一切现实主体都可能开展的实践活动，但是从自我革命的特殊性质、要求及其实现条件来看，自我革命并不是人人都能自发实现的，现实的人存在实现自我革命的条件缺失及其实现难度，必须具备必要的实现条件，才能将潜在的自我革命因素转化为现实的自我革命行为。例如，在建设社会主义现代化强国的新时代，人们所具有的自我革命潜能，既需要自我规范、自我超越，也需要中国共产党的全面领导。因此，如何实现自我革命的普遍性到特殊性的转变、内在包含

的理论依据与现实基础等问题是本书的研究难点。另外，从已发表或出版的相关文献资料来看，马克思主义人学视域下的自我革命的相关研究资料有限，这也为本书的写作增加了难度。

（三）创新点

第一，研究视角的创新。目前从马克思主义人学视域出发对自我革命的研究相对较少，且研究切入点多为以中国共产党为主体的自我革命相关研究，既包括中国共产党自我革命的理论层面的研究，诸如"党的自我革命的哲学依据""中国共产党自我革命的理论逻辑"等揭示党的自我革命的科学性、中国共产党是马克思主义的捍卫者等；也包括中国共产党党内自我革命现实问题的研究，主要从全面从严治党角度出发。因此，本书的研究创新点之一是研究视角的创新，即从马克思主义人学角度出发，通过对人的一般属性的分析，从人的角度揭示自我革命产生的驱动力量与具体实现条件等，进而对自我革命的展开与实现进行较为系统的研究。

第二，研究观点的创新。本书的研究观点的创新之处在于：其一，深化了自我革命主体的研究。本书致力于从个体、群体与人类的统合出发，揭示自我革命所具有的特征、所需要满足的条件。经过分析，本书认为自我革命的主体是以实现人民群众的根本利益、致力于实现人的解放与自由全面发展为目标的进步的人。其二，深化了中国共产党的自我革命与中国人民、人类发展之间的联系。坚持自我革命是中国共产党百年奋斗的重要政治品格。从中国共产党的形成来看，中国共产党是由中国无产阶级中的优秀分子组成的，而无产阶级的历史使命是带领全体进步人类实现人的解放。从中国共产党与中国人民、进步人类的关系来看，中国共产党的自我革命水平，背后反映的其实是人民群众的认识与实践水平。因此，中国共产党的自我革命不仅对党自身，而且对中国人民、对进步人类都具有重要的意义。

第三，研究方法的创新。本书在中国共产党自我革命的普遍意义部分，研究视野较为开阔。本书运用了案例分析、数据分析等方法，以期对中国共产党的自我革命所展现出来的具体意义进行写实化。本书借助数据分析、案例分析的方式，形象化地展现了中国共产党的自我革命所取得的具体成就的广泛性。中国共产党的自我革命具有鲜活的生机与活力，它不仅展现了对自身建设的意义，而且也对中国人民以及人类发展具有重大贡献。

四、研究思路与研究方法

研究思路与研究方法是写好文章的重要方面。有清晰的思路才有可能有完整的结构，有恰当的研究方法才有可能揭示研究对象的内在规律。为了提高质量，本书从研究思路、研究方法上下功夫，努力保证本书的逻辑、结构等的严谨性。

（一）本书的研究思路

本书研究的主要问题包括：为什么要研究自我革命？为什么在马克思主义人学视域下研究自我革命？马克思主义人学视域下的自我革命是什么？开展自我革命的驱动要素有哪些？践行、实现自我革命的具体条件是什么？为什么说中国共产党是拥有自我革命现实条件与现实力量的执政党？中国共产党是如何进行自我革命的？中国共产党开展自我革命具有怎样的普遍意义？

为此，本书的总体研究思路如下：其一，以马克思主义人学关于人的普遍性、特殊性的基本理论为依据，揭示主体自我革命的内在依据，阐述马克思主义人学视域中自我革命的科学内涵及其实现条件；其二，探析主体自我革命的可能性转变成为现实性的实现条件，说明自我革命实现条件的特殊性；其三，在此基础上，分析中国共产党作为特殊的执政党，进行自我革命的内在依据、实现科学化建设和长期执政的历史必然性；其四，探究中国共产党自我革命的表现形式，进一步揭示中国共产党自我革命及其实现形式的普遍意义和人类价值。

具体来说，思路体现在本书的总体构架，即每一章内容上。

第一章先明确自我革命研究的马克思主义人学相关理论，明晰马克思主义人学研究的基本问题以及与自我革命研究的内在联系，确定马克思主义人学可以为自我革命研究提供相关理论依据、理论借鉴与现实依据。

第二章明晰马克思主义人学视域下自我革命的一般规定，论述马克思主义人学视域下自我革命的科学内涵、构成要素、主要特征等基本内容。

第三章聚焦开展自我革命的驱动要素分析，强调其驱动要素的内在力量。

第四章重点突出自我革命的实现条件。虽然自我革命是一切社会主体都可能实施的实践活动，但是就其实现的具体条件来看，只有与时代同行的先进个人、群体乃至人类整体才具有实现自我革命的现实可能。

第五章与第六章讨论了具有自我认识、自我规范、自我超越的先进政党如中国共产党，具有自我革命的特殊的现实力量；勇于自我革命是中国共产党区别于其他政党的显著标志，中国共产党的自我革命预示着未来，具有普遍意义和人类价值。

本书研究思路图如图0-1所示。

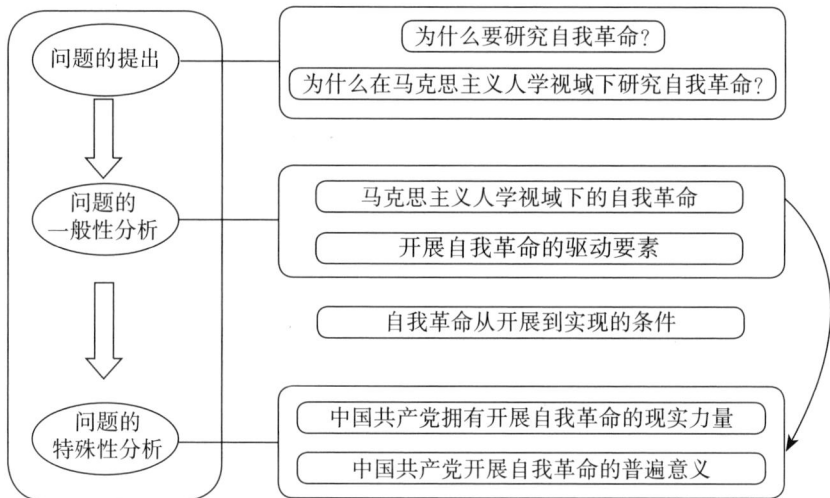

图0-1　本书研究思路

（二）本书的研究方法

马克思主义人学是一门坚持以历史唯物主义和辩证唯物主义为指导思想的学问。马克思主义人学视域下的自我革命研究是以坚持历史唯物主义的总体研究方法为基础的。这一选题是在历史唯物主义的科学历史观和方法论的理论基础上，在历史性、唯物性与社会性的基础上对马克思主义人学视域下的自我革命进行的分析。马克思主义人学视域下的自我革命研究不仅要对自我革命范畴、形态、产生根源等历史性问题进行研究，还要面对当前社会不断出现的新变化、新问题导致的人的问题的动态发展，不断更新内涵、应对办法等。同时，本书对自我革命实现的具体条件的分析也离不开对历史唯物主义关于人类社会发展的一般规律的遵循。因此，无论是对自我革命一般规律的探索，还是对自我革命主体在经济、政治、文化、社会、生态等现实困境与实践路径的考察，都需要人们坚持马克思主义人学的历史唯物主义的基本原则与研究方法，实现历史与逻辑的统一。

马克思主义人学视域下的自我革命研究在坚持历史唯物主义的总体研究方法的基础上，也运用了具体的研究方法，主要有马克思主义人学的研究方法、理论与实践相结合的研究方法、案例分析法等。

1.马克思主义人学的研究方法

马克思主义人学的研究方法要求在开展自我革命研究的过程中，始终坚持以人为本的价值诉求。马克思主义人学的出发点是"现实的人"，通过对"现实的人"与周围世界的关系，朝着人的自由全面发展目标前进。因此，马克思主义人学视域下的自我革命研究应从现实的人的角度，考察自我革命的路径实现、目标归宿等各个方面对人的生存境遇的影响作用，关注社会主体的价值诉求，通过不断消解人与他人的矛盾、人与自我的矛盾，及时纠正社会发展过程中与以人为本原则相背离的问题，满足人的现实需要进而实现人的自由解放与发展。

2.理论与实践相结合的研究方法

马克思主义人学视域下的自我革命研究，一方面，要加强对自我革命研究相关的马克思主义人学理论文献的研究，如整理归纳有关经典马克思主义人学以及中国化马克思主义人学等方面的论著等资料；全面掌握涉及本研究的相关情况，对马克思主义人学视域下自我革命研究的相关著作展开深度系统的整理归纳与研究分析，为自我革命主体、对象、驱动要素、实现条件等的研究提供借鉴。另一方面，还要加强对中国共产党领导人民开展自我革命的现实挑战与实践路径的研究，加强对自我革命实践经验的探索和把握。马克思主义人学视域下自我革命的理论依据指导与实践研究的系统结合，实现了科学理论指引下的自我革命实践活动的科学性与实践方向的先进性。

3.案例分析法

马克思主义人学视域下的自我革命研究是一项通过对人的一般规律的把握开展的对自我革命的主体、客体、中介、特征、驱动要素、实现条件等的系统分析。本书在对自我革命开展系统分析的基础上，进一步揭示了中国共产党开展自我革命的现实力量，以及中国共产党的自我革命所具有的普遍意义。从马克思主义人学视域下自我革命的相关研究来看，本书既要对自我革命的一般规定、驱动要素等进行系统分析，又要对自我革命实践活动的结果做出总结。为了揭示出中国共产党自我革命的普遍意义，本书尝试借助数据分析、案例分析等方式，使中国共产党的自我革命对自身建设、对中国人民、对人类发展的意义能够更加形象、更加可视化地展现出来。

第一章　马克思主义人学视域下
自我革命的理论基础

　　马克思主义人学是一项研究现实的人不断发展前进、以服务于实现人的解放和自由全面发展为最高理想的理论学说。人的解放的实现是一个不断扬弃的过程，而革命作为一种破旧立新的手段，可以推动人通过辩证否定实现最终的发展目标。在马克思主义人学看来，革命是以物质实践活动为前提的，在社会生产关系不断调整的条件下，消除人的异化、实现人的真正本质和解放的实践过程。革命是人类社会历史发展过程中的重要行动，它代表着不以个人意志为转移的人的本质的不断发展。自我革命是人的发展的革命实践力量。马克思主义人学关于人的发展及其规律的研究，既可以为自我革命的研究提供重要视域，也可以为深度探讨自我革命提供新的考察方向。本章旨在通过分析马克思主义人学的基本问题，探寻自我革命的重要理论基础。

第一节　马克思主义人学的基本问题阐述

　　马克思主义人学是在坚持唯物史观的基础上，以现实的人为研究对象、以人与世界的关系为基本问题而展开的研究。马克思主义人学与西方人学有着本质不同。西方人学抛掉了处于社会关系中的人的现实性，坚持以抽象的人作为自身理论展开的出发点。西方人学将人类的生产活动粗浅地归结为人的行为，并从人的意志、本能、欲望、情感等非理性因素来研究人、探讨人的行为。马克思主义人学是关于劳动实践基础上的人的一般规律的考察，是以唯物史观为基础的，揭示人的现实本质、人与周围世界关系以及现实解放道路的科学理论。总的来说，马克思主义人学主要包括物质实践基础上的现实的人、人与世界的关系考察、人的解放与自由全面发展目标追求等三个基本方面，而这三个基本方面也是开展马克思主义人学视域下自我革命研究的重要依据。

一、研究对象：现实的人

马克思主义人学关注的最首要的问题是"什么是人"。关于这一问题的回答，中外思想家们经过漫长的争论给出了不同的答案，主要包括人是神创造的、人是客观或主观的精神存在物、人是自然存在物等等。"什么是人"的问题虽然逐渐深化，但是仍然处于片面的、肤浅的认识层面。直到马克思主义人学的出现才真正回答了"什么是人"这一问题。马克思和恩格斯在批判吸收与借鉴前人思想理论的基础上，把研究对象从"自我意识"的精神存在物以及肉体的、感性的、孤立的个体存在等"抽象的人"中脱离开来。马克思主义人学坚持以"现实的人"为出发点，强调要从具体的、历史的社会中考察人。实现对物质实践基础上的现实的人的关注与研究，强调在社会历史发展过程中，凸显物质实践活动中人的主体性意义，即主张现实性基础上的人的研究，体现在物质的人、实践的人、社会的人三个方面。

第一，物质的人。马克思主义人学与唯心主义、旧唯物主义关于人的研究不同，它致力于在物质世界中寻求人的主体性意义。唯心主义在发展过程中曾在"灵魂""神""心""感觉"等各方面突出人的主体性的作用，但却把人的主体意识置于第一性的位置。马克思曾受黑格尔影响，把研究点放在自我意识上，认为自由是人的本质，并在自己的博士论文中，通过对原子偏斜运动的考察，强调自我意识是人的本质的内在力量，对改造世界具有非常重要的作用。但很快马克思也认识到了自我意识形成的虚幻的、脱离实质关系的精神世界，对于现实生活改善的局限性，指出"解释仅仅是意识的自我阐释，而事情的本质却被神秘化了"①，并很快转向唯物主义立场。然而，历史上的旧唯物主义又多呈现出朴素的、直

---

① 中共中央马克思恩格斯列宁斯大林著作编译局译：《马克思恩格斯全集》第四十卷，北京：人民出版社1982年版，第50页。

观的、机械的、形而上学的特征，把世界本原看作是"火""种子""原子"等对象，而相对忽略了物质世界中的人的主体性存在的意义。例如，赫拉克利特提出，世界作为一个整体的运行规律本质上是永恒的活火。马克思和恩格斯认识到唯心主义与朴素的、机械的唯物主义的局限性之后，开始强调在物质世界中关注人的地位，认为"物质从自身中发展出了能思维的人脑"[①]。

第二，实践的人。劳动创造了人本身，劳动实践是研究人的问题的重要因素。马克思主义人学所指的物质的人，是现实的人开展实践活动的物质前提，而劳动实践是关于现实的人与自然、社会、人自身发生关系的重要途径，也是马克思主义人学关于现实的人研究对象的组成部分。人的实践性使得马克思主义人学强调的"现实的人"与费尔巴哈的人本唯物主义强调的"现实的人"划清了界限。费尔巴哈的人本主义改变了过去把人看作精神实体的产物，而把人作为感性的实体，人的本质是感性，而不是虚幻的抽象精神。他虽然否定了唯心主义的观点，但却仍然局限于抽象的人的本质，把人的类本质看作是"单个人所固有的抽象物"。马克思曾在《关于费尔巴哈的提纲》中批判费尔巴哈唯物主义对实践基础上的人的忽视，这也是马克思主义人学与以往人学研究的分岔点之一。马克思批判了旧唯物主义对客体直观式的理解，认为应该把现实对象等当作感性的人的实践活动去理解。所以，关于"革命的""实践批判的"性质的人的理解是马克思主义人学研究现实的人的关键因素。

第三，社会的人。马克思主义人学对于社会的人的规定，是其在唯物史观基础上对于现实的人的本质力量的规定。马克思主义人学在经过将人的本质确定为自我意识的自由本质、将抽象的劳动看作人的本质之后，认识到把宗教的本质归结为人的本质的观点错误，看到了既有理论对现实问题解决的缺陷。通过对社会现实问题的研究，马克思和恩格斯认识到，如果仅仅在自我意识中来研究人，人是不可能获得解放的。要想实现人的解

---

① 中共中央马克思恩格斯列宁斯大林著作编译局编译：《马克思恩格斯文集》第九卷，北京：人民出版社2009年版，第473页。

放，唯一的途径只能是在现实的世界用现实的手段来达成。其中，实现人的解放最首要的条件就是对人的吃喝住穿等方面的充分保证。马克思对社会现实问题的关注，使其最终揭示了现实的人的本质并不是一种抽象物，而是一切社会关系的总和，进而使人的本质摆脱孤立的、抽象的类的错误本质。

马克思主义人学的研究对象——现实的人，正是由物质的人、实践的人、社会的人三个方面组成的。马克思主义人学强调现实的人的社会历史性，强调处于社会关系中的有生命的个人的客观存在性，强调现实的人对自身、对自然、对社会的主体能动性。现实的人，是马克思主义人学视域下自我革命研究的出发点。而这一确定，也表明了马克思主义人学的研究内容是在以现实的人为核心的基础上，形成的人与周围世界的关系问题。

二、研究内容：人与世界的关系

马克思主义人学反对一切唯心主义人学的观点，反对考察孤立的人、抽象的人，反对只是从主体方面考察人。马克思主义人学坚持从人的客观存在出发，探究现实的人的本质的展开和实现的问题；坚持主客体的内在统一性的原则，坚持对人的研究离不开对客体的考察。现实的人处于一切社会关系之中，它和周围世界始终发生着密不可分的联系，包括自然、社会、人自身。因此，马克思主义人学关于现实的人的主体研究，将无法割裂与主体相关的客体对象的关系把握，主要表现为人与自然、人与社会、人与人的关系。

第一，人与自然的关系。马克思主义人学认为，现实的人是自然存在物。人作为有生命的自然存在物，决定了人需要始终同外部自然界发生物质、能量、信息等资源的交换，以维持自身的生存需要。自然界中所蕴含的植物、动物、空气、光以及食物、燃料等为人类祖先的生物进化创造了条件，也为人类的生存与发展提供了直接或间接的自然物质资料。人作为自然存在物通过劳动实践对外部自然界展开自己的对象性活动时，就产生了人与自然的关系。人与自然的关系是一种客观存在的矛盾体。一方面，人受制于自然界。人是自然界的一部分，人的生存与发展以自然界为物质前提。另一方面，人具有改造自然的能动性。自然界有机体的孕育虽使人具有自然属性，但人与自然的关系并不是直观的、感性的存在物，而是劳动实践基础上的能动的、辩证的关系。人与动物不同，动物只能被动地适应自然界，而人则是改造自然的主体，自然界是人作为主体通过劳动实践所发生作用的客体对象。人能够在正确认识和把握自然规律的基础上能动性地改造自然，使自然界按照人的需要和目的发生改变。然而，人无法始终正确预测和把握实践活动的后果，这在一定程度会由于人的盲动性而破坏自然环境。马克思主义人学认为，自然界是人无机的身体，人类要想获得生存与发展，就离不开与自然之间的和谐相处。人与自然虽然是主客体的对象性关系，但是人不能仅仅关注自我目的的满足，而过分陶醉于战胜自然之中。人与自然之间是相互促进、相互成就的。人作为自然界的一部分，其展开的改造自然的革命实践活动要符合事物发展规律。人只有认识和利用自然规律，才能实现自身的永续发展。

第二，人与社会的关系。人具有自然存在物与社会存在物的双重存在属性。这表明人与外部世界关系的探讨除了人与自然的关系之外，还有人与社会的关系。对人与社会关系的把握，有利于深化对人的本质等问题的探究。马克思主义人学从现实的人出发，沿着人的劳动实践的活动轨迹，揭开了人的集合体——社会的面纱。社会由人组合而成，但社会在产生之后又以客体的形式外化成了人的对立物——对象化客体。马克思主义人学重视劳动在主体与客体之间的实践作用，认为劳动实践是正确处理人与社会之间关系的关键环节。实践最直接、最首要的表现形式是物质生产活动，即劳动者借助劳动工具、知识、相关经验等进行的生产活动。人因为劳动实践而开始把自己和动物相区别。当人开始把自己从动物界分化出来之时，就已经成了真正的社会存在物。社会是人劳动实践的结果，人与社会是一对主体客体化、客体主体化的矛盾统一体。一方面，"劳动的对象是人的类生活的对象化"①。人作为劳动实践的主体，通过发挥自身的能动性，可以实现主体的客体化，可以推动社会运动的变化与发展。另一方面，人的自

---

① 中共中央马克思恩格斯列宁斯大林著作编译局编译：《马克思恩格斯文集》第一卷，北京：人民出版社2009年版，第163页。

觉能动性的发挥又受制于社会规律的客观前提。社会规律是一种不受制于任何主观意志的客观存在。当人发挥主体能动性作用于客体时，必然会受到客体的非对象化的反作用力的制约或者影响。总的来说，马克思主义人学认为，正确把握人与社会关系问题的关键是在坚持现实的人的基础上，正确处理好社会客观规律与人的主体能动性的关系问题。

第三，人与人的关系。如前所述，社会是由人组成的集合体，那么人与世界的关系，一定离不开人与人的关系。马克思主义人学反对一切唯心主义人学只是从主体方面考察人，并始终坚持把主客体统一的方法贯彻到人与世界的关系考察中。马克思主义人学不仅关注人的主体性，同时也考察着主体性的人所作用的客体对象。正如人和自然、社会的关系需要遵循着主客体统一的辩证关系一样，马克思主义人学认为人对人自身的认识与实践也应该遵循着主客体统一的辩证方法。人作为主体的同时本身也是人自身对象化的客体。马克思主义人学作为一门从整体上探究人的存在、本质和发展规律的学问，不是研究孤立的个体的人，而是强调人的个体、群体与类的统一性的系统研究。依据人的统一性的系统研究前提，人们可以看到人与人之间的关系是复杂的。人与人之间的主客体关系关涉人与其他人、与自我的关系把握问题。马克思主义人学强调人与他人的关系问题的把握，源于人的本质的社会关系特征。人的社会关系性表明每个个体必然在一定程度上与他人保持联系。然而，当人把其他人视为自己的客体开展对象化活动时，人与其他人之间就产生了对立性的关系，这种对立性关系可以视为一种利益关系。现实的人作为主体，依据自己的某种需要，作用于自己的客体对象，通过占有的方式达成自己的愿望。因此，在一定程度上可以说，当人与周围人处于主客体的对立关系时，人与其他人就表现出来一种否定关系。除此之外，人与人的关系还包括人与自我的关系把握。人同一切物质运动一样，一直处于变化发展的历史过程中。人与自我的关系把握也是一个运动变化的发展过程。人终其一生都在探索正确认识自己的问题。但人的阶级性差异、素质水平、价值追求等在不同程度上影响着人正确认识自我、把握自我的进程。马克思主义人学重视人与自我关系的探寻，始终致力于"使人的世界即各种关系回归于人自身"①，使人在心理、身体上呈现出和谐状态，最终实现人的自我发展。

从马克思主义人学所坚持的主客体的辩证统一关系来看，人是主体，人所作用的外部世界是客体。马克思主义人学关于人与世界关系问题的讨论，是全面把握人的问题的根本前提。马克思主义人学在这一问题的探求中，深化了做什么样的人的问题。马克思主义人学在揭示人的本质问题以及人的发展问题的基础上，认识到把人的解放作为以阶级消亡为前提条件的发展目标，个人只有在真正的共同体中才能真正获得自由。因此，虚幻的共同体无论如何都会形成新的桎梏。可以得知，马克思主义人学将在真正的共同体下实现人的解放与自由全面发展视为人的发展目标。

三、研究目标：人的解放与自由全面发展

马克思主义人学通过对人的问题的深刻剖析，揭示了人的解放与自由全面发展是人类社会发展的必然趋势。而这一目标的实现是一个动态发展的历史过程。其中，人的解放是破除人的异化问题的根本方法，不断完善的自由全面发展水平是人的发展的目标。

第一，人的解放是破除人的异化状态的重要手段。人的解放是在马克思主义人学把握人的存在、本质与发展规律的基础上，实现人的自我确认、自我革新、自我发展的重要线索。马克思在《论犹太人问题》《〈黑格尔法哲学批判〉导言》曾就"宗教解放"、"政治解放"与"人类解放"进行了讨论，指出了劳动实践使现实的人成为区别于动物的类存在物。人类的劳动实践不是孤立进行的，而是始终与他人处于密切社会联系之中。而且，人与人之间的这种联系越是追溯人的发展历史，就越是清晰。例如，原始社会时期的"人的依赖性"的社会形态。这种"人的依赖性"的形态表明人是以群体的形式存在的，而这极大地抹杀了人的独立性，更抹杀了人的个性，使人的个性自由被束缚在自然领域中。当人进入资本主义商品经济时代时，个体虽然在"人的依赖性"上发展到了有独立性的人的阶段，但

---

① 中共中央马克思恩格斯列宁斯大林著作编译局编译：《马克思恩格斯文集》第一卷，北京：人民出版社2009年版，第46页。

是这种独立性却又是以"物的依赖性"为前提的。在资本主义商品经济时期，生产资料的私有性质使部分人不得不出卖自己的劳动力以换取生活资料。私有制的出现推动了社会阶级对立、人剥削人、贫富两极分化等社会不自由的现象出现。以无产阶级与资产阶级的阶级对立来看，无产阶级在不占有生产资料的状态下，出现了与自己、与自己的劳动产品等的异化现象，使自己离真正的独立性越来越遥远。无产阶级"创造的价值越多，他自己越没有价值、越低贱"①，而资产阶级则在生产资料私有制背景下同样受制于自己的私有财产，出现金钱与资本的异化现象。当今社会，人类仍然存在着很多未能消除的异化现象，如生态危机、腐败堕落等。因此，为了破除人的异化，马克思和恩格斯致力于追求人的个性的解放，使每个人的主体性都能得到充分的发展，使劳动成为人的第一需要，使人与人的社会关系形成真正的平等。因此，人的解放是人破除自身异化、最终解放自己的重要手段。

第二，人的解放的实现标志是人的自由全面发展。马克思主义人学致力于在克服人的异化的基础上解放全人类，进而最终实现人的自我解放。人最终解放自己的标志就是人的自由全面发展的实现，其中包括个人独立和个人能力的全面发展，以及每个人劳动实践活动的自由、自觉的实现。当然，马克思主义人学关于人的发展的把握，始终是建立在坚持社会历史的发展规律基础上进行的。马克思主义人学认为，社会的发展与人的发展具有内在的一致性。因此，人的自由全面发展的实现必然出现在物质条件极大丰富的共产主义社会，只有这时人才能从异化劳动中真正解放出来。在共产主义社会到来之前，人的解放的任务历史地落在了无产阶级肩上。只有在无产阶级的带领下，全体人类才有可能实现进步，使每个人在每个生产生活部门都可以自由自愿地从事自己的事情，进而才有可能实现每个人的自由全面发展。当然，马克思主义人学强调的是对人类奴役状态、异

---

① 中共中央马克思恩格斯列宁斯大林著作编译局编译:《马克思恩格斯文集》第一卷，北京：人民出版社2009年版，第158页。

化状态的终结，例如"消灭阶级差别本身"①等压迫和束缚人的自由的因素。但值得注意的是，马克思主义人学强调的人的自由全面发展并不是一种完美的、永恒的结果，而是始终随着现实的物质生产活动的发展而不断地历史地发展着。

　　总体来说，马克思主义人学是在以现实的人为研究对象的基础上，研究现实的人及其与周围世界的现实关系，探究人与世界关系和谐发展的道路，致力于实现人的解放与自由全面发展的伟大目标。马克思主义人学相关理论为自我革命研究提供了理论依据。

第二节　自我革命的马克思主义人学定位

　　自我革命本质是主体改造对象化自我的实践活动，而实践活动是人所特有的存在方式。自我革命作为以人为主体的实践活动，其改造对象化客体的实践过程必然离不开人的讨论。马克思主义人学是以现实的人为出发点，深刻把握人与周围世界、人与人、人与自我之间关系的科学。马克思主义人学的科学性为人正确认识自我、改造自我，将自我培养成为既符合社会和人民需要又符合自我发展需要的人，提供了重要的指导与现实意义。因此，无论从自我革命作为人的实践活动来看，还是从马克思主义人学的研究内容来看，自我革命与马克思主义人学之间都存在密不可分的联系。马克思主义人学关于人的问题的研究体系，有利于人不断加深对自我的认识，进而推动人的自我保存、自我更新、自我革命的实现。

一、自我革命与马克思主义人学的契合

　　马克思主义人学是坚持以辩证唯物主义与历史唯物主义为指导思想，通过对人的一系列重大问题的系统分析，揭示人的历史发展过程的规律，使人可以正确认识人自身，进而实现自觉地自我塑造与自我改造的科学理论。马克思主义人学作为以现实的人为研究对象，以塑造人、改造人、解

---

　　①　中共中央马克思恩格斯列宁斯大林著作编译局编译：《马克思恩格斯文集》第三卷，北京：人民出版社2009年版，第525页。

放人为根本目的的科学，对自我革命实践活动的把握具有重要的指导意义。马克思主义人学通过对人的全部客观存在的社会实践与社会关系的考察，所揭示的人的存在、本质、发展的规律，是正确把握自我革命实践活动的前提，也是保证自我革命实践活动顺利运行的关键。人要想在错综复杂的现实问题中抓住问题背后的本质规律，始终保证自身的生存与发展，就更需要深刻把握关于人的真实本性、本质与规律等一系列基本原理。只有这样，人才能真正在自我革命中实现社会的发展与人的发展的有机统一，使人在认识、改造客观世界的同时，也能认识和改变人自身进而发展自身。

第一，马克思主义人学以现实的人为研究对象，这与自我革命的主体相契合。"现实的人"是马克思主义人学提出的关于人的科学认识，强调人不仅是自然存在物，更是真正的社会存在物。人的社会性表明人不是孤立的、彼此隔绝而存在的个体，而是以社会联系的方式形成的共同集体，即包括个体、群体和人类之间相互联系而形成的有机系统。当然，马克思主义人学强调人的社会联系和人的不同层次间的相互联系，并不是不关心个体。恰恰相反，马克思主义人学关注个体的发展，但不是孤立的个体，更不是抽象的个体。马克思主义人学反对将人归结为孤立的个体，反对脱离社会历史的发展进程去谈论个体、谈论人。因为在马克思主义人学看来，人是社会存在物，而且越是从人的发展历史中去追溯，则越能清晰地看到人不是孤立的存在物。例如，在原始社会里，由于自然力量的不可征服，人们通过联合、整体的方式形成公社、部落等，努力在大自然面前求得生存与发展。从人的依赖关系来看，个体是没有独立性的。因此，马克思主义人学始终强调以客观存在基础上的现实的人为研究对象，坚持现实的人是处于个体、群体与类的统一之中的社会有机体。总的来说，马克思主义人学以现实的人为研究对象，关注人在个体、群体与类的有机统一，在坚持遵循人的客观存在、历史客观发展规律的基础上，运动变化发展地研究人的问题。马克思主义人学通过揭示完整的人及其本质、存在和发展规律，旨在破解当前人类面临的现实困境，探索人应该如何做、做什么等促进自身发展的现实问题。马克思主义人学通过人的实践活动实现人的自我觉醒、自我追问、自我反思与自我理解，进而完成人的自我超越与自我发展，为人的生存与发展提供方案。

自我革命本质是一种活动，这一活动不是维持肉体生存的生命活动，而是人作为主体将自我客体化的创造性活动。自我革命作为一种活动不仅包括主体物质层面的、肉体的发展与进步，而且还包括主体精神层面的、思维领域的自我塑造。主体物质的与意识的改造与进步，表明自我革命主体既不是抽象的精神存在的人，也不是感性直观的人，而是处在现实中的、拥有物质的以及自我意识的人。人只有以肉体的、物质的形式存在才能从事具体的、实际的活动。同时，人在意识的能动性的作用下，以人的需要、动机、价值等作为活动目的的内在动力，才能开展人的活动。因此，从自我革命属于人的活动来看，自我革命主体必然是从事物质生产的、实践的、现实的人。人在从事生产活动过程中，离不开其他人的社会联系。社会也正是在人的这种活动中生产的，并随着人的活动的改变而改变。因此，从普遍层面来看，自我革命作为人的活动，符合人的活动的一般特征。作为人的活动的类型之一，自我革命必然是从现实的人出发的，其主体也不是独立的个体所能实现的，因而也处于包括个体、群体、类在内的社会的有机统一体之中。只不过，从自我革命这一实践活动的程度与性质来看，自我革命的开展需要一部分代表先进生产力的主体的带动。

第二，马克思主义人学关于人的存在方式的分析，揭示了自我革命的实践本质。"现实的人"是马克思主义人学关于人的问题讨论的出发点。但马克思主义人学强调的"现实的人"与费尔巴哈的人本主义哲学强调的"现实的人"存在本质的不同。这一不同就在于费尔巴哈强调的"现实的人"是指肉体的、孤立的、感性对象的存在，而马克思主义人学强调的"现实的人"则是从社会实践这种感性活动方面去理解。费尔巴哈强调的"现实的人"是自然观的现实性，但在社会历史领域仍然是抽象的人的类概念。马克思主义人学抓住了"现实的人"的根本。马克思主义人学强调"现实的人"不仅包括有生命的个人的存在，而且强调人是从事实践活动的，同时这一活动不是孤立的个人行为，而是一种社会性的行为。实践活动是马克思主义人学所坚持的现实的人的特有的存在方式。实践是马克思主义人学把握人及其相关问题的核心范畴。马克思和恩格斯通过实践的观点与费尔巴哈强调的感性直观的、孤立的个人的旧唯物主义区别开来。马克思主义人学始终坚持在革命实践基础上考察人的生存与生产等活动，认为"环境的改变和人的活动或自我改变的一致，只能被看做是并合理地理解为革命的实践"①。其中，革命实践的对象包括客观自然界的对象性世界，包括人类社会活动本身，也包括人自身。

自我革命是人所特有的、主体自我对象化的实践活动。人与动物的根本不同之处就在于劳动实践。生产实践活动是人类得以形成和发展的决定性因素。从社会实践变革活动来看，虽然变革活动涉及经济、政治、文化、社会、生态等多元层面，但是不论哪个环节，都离不开人，其中包括社会实践的主体、手段和目标等都与人相关。人在实践活动中处于主客体的统一关系之中。人既是实践活动的主体，又是实践活动的客体。人通过劳动实践创造了关于人的历史。同时，人又在人类历史的发展变化中不断审视自身，使人作为主体所面对的客体对象既包括其他客体对象，也包括主体自身。人及其历史的运动变化是人实现自身生存与发展的客观要求。人在运动变化发展着的客观存在中才能不断正确认识自我、改造自我、发展自我。自我革命是指主体发挥意识的能动性作用，在考察人类历史发展的过程中，认识到自身的落后与不足之处后产生革命意识，并在革命意识的指导下对自身开展的对象性的革命活动。自我革命实践活动是指主体将自身视为客体对象时所开展的实践活动的表现形式之一，也是人通过实践始终保持绝对运动发展的体现。因此，自我革命作为一项主体对象化自我的实践活动，其中蕴含着自我革命主体的运动变化的发展状态。这一实践运动的发展状态与马克思主义人学强调的人的实践活动的存在方式具有内在一致性，其目标也都是致力于人的自我塑造与自我发展。

第三，马克思主义人学关于人的目标定位与自我革命的目标旨趣相符。马克思主义人学以历史和现实的人为研究对象，坚持在人客观存在的基础上，对人的存在、人的本质、人的发展等系列问题展开讨论，旨在在对人

---

① 中共中央马克思恩格斯列宁斯大林著作编译局编译：《马克思恩格斯文集》第一卷，北京：人民出版社2009年版，第500页。

的历史发展过程形成规律的反应的基础上，实现人对自身的正确认识，进而实现人的自觉地自我发展的根本目标。人的自我发展并不是自我生成的。人的目标的确立产生于人与周围世界的客观联系中，其本身不因人的意志而转移。从人类社会的发展规律来看，当社会生产力发展提高到极大水平，当物质财富足以满足每个人的需要时，人的自我发展必然由以物的生产为目的的发展转变到以人的能力的发展为目的。在这个新的阶段，人可以完全依据自己的个体，实现自身素质的全面提升，保证人的本质的充分实现与发展，进而使每个人都可以占有自己的全面的本质，成为一个完整的人。当然，人的目标确立虽然是客观的、不以人的意志为转移的，但是这一目标在表现形式上仍然是主体的机能的体现。正如"每一种生命欲望都会成为一种需要"①一样，主体可以发挥自身的能动性，依据主体自我的计划，自觉地向自身目标发展前进。这意味着在社会生产力极大丰富以前，个体的自我设计是多样性的，个体的自我选择也表现为多种可能方案，个体自我发展的方向也必然呈现出一定时期的多样性特征。人作为个体、群体与类的有机统一，表明人的整体上的自我发展过程必然呈现出一定的曲折性。

马克思主义人学关于人的目标定位，与自我革命的发展目标旨趣是内在统一的。从一般意义上说，自我革命是人依据自身的需要、利益等目的，通过自我设计的方式自觉地向自身目标不断推进，使自己按照自我设计的方式进行自我塑造、自我完善，最终实现自我发展的实践活动。也就是说，自我革命的目标是要实现自我发展。一切事物的发展都是有规律的，人的自我发展也有其自身运动规律。首先，人的自我发展要符合社会历史环境的变化与发展。需要是人的本性，会随着人类社会的发展而不断得到更新。当人的物质需要得到极大满足时，人的个性便不会受物质条件的制约，因而便会朝着更加自由个性的方向发展。其次，人的实践活动与其他实践活动之间是相互作用的。人的实践活动依赖于现实世界，人追求自我发展的理想本身就是按照真、善、美的方式来改造自身与周围世界的。真、善、

---

① 中共中央马克思恩格斯列宁斯大林著作编译局编译：《马克思恩格斯文集》第一卷，北京：人民出版社2009年版，第322页。

美的需要表征着每个人对自由全面发展的不断追求。可以说，自我革命是革命主体从自我反思开始，经过自我批判、自我超越，进而达到人的自由全面发展的自我实现的前进上升的发展过程。人展开自我革命活动正是要破除人类社会的客观条件的限制以及使人自身存在不自由、不全面的部分。人要想实现真正的自身发展，就要克服阻碍自身发展的因素，追求符合真、善、美尺度的需要，使每个人的发展都可以真正地自由自觉地依据自己意愿而实现，使人逐步实现人的本质复归的状态。

马克思主义人学研究的逻辑、主题与核心线索等表明，自我革命与马克思主义人学视域是内在契合的。除此之外，本书之所以选择在马克思主义人学视域下探索自我革命，还在于马克思主义人学对于辩证唯物主义和历史唯物主义的科学的指导思想的坚持。辩证唯物主义和历史唯物主义中所包含的世界观、历史观和方法论，对马克思主义人学的指导意义是整体性的。它有力地阻碍了人本主义、资产阶级人道主义等对现代人的人生观、价值观等的思想侵蚀。自我革命作为以人的自由全面发展为最终目标的实践活动，要想克服人的发展过程中的一系列现实问题，必然离不开马克思主义人学这一科学的理论。

二、马克思主义人学为自我革命提供科学定位

自我革命是以人为核心的革命实践活动，自我革命的开展离不开关于人的科学思想的支撑。马克思主义人学与人本主义、人道主义、人类中心主义等都关注人的问题，但是却有着本质的不同（分别强调着"自然的人""抽象的人""中心的人"等不同的理论观点）。马克思主义人学倡导在社会现实基础上探讨具体的人，强调在历史范畴内正确对待自我与他者的关系。这为自我革命主体、客体及主客体之间的关系等提供了理论与实践的考察标尺，避免人在自我革命中陷入歧途。马克思主义人学理论为自我革命提供了科学的定位，使自我革命按照人的发展与社会发展相统一的、绝对运动的发展方式，不断实现人的解放的目标。

第一，马克思主义人学关于人的存在论的研究，为自我革命的发展提供了科学的方向定位。人如何存在于世界是研究人的问题首先需要考察的内容，但思想家关于人如何存在于世界的观点各不相同。马克思和恩

格斯在研究人的问题时，强调人不仅是自然存在物，更是真正的社会存在物。而人本主义则通常强调人的自然属性，而忽略社会历史发展对人的作用，主张在历史领域中人的抽象性存在，而不是现实的人的存在。人本主义的主要代表人物是德国的费尔巴哈。人本主义关于抽象的人的讨论，引发后来的西方马克思主义的存在主义、唯意志主义等思潮的出现，它们继承人本主义对社会实践和社会关系的忽略，片面地、孤立地强调人的主体性，使自身走向"见人不见物"的错误方向，具有强烈的主观唯心主义倾向。马克思在《关于费尔巴哈的提纲》与《德意志意识形态》中对人本主义曾做出深刻的批判，指出人的本质是一切社会关系的总和，"个人是什么样的，这取决于他们进行生产的物质条件"[①]。虽然马克思主义人学以整体的人和人的本质为研究对象，但在本体论上始终认为不能用"人本"代替"物本"。在世界的本原问题上，人不是客观物质世界的本原，人的存在与浩瀚无垠的宇宙相比，就是广袤深空中的一颗星罢了。马克思主义人学认为，在人与自然的关系中，自然界是人生存与发展的首要的物质前提；在人与社会的关系中，社会本身就是人的集合。但是，马克思主义人学也反对"见物不见人"的片面发展方向，认为应该始终认识到人的存在依赖于客观存在的物质世界。但是，人是有意识的存在物，人可以发挥自身的主体能动性，实现自我塑造、自我超越的目的与价值。

自我革命的发展方向与社会发展方向总体是一致的。马克思主义人学认为，人是自然存在物也是社会存在物，社会存在属性是人与动物相区别的本质属性。人的社会性表明社会本身就是由人与人之间的群体共同体而组成的集合体。因而，人的发展与社会的发展是内在统一的关系。人的发展不是自我生成的，而是在人的劳动实践中不断实现的。人通过自我劳动实践不断塑造人自身，同时也塑造人生活于其中的社会空间。自我革命是人的劳动实践的表现形式之一，也是社会不断发展的必然要求。人开展自我革命有自我设计的参与，例如实现自身的素质、能力的提升，满足人的

---

① 中共中央马克思恩格斯列宁斯大林著作编译局编译：《马克思恩格斯文集》第一卷，北京：人民出版社2009年版，第520页。

需要、利益的目的等等。但是，自我革命这一实践活动的出现并不是自发产生的，也不是单纯由人的自然属性因素决定的，而是伴随着自然环境、社会环境的变化发展，主体不断发挥意识的自觉能动性，实现主体自身的对象客体化，使自身适应环境的发展变化的。在一定程度上可以说，人为了实现自我发展而开展的自我革命活动是人所生存的社会环境不断发展的必然结果。因此，从自我革命主体的存在定位来看，人在怎样的程度上改变自然环境、改变社会环境，人就有可能在怎样的程度上借助自我革命实现自身的发展。

第二，马克思主义人学关于人的本质论的研究，为自我革命的发展提供了科学的运动状态的定位。关于人的本质问题的讨论一直都是历史上哲学家们不断追问的问题。在哲学家们的追问过程中，人的本质经历从神道主义到人道主义再到唯物史观的转变。在转变为唯物史观之前，哲学家们关于人的本质的讨论都是历史观上的唯心主义者。例如，人道主义者把人的本质抽象化，认为人的本质就是人本身。人道主义倾向于从抽象的类出发，忽视人与人之间的社会差别，强调不分阶级阶层、不分肤色差异、不分男女差异的人。马克思主义人学则关注的"不是抽象的人，而是现实的人及其历史发展"[①]。从一般性界定来看，人的本质就是人区别于动物的最根本的特征，是最根本的人性，在人性的诸多特征中居于主导地位。马克思主义人学关于人的本质讨论曾经做过两个回答。其一是在《1844年经济学哲学手稿》中把人的本质视为劳动；其二是在《关于费尔巴哈的提纲》中把人的本质视为一切关系的总和。从定义上看，人的本质的两个回答貌似是冲突的，但其实不然。马克思主义人学关于人的本质的两个论断只是从不同层面、不同角度进行考察，二者本质上是相互促进的。其中，劳动实践是人的本质的内容，而社会关系则是人的本质的存在形式。但是需要注意的是，马克思后来在《德意志意识形态》中对劳动的定义不再带有费尔巴哈人本思维的痕迹，不再强调抽象的、理想化的劳动了，而是强调劳

---

① 袁贵仁:《马克思主义人学理论研究》，北京：北京师范大学出版社2017年版，第5页。

动是现实的、具体的人的劳动，是处于历史的、发展着的状态中的。例如，人的劳动的阶级性的差异、人的劳动异化的出现等。

人的劳动本质的历史发展变化的状态，表明了自我革命的发展状态是不断变化的动态形式。马克思主义人学不仅找到了人的本质，而且找到了其背后的社会关系的支撑。马克思和恩格斯关于历史唯物主义的形成，使其关于人的本质的认识彻底摆脱抽象性，进而得到人的本质不是抽象的更不是永恒不变的劳动。自我革命作为人的劳动实践活动，与人的其他活动一样，需要在一定的历史条件下去考察，而不是在抽象性、超阶级的、不加区分的目标驱动下开展的人与人之间无差别的实践活动。社会历史发展滚滚向前，但是在生产力水平极大发展之前，人所生存的社会的生产力发展水平仍然是受到局限的。这也使人的实践能力、认识能力相对受到限制。人们"永远不会完全认识具体事物"①。人的实践、认识能力的限制决定了自我革命的水平、程度。人类社会发展的绝对运动状态又决定了即使是自由自觉的劳动，也仍然是处于运动发展状态中的。因此，自我革命作为人随着社会的发展而不断实现自我更新、自我发展的实践手段，其发展形式必然也是一个永无止境的运动过程。人在自我革命中不断化解主体自我与客体自我之间矛盾的过程，既是体现着人的本质的过程，同时也是人不断深化、不断变化着的劳动本质的认识过程。

第三，马克思主义人学关于人的发展论的研究，为自我革命的发展提供了科学的价值定位。马克思主义人学强调人的客观物质基础是第一位的，人的发展同社会历史发展一样是过程。但是，马克思主义人学也强调人与动物不同，人不是完全被动的、由客观环境来决定自身的发展变化的。人可以按照自己的目的、计划，依据自己的主观愿望，自觉地向自己的目标愿望前进。因此，马克思主义人学又研究了在面对人的主观能动性时，人应该如何对待自己的问题。首先，马克思主义人学认为人在实现自我发展时应该始终坚持合规律性与合目的性的统一。人的发展目标是人对自身未

---

① 中共中央马克思恩格斯列宁斯大林著作编译局编：《列宁专题文集：论辩证唯物主义和历史唯物主义》，北京：人民出版社2009年版，第143页。

来发展的畅想，但是这一畅想并不是脱离现实的，也不是虚无缥缈的，更不能违背客观规律。人的发展目标一旦超出社会历史的发展规律，就会变成空想，其结果也必然是以失败而告终。人的发展目标虽然是客观世界的反映，但同时也反映人自身的内在需要和利益。当人依据自身的内在需要而改造客体对象、实现自身的发展目标时，人就实现了自身的价值追求。其次，人的发展不仅仅是个体的发展，而是包括个体、群体与类的有机系统的发展。人的有机系统是部分与整体的统一，只强调部分或者只强调整体都不会实现人的真正的发展。因而，人要想实现发展，就必须坚持在正确处理好人的权利与义务的关系、树立正确的价值观、提升人的素质水平等问题的基础上，把握好人的发展规律。

马克思主义人学通过"人如何做人"的考察，为自我革命的发展方式提供了科学的规律把握。自我革命作为人的实践活动的类型之一，是主体自我改造客体自我的劳动实践。人在改造自我时，也是按照自身的动机、利益等目的来进行的。因此，自我革命虽然是主体改造自我的活动，但仍然要遵循合规律性与合目的性的统一，而不是杂乱无章的、为所欲为的实践活动。其中，合规律性意味着自我革命的开展要在社会历史条件下推动社会的不断发展；合目的性意味着自我革命的开展要保证人的自由与全面发展的实现。从人的发展主体的部分与整体的关系来看，任何以绝对的牺牲他人的利益的方式来满足自身利益的行为都不是长久的。例如，人类中心主义所强调的人类的生存和发展是一切活动的价值目标的主张。人类中心主义认为，人类是主体，自然等其他事物作为客体，并始终围绕"人是目的"的思想活动，特别是在看待人与自然的关系时，它完全将人置于天平的一端，而将自然舍弃在外。这种仅仅追求人的发展而忽视客观规律的行为，其发展目标必然是不会实现的，而且还会遭到客观环境的反噬。因此，马克思主义人学关于人的发展论的研究，为自我革命的发展方式提供了重要的方法论的把握。

自我革命是社会历史发展的现实要求下，现实的人实现自我发展的重要手段。现实的人在通过劳动实践不断推动社会环境发展的过程中，也在不断更新对自我的认识。当人落后于社会的发展时，人便开始发挥自身的主观能动性，以主体的姿态将客体自我对象化，以便不断更新自我、发展自我、塑造自我。而自我革命正是主体实现自我发展的重要手段。马克思主义人学是关于人的问题研究的科学，它通过对人的存在、人的本质、人的发展的系统讨论，科学回答了"什么是人"以及"如何做人"的问题。这一问题的科学回答为自我革命的发展演进提供了重要的理论遵循。

第三节　自我革命的马克思主义人学理论依据

马克思、恩格斯、列宁等经典马克思主义者没有直接提出"自我革命"的概念。但是，他们关于人的自我认识、人的社会历史性以及人的价值观等多方面的分析，为自我革命研究提供了科学依据。中国化的马克思主义人学，则立足中国实际问题基础上形成了人的培养发展理论、自我革命理论等。这些理论为自我革命研究提供了中国话语的理论支撑。

一、理论源泉：经典马克思主义人学

经典马克思主义人学是对马克思、恩格斯以及列宁关于人的问题的科学理解。毛泽东认为："马克思这些老祖宗的书，必须读，他们的基本原理必须遵守，这是第一。"[①] 自我革命作为关于人及其社会关系的革命活动，要想对其进行深入理解，离不开对经典马克思主义人学理论的把握。当然，这并不意味着马克思主义可以精确到方方面面，并可以为后来人提供现成的解决方案。

经典马克思主义人学在历史唯物主义的基础上关于"自我"的人的确定，表明了自我革命的主体特性。"自我"一词是认识论领域的表达用语，它代表着一种方向与坐标，是主体向内的一种关系考察。亘古至今，"认识你自己"始终是哲学领域探求的主题，进而产生了近代西方哲学的"先验自我""绝对精神"等关于外在的人的本体的认识，使人被抽象化为脱离现实、脱离丰富情感与个性的、现成给定的人。在这个基础上，马克思走向

---

① 中共中央文献研究室编：《毛泽东年谱（一九四九——一九七六）》第四卷，北京：中央文献出版社2013年版，第250页。

了青年黑格尔派，借助原子偏斜运动对人的"自我意识"的考察，通过原子只有经过偏斜才能完成自己运动的规定来论证人的自由存在本性，自由首先在于自我认识，而先天是本该具有的，而不是上帝、绝对精神等现成给定的，这使得人摆脱了"先天""前定""不变"等人的现成式规定。马克思关于人的"自我意识"在现实世界中的批判力丧失，使马克思认识到仅仅在意识领域实现人的自由是远远不够的，还需要转向现实世界去考察。然而，费尔巴哈对消极、片面的人的直观认识并不能满足马克思对于有生命力的、能动的人的问题的探讨。在此基础上，马克思和恩格斯确立了崭新的世界观，并在新唯物主义基础上对人的问题展开了新的把握，突出人在现实活动中具有主体性、能动性的多重结合特性。马克思和恩格斯的继承者列宁也充分肯定人的主体作用，认为自然规律等客观规律只有不断被人认识，人才能不断把握它。马克思和恩格斯在唯物主义基础上对人的主体性的自我把握，既不消极地依赖外部世界，但与外界相处时又可处于自由的主体地位这一观点，为自我革命开展提供了必要的条件。

经典马克思主义人学关于人的交往实践问题的把握，确定了自我革命的实践特性。正如对人这一活动主体进行内向尺度考察一样，自我革命也需要认识主体的自我向度考察，而这一考察的逻辑起点是人的交往实践。因此，马克思和恩格斯关于自我革命的另一个关键要素离不开对交往实践的分析。马克思认为人的生产生活等全部社会范围内的活动都具有实践性，包括环境或人的改变甚至人的自我改变等在内。人的自我改变正是在交往实践中逐渐形成与确立的，是通过与他人的交流逐渐确立自我认识的。人作为社会关系的总和，其自身的发展在一定程度上可以在其交往对象中得到答案。经典马克思主义人学关于人的交往实践问题的分析与考察，表明自我革命活动不是封闭自我的内在性活动，而是在人与人交往的社会关系中逐渐形成的革命实践活动。也就是说，人只有在交往实践中才能创造自我革命任务完成的条件。

经典马克思主义人学对人的自我批判的把握，明确了自我革命的发展特性。马克思主义人学经典作家批判吸收了黑格尔的合理内核，认为人只要存在认识，就必然有矛盾、批判、反思与发展。正如资产阶级只有真正开展自我批判时"才能理解封建的、古代的和东方的经济"①是一样的，自我发展产生于激烈的矛盾之中，并在其"相互关系中才成为活跃的和有生机的"②东西。马克思主义人学经典作家始终坚持在自我批判中实现事物自身的运动发展状态，而人作为一切社会关系的总和，只有坚持站在认识发展过程的对立面去认识自己、完善自己，才能不断丰富人的发展体系。自我批判是人的认识不断前进发展的动力，但人在认识中的自我批判不仅仅局限于认识层面，其本质是人在自身实践反思过程中形成的自我批判意识与活动。也就是说，自我批判是在实践基础上开展的反思活动。马克思主义人学经典作家关于人在实践反思基础上形成的自我批判分析，表明自我革命不是既成事物的存在，而是依据人的实践的不断推动形成的内在矛盾基础上的"过程的集合体"，其发展特性具有不断前进上升的历史必然性。从自我批判的发展规律中可知，人在自身的运动发展中，需要保持自我否定的革命性，才能彰显自身生命力的韧性。如果在发展中选择了墨守成规、安于现状，那么人作为一种类存在终将湮没于历史发展的长河之中。

经典马克思主义人学关于人的层次性的划分，明确了自我革命开展的主体多元性。马克思主义人学反对孤立的人、抽象的人的观点，强调人要想摆脱动物的状态，成为真正的人，就要"以群的联合力量和集体行动来弥补个体自卫能力的不足"③。按照马克思主义人学关于人的理解，可将人划分为个体、群体与人类三种层次。从个体层面来看，马克思主义人学经典作家肯定个体在社会历史发展中的重要作用，认为每个人都是独一无二的，是特殊的，正是这种独特性决定了人必然是个体的存在。从群体层面来看，人生活在人与人交往而编织的网络中，而不是孤立无援的孤立个体。因此，自我革命活动的开展与实现必定离不开个体与群体的交互作用，人只有在社会中才有实现自由发展的可能性。从人类整体的层面来看，人类

---

①　中共中央马克思恩格斯列宁斯大林著作编译局编译：《马克思恩格斯文集》第八卷，北京：人民出版社2009年版，第30页。

②　中共中央马克思恩格斯列宁斯大林著作编译局编译：《列宁全集》第五十五卷，北京：人民出版社2017年版，第119页。

③　中共中央马克思恩格斯列宁斯大林著作编译局编译：《马克思恩格斯文集》第四卷，北京：人民出版社2009年版，第45页。

整体实现发展也直接或间接地建立在与他人的交往过程中所形成的代际积累起来的社会交往上。马克思和恩格斯认为，人与人之间是彼此联系的，包括不同时代的人也是在继承前人积累的实践成果基础上开展社会实践活动的。根据马克思主义人学关于社会关系中的人的分析，自我革命活动的开展也将离不开个体的、群体的、人类整体的自我革命与发展。

经典马克思主义人学关于人的革命性分析，阐明了自我革命的性质。马克思和恩格斯虽然是在政治运动、社会运动中提出"革命"这一概念的，但是对于马克思和恩格斯来说，革命决不仅仅是激烈的质变形式，也有循序渐进的量变方式。例如，自我教育也是革命的重要形式。如前所述，关于自我革命的主体的多层次分析，自我革命是包含个体、群体乃至整个人类为主体自我的革命活动。即当集体展开自身的革命时，需要同时进行革命的还包括集体中的个体。因为这些个体作为革命具体行动者，自身也需要展开巨大的变革，包括思想意识层面等一切不符合社会革命发展趋势在内的要素。经典马克思主义人学认为，社会革命中包含着人的自我改造、自我革命的内容。因为革命是对自身陈旧的、落后部分的抛弃，因此人要想实现普遍的、全面的变化，"在革命中才有可能实现"[1]。马克思和恩格斯虽然没有明确"自我革命"这一概念，但从其关于革命与人的自我改变、自我改造的相辅相成的理解中，可以得知自我革命与社会革命是相伴而生的。同时，从社会革命与主体自我革命的同向同行来说，自我革命应该与社会革命的彻底性程度是一致的。

经典马克思主义人学关于人的阶级性的分析，明确了实现自我革命的条件和力量。马克思和恩格斯认为一切现存社会的历史都离不开阶级。而资本主义社会却使一切阶级都表现出一定的异化特征。当然，无产阶级的异化与有产阶级的异化有着根本不同。无产阶级与有产阶级之间是相对立的，有产阶级在异化中感到被确认，而无产阶级则是感到自身状态的否认，感到自身存在的被消灭。在马克思和恩格斯看来，要想破除资产阶级在社

---

[1]　中共中央马克思恩格斯列宁斯大林著作编译局编译：《马克思恩格斯文集》第一卷，北京：人民出版社2009年版，第543页。

会中的物质力量与精神力量的统治地位，无产阶级就需要"彻底革命的意识，即共产主义的意识"①，才可以消灭私有制经济，才能消灭阶级之间的差别。马克思主义人学经典作家认为共产主义意识不是自发产生的，而是需要外部先进力量的教育与引导。其中，工人阶级作为不占有任何生产资料的阶级以及被剥削最严重的阶级，是最有可能也是最先接受先进思想的阶级。同时，工人阶级要想整合散落在各地的工人，就需要有统一的力量做引导。无产阶级政党是无产阶级在消灭资产阶级过程中的先进代表。在物质方面，他们代表着整个无产阶级的利益；在实践方面，他们坚持发挥最坚决的推动作用；在理论方面，他们掌握着无产阶级发展运动及其结果的基本原则。因此，为了消除阶级之间的差别，实现人的自我实现的最高革命目标，无产阶级政党在人的发展规律乃至历史发展规律的要求下产生。当然，无产阶级政党的领导作用在坚持人民立场的基础上才有意义。任何试图脱离群众、仅仅依靠革命家就想完成历史发展革命事业的想法，都是徒劳无功的。因此，马克思主义人学经典作家对于无产阶级、无产阶级政党、人民群众的分析，表明了自我革命顺利进行的先进力量、领导力量和主体力量。

经典马克思主义人学关于人的利益观的分析，明确自我革命的道德基础。如前所述，自我革命并不只是单个人的活动，还包含集体层面乃至更高的全人类层面在内的革命活动。因此，经典马克思主义人学认为，人的利益也是从个体、群体与人类三个层面来理解的。其中，群体作为连接个体与人类的纽带，是马克思主义人学考察的重要因素。马克思和恩格斯关于人的权利的分析，尤其是个人利益与群体利益之间的关系探讨，有助于为自我革命活动开展提供评价尺度与伦理原则。为了实现真正意义上的人权，马克思和恩格斯从不同层次分析了人的利益的实现问题。从个体角度来看，马克思并不否认个人利益的合理性，人的每一个行动最终都是以满足自己的需要或发展为前提的，这也是满足个人自我发展的动力所在。从

---

① 中共中央马克思恩格斯列宁斯大林著作编译局编译：《马克思恩格斯文集》第一卷，北京：人民出版社2009年版，第542页。

群体的层面来看，虽然人的行动依赖于一定的需要和利益，但如果一个人只进行孤立的实践行为，那么其一切探索都将以自我毁灭为终点。因此，从个人利益与群体利益的关系来看，马克思主义人学经典作家坚持以"大家为一人，一人为大家"①的道德原则来对待个体与集体的关系，但同时又重视对个人利益的维护。从个体与群体的关系来看，马克思主义人学强调群体利益的重要性，认为个别人的利益的实现必须以符合全人类的利益为前提。从马克思主义人学关于个体利益、集体利益与人类利益的关系探讨来看，人依据自身需要、利益等开展自我的革命活动，必然是与可以代表广大群众利益的"真正集体"、人类利益相一致的，这是自我革命得以顺利开展的价值基础。

经典马克思主义人学关于人的个性的分析，明确了自我革命的发展方向。马克思和恩格斯认为人的个性是自由自觉的活动，但资本主义却将其变得片面和扭曲，使人的个性异化为一种异己的存在物，同其自身相对立，使人的个性、能力等都以利益、金钱等交换价值的方式实现。当人在自己的实践活动中感受到压迫甚至不自由时，那么人与这种活动的关系就是支配与被支配的关系。因此，人如果想改变这种关系的被支配性，就要实现自身能力的全面发展。人是有条件改变自己的被支配状态的，因为人在社会交往关系中虽然有可能处于同自己对立的状态，但同时也使自己在这个过程中不断变得更加全面。因此，面对扭曲的人的个性现象，经典马克思主义人学从现实的社会生产出发，致力于消灭人类发展和个体发展之间的对抗力量，进而实现每个人的发展同人类发展相一致的自由与解放的共产主义社会的形成。因此，从上述分析中人们可以发现，人之所以可以实现自我发展，是由于自身积极的力量得到发挥，而自我革命就是这种积极力量的表现形式。人依据自身对自由的内在追求，驱使其不断发挥主观能动性，在社会实践中努力实现真正意义上的人的自由与全面发展，为人类发展与个体发展相一致的未来社会而不断努力。从这个意义上说，经典马克

---

① 中共中央马克思恩格斯列宁斯大林著作编译局编译：《列宁全集》第三十九卷，北京：人民出版社2017年版，第100页。

思主义人学关于人的个性理论为自我革命活动提供了方向上的引领。

经典马克思主义人学为自我革命活动提供了理论依据，使自我革命活动具有内在的科学性。但是马克思主义人学不是固定不变的，而是一门不断发展的科学理论。随着时代的变迁，马克思的继承者们对马克思主义人学的发展理论，对于自我革命的发生与发展具有重要的理论借鉴意义。

二、继承发展：中国化的马克思主义人学的相关研究

马克思主义人学的中国化，是马克思主义人学理论在解决中国关于人的问题过程中形成的。它是对马克思主义人学理论的守正与创新，是马克思主义人学科学性、时代性的充分证明，是马克思主义人学基本问题与中国"人"的相关问题的结合，是适应中国国情的马克思主义人学理论。中国共产党的"两个先锋队"性质，决定了它是马克思主义人学中国化过程中的重要力量。在中国共产党的领导下，马克思主义人学在中国得到了深化与发展。中国化的马克思主义人学始终围绕马克思主义人学的核心主题、基本问题、价值目标等，形成了"以人为本""人民至上"等价值理念。这体现了马克思主义人学所倡导的追求人的自由全面发展的内在精神理念。其中，与"自我革命"深层相关、内在统一的方面，主要体现在一般意义上的人的发展的观点、中国共产党的自我革命理论等方面。

（一）人的发展的观点

中国化的马克思主义人学关于人的发展的观点是与我国"两个一百年"奋斗目标紧密结合在一起的。人的现代化是实现社会主义现代化的重要内容，也是实现人的自由全面发展这一宏伟目标的阶段性目标之一。因此，人的发展的现代化问题一直是中国化的马克思主义人学关注的主要问题，也是实现人的发展与国家现代化发展同向同行、同频共振的问题。人的发展的观点主要包括人的人格的培养、人的素质的培养、人的权利的维护、人的改造与自我批评五个方面。其中，人的人格的培养有利于构建强大的国格，人的素质的培养是人的现代化实现的必要条件，人权与国权紧密联系，人的改造与自我批评是解决矛盾的重要方法。因此，中国化马克思主义人学关于人的发展的几个主要观点，是自我革命的重要依据与着眼点。

第一，人的人格的培养。人的人格的培养明确了自我革命的目标。健

康的人格是国家独立、民族复兴的前提。健康人格的直接作用就是对社会、国家所能带来的价值表现。中国化的马克思主义人学十分重视人的人格的培养。毛泽东在关于抗大的学生培养工作中曾指出了道德教育的重要性，认为教育要重视"人格的教育与人格的陶冶，人格的教育即思想意识的锻炼"①。邓小平曾将人格与国格的统一性进行了阐明。江泽民也是十分重视人的全面发展离不开人的人格培养问题，认为"如果轻视思想政治教育、历史知识教育和人格培养"②，就会对人的成长产生负面作用。习近平认为，"共产党人拥有人格力量，才能无愧于自己的称号，才能赢得人民赞誉"③。总的来说，健康的人格与非健康的人格的主要区别在于健康的人格对真、善、美的追求。中国化的马克思主义人学对人格理论的研究，有利于丰富人的个性的发展，促进人的自由全面发展，激励着人不断开展自我革命，勇于与假、恶、丑的社会现状做斗争，实现求真、向善、爱美的健康人格的形成。但人格的形成的内在根据是人的素质体现，因此人的素质也是人的发展范围内的重要研究内容。

第二，人的素质的培养。人的素质的培养明确了自我革命的努力方向。社会主义现代化强国的实现需要德智体美劳全面发展的人的参与才能实现。世界范围内的综合国力竞争在本质上是人才和全民素质的竞争。因此，人的素质的培养问题，一直是马克思主义人学中国化过程中关注的重点。邓小平十分重视人的素质的培养问题，并认为国家的发展、经济的进步甚至改革开放是否可以长期坚持，关键在人。社会主义现代化的实现关键在于人的现代化的实现，而人的现代化的实现需要人的能力的提升以及人所获知识的扩展。改革开放之后，由于劳动主体的整体素质无法满足经济的发展，因而影响了我国社会经济的发展。社会主义现代化的发展离不开社会整体水平的提升，而社会整体水平的提升又以每个人的素质水平提升为基础。因此，全体人民要加强自身的修养、优良品德、远大理想等精神素质的建设，

---

① 中共中央文献研究室编：《毛泽东年谱（一八九三——一九四九）》中卷，北京：中央文献出版社2013年版，第132页。

② 江泽民：《江泽民文选》第二卷，北京：人民出版社2006年版，第332页。

③ 习近平：《习近平谈治国理政》第二卷，北京：外文出版社2017年版，第12页。

同时也要注意身体素质水平的提升。人不断开展自我革命的目标之一就是在社会主义现代化强国发展目标下，实现与时代发展同频的人的素质发展。

第三，人的权利的维护。人的权利的维护明确了自我革命的动力条件。人的权利一般是指人与生俱有的权利，包含自然性人权与社会性人权。但是，当国家主权不完整时，人民也毫无人权可言。因此，马克思主义人学与中国社会关于人的现实具体问题的不断结合，就必然包含着为全中国人民实现权利平等与社会正义的价值目标。那么，什么是人权呢？中国化的马克思主义人学认为，"人民幸福生活是最大的人权"①。与人权相对应的范畴就是国权，人权与国权是相互促进的。在国权需要被捍卫的重要结论下，从我国半殖民地半封建社会状态的历史来看，旧中国丝毫没有国权可言。而伴随着新中国的诞生、伴随着国家权力不断得到维护与壮大，我国人民的人权保障程度也实现了历史空前的提升。为了开创世界的美好未来，中国人民需要不断革除自身弱项，以自身全面发展的方式，为更广泛的人的公平正义做出贡献。

第四，人的改造的思想。人的改造的思想是自我革命开展的重要依据。人民是保证国家强大的主体力量。为了实现国家繁荣富强，中国化的马克思主义人学依据中国现实问题一直重视对人的改造问题的研究。因为，在人通过改造获得自身解放的同时，社会乃至国家也同步朝着社会主义现代化方向迈进。中国化的马克思主义人学一直致力于对人的改造以及人的自我改造的探究，认为"人要前进，就要改造，这是合乎规律的"②。首先，关于人的改造主体问题，毛泽东认为，全体中国人民都是改造的主体与对象，其中人民是一个历史范畴，即一切对社会历史起着推动作用的人，并把人的改造确定为人民内部矛盾解决的重要方法。因此，毛泽东致力于全体人民的改造活动，认为"人人要改造，工人阶级和共产党也要改造"③。其次，

---

① 习近平：《习近平谈治国理政》第三卷，北京：外文出版社2020年版，第288页。

② 中共中央文献研究室编：《毛泽东年谱（一九四九——一九七六）》第三卷，北京：中央文献出版社2013年版，第93页。

③ 中共中央文献研究室编：《毛泽东年谱（一九四九——一九七六）》第三卷，北京：中央文献出版社2013年版，第110页。

关于人的思想改造问题，毛泽东始终重视人的思想改造，认为越是思想意识的事情越要重视起来。为了实现思想意识与社会生产之间的和谐，毛泽东曾经致力于全国人民关于人的思想问题的改造运动。最后，关于人的自我改造问题。中国化的马克思主义人学认为，人只有意识到自己的不足之处，才会开展自我改造活动。因此，自我改造活动可以帮助人们完善健康的心理状态，使主体变得更加的自尊、自信、自强。人的自我改造主体是多元的，包括资本家、工人阶级、党等各个改造主体的自我改造。习近平把人的改造与自我革命紧密结合。他在2018年纪念周恩来同志诞辰120周年座谈会上曾充分肯定周恩来同志的自我革命精神，充分肯定了周恩来同志关于思想改造的作用。可见，人的改造理论为自我革命树立了重要理论与现实依据。

第五，人的自我批评的思想。人的自我批评的思想是自我革命开展的武器保证。批评与自我批评即对自己的错误和缺点进行批评。它是中国化的马克思主义人学用来解决党内以及人民内部问题的主要方法。这一方法既解决了人民内部教育自己和发展自己，同时也解决了党内甚至党同人民之间的矛盾。在批评与自我批评面前没有局外人。中国共产党始终坚持为人民服务的宗旨。这一宗旨要求其始终做到对落后部分的革除与净化。为了始终发挥中国共产党的先锋队作用，使中国共产党党员可以成为一个好的党员，中国共产党人就要坚持革命党人的革命情操，要正确审视自己，随时检验自身的工作，做到无论在何时何地都不畏惧批评和自我批评，尤其是在人民群众面前。批评与自我批评是马列主义的有力武器。中国共产党人需要善于把握这一锐利武器，并依据这一武器不断清除掉自身一切肮脏的东西。

（二）中国共产党的自我革命理论

中国共产党的自我革命理论是自我革命开展的重要依据。纵观整个中国近代史，积贫积弱、任人宰割是当时社会的真实写照，屈辱与抗争是贯穿于中华民族伟大复兴史的一条红线。在无数仁人志士前仆后继的救国救民之路以失败告终的背景下，历史将民族复兴的重任放在了中国工人阶级的身上，放在了中国共产党的身上。中国人民在中国共产党的领导下，实现了新民主主义革命运动的胜利，改变了中国半殖民地半封建社会的状态，为中国未来的发展奠定了基调、指明了发展方向。新中国成立后，中国共产党强调国家要始终重视革命的重要作用，强调"革命人民的历史都是胜利的历史"①的结论，而自我革命正是始终保证中国共产党自身先进性的重要抓手。当然，中国共产党是在人民群众中发展壮大的。这也表明了中国共产党的自我革命不仅是其自身发展的要求，更是人民群众发展的现实要求。因此，人的现代化的发展目标既离不开中国共产党的自我革命，也离不开中国人民的内生性的革命动力。

第一，中国共产党的自我革命是一种实践活动。自我革命的实践活动主要表现为党的"自我净化、自我完善、自我革新、自我提高"②等四个环节。自我革命与社会革命的辩证关系方面，自我革命的实现并不是一蹴而就的，而是环环相扣、量到质的发展进而实现新质的转变的过程。习近平曾多次强调要加强党的自我革命，并强调要始终在"四个自我"上下功夫，以保证中国共产党始终保持时代性、先进性与纯洁性。自我革命是中国共产党反映全国人民意志的革命活动。坚持自我革命是党的百年奋斗的重要历史经验之一，更是中国人民意志的体现。中国人民拥有民族复兴的伟大目标，这一目标驱动是推动中国不断自我革命、向前发展的强大力量，而中国人民则是社会发展的真正英雄。

第二，中国共产党在实践中形成了自我革命精神。精神是由物质所派生的心理状态，它可以使人按照自己的目的反映和改造世界。中国共产党拥有坚定的自我革命的行动力量，离不开其在奋斗过程中内化的自我革命精神。中国共产党要想实现长期执政，就要始终坚持为人民谋幸福、为国家谋复兴的初心与使命。而对这一初心使命的坚定，一刻都离不开自我革命精神的支撑。中国共产党"越是长期执政，越不能丢掉马克思主义政党的本色，越不能忘记党的初心使命，越不能丧失自我革命精神"③。

---

① 中共中央文献研究室编：《毛泽东年谱（一九四九——一九七六）》第一卷，北京：中央文献出版社2013年版，第155页。

② 习近平：《习近平谈治国理政》第三卷，北京：外文出版社2020年版，第21页。

③ 习近平：《习近平谈治国理政》第三卷，北京：外文出版社2020年版，第529页。

　　第三，中国共产党自我革命的开展以密切的党群关系为重要依据。中国化的马克思主义人学始终认为，人民群众是有能力实现自我解放的，人民是社会进步的真正英雄。毛泽东认为："我们是以占全人口百分之九十以上的最广大群众的目前利益和将来利益的统一为出发点的。"①如果一个政党在处理现实问题时不考虑群众的话，那么这个政党带给一个国家乃至这个国家人民的损失将是巨大的。因此，中国化的马克思主义人学始终坚持中国的事情离不开中国共产党和中国人民。离开了人民群众，中国共产党的事业就会失败，性质就会改变。党群关系理论是中国共产党自我革命科学性的重要考量依据。中国共产党始终是人民群众根本利益的代表者。从共产党人的修养来看，共产党人始终心系共产党组织，心系无产阶级，心系全人类的解放。中国共产党牢记人民对美好生活的向往，坚持以人民为中心，实现了全面建成小康社会的第一个百年奋斗目标，不断推进全体人民朝着共同富裕的伟大目标前进。中国共产党作为执政者，要想通过自我革命使自己始终永葆活力与青春，就要保证一切行动、一切政策等都要从人民的利益出发。

　　第四，中国共产党自我革命的开展以党不断完善的制度建设为重要支撑。人的本质是一切社会关系的总和，而社会关系则是以一定的组织形式表现出来的。这种不断固定下来的组织形式就是制度。制度的主体是人。制度的建立与完善、变迁与改革，既反映的是人的需要与利益的不断满足，又反映着人的觉悟、水平的提升。从制度与人的关系来看，制度建设的不断完善离不开人的发展这个目的。因此，党的制度建设的完善与发展是马克思主义人学的重要探讨内容，也是中国共产党自我革命的重要支撑。例如，其一，我们党始终坚持民主集中制这一根本组织原则。在中国这样的大国，没有民主集中制的支撑，就不可能把全国思想集中起来，进而也就不可能投身行动之中来建设社会主义。因此，中国共产党能做到始终坚持自身的先进性，关键在于对民主集中制的坚持。这一根本组织原则可以有效防止中国共产党人陷入脱离群众、脱离组织的危害。人民的幸福、国家

---

　　① 毛泽东:《毛泽东选集》第三卷，北京：人民出版社1991年版，第864页。

的繁荣富强的实现，离不开一个具有高觉悟、严纪律、代表人民的党组织的统一领导。其二，批评与自我批评是中国共产党在坚持人民群众的最根本的利益的基础上，正确接受别人的意见与看法，敢于审视自己、评判自己的优良作风。为了深化党的自身建设，提高党解决自身问题的能力，中国共产党认真开展批评与自我批评并努力将其形成制度化、规范化的管理，发挥制度带来的根本性、长期性的作用。中国共产党在不断完善批评与自我批评制度化的过程中，也不断深化勇于刀刃向内的自我革命精神。其三，党内外监督体系不断健全。为了始终保证最广大人民群众的根本利益不受侵害，监督必然是中国共产党开展自我革命的重要依据。为了有效发挥监督的制约作用，中国共产党不断健全党内、党外的监督体系，形成了强大的监督合力。党内外监督体系的日益健全有效防止了中国共产党内部成员出现消极意志、容易受周围环境影响的状况，保证了自我革命的顺利开展。

第五，中国共产党的自我革命与社会革命之间的辩证关系。在人类社会历史发展的进程中，没有任何一场广泛而深刻的社会革命是不包含着人的革命的。人的自我革命和社会革命之间是相互促进、协同发展的辩证关系。社会革命为党的自我革命不断提出新要求，而党的自我革命在不断影响更广泛主体的参与过程中也实践着社会革命。党的自我革命是开展伟大社会革命的必然要求，同时社会革命也是党开展自我革命的推动力量。可以说，自我革命与社会革命都是党集中统一领导的伟大实践，都是为人民谋幸福的重要实践方式。习近平认为，中国共产党作为先进的无产阶级政党，有能力在进行社会革命的同时不断进行自我革命。回顾我国社会发展的历程，中国共产党也确实做到了这一点。当前虽然不处于革命的年代，但革命精神并没有过时。因此，中国共产党必须始终坚持这一双重革命的斗志，始终走在时代前列，以完成历史与时代赋予中国共产党的任务与使命。

小　结

本章旨在解决自我革命的理论基石问题。自我革命是以人为主体的实践活动，其发展、演进的历程离不开人的相关问题的讨论与研究。理论是行动的先导。自我革命不是凭空产生的，它有深刻的理论依据、发展运作的行动指南以及目标价值作为引导。马克思主义人学作为马克思主义理论的一个不可分割的重要组成部分，是研究人的存在、人的本质和人的一般发展规律的科学，其目标是促进人的自由全面发展，实现人的自由与解放。从马克思主义人学的理论定位来看，它无疑是考察自我革命的重要研究视域。

其一，本章首先对马克思主义人学讨论的基本问题进行明确，主要包括其研究对象、研究内容与研究目标。马克思主义人学以现实的人为研究出发点，揭示人的物质性、实践性与社会性。马克思主义人学从人是一切社会关系的总和这一判断出发，把握人与周围世界的关系问题，进而深化对人的存在、本质乃至人的产生、运动、发展、变化的规律的把握。马克思主义人学侧重对人的规律的把握，旨在探寻阻碍人的发展进步的因素，进而探索人自由全面发展的现实渠道，实现对人的自由解放的真正探讨。其二，本章揭示了马克思主义人学与自我革命之间的内在统一性。为了进一步明确本书为什么在马克思主义人学视域下探讨自我革命的问题，本章进一步讨论了二者的内在联系，揭示其内在契合，主要表现为二者在研究主体、存在方式乃至发展目标定位的一致上。其三，本章揭示了自我革命坚持马克思主义人学定位的必要性。自我革命是一项实践活动。为了避免实践活动偏离方向、偏离目标，自我革命主体需要一把科学的考察标尺。本章通过实现马克思主义人学与人本主义、人道主义、人类中心主义之间的对比，揭示马克思主义人学的科学性，为自我革命研究确定了基本的方向与科学的定位，也为自我革命的一般规定提供基本遵循。其四，本章揭示了马克思主义人学为自我革命提供的直接理论依据，表明了坚持马克思主义人学的重要性。马克思、恩格斯、列宁等经典马克思主义者虽然没有直接提出"自我革命"的概念，但他们关于人的自我认识分析、人的社会历史性分析以及人的价值观分析等为自我革命研究提供了科学依据；中国化的马克思主义人学立足中国实际问题基础上形成的人的培养发展理论、党群关系理论以及自我革命理论等则为自我革命研究提供了中国话语的理论支撑。

　　总的来说，马克思主义人学视域为自我革命提供了科学的理论指引，这在一定程度上确保了本书研究方向的正确性。概念是理论研究的基础。要想实现对一切研究的科学把握，一定离不开概念界定的重要性。马克思主义人学视域下的自我革命研究与其他性质的实践活动、其他类型的革命活动不同，它具有自身特有的特征、要求与界限。因此，为了实现对自我革命的科学把握，积极探讨马克思主义人学视域下关于自我革命的相关规定，是本书首先需要解决的问题，也是对坚持马克思主义人学理论的最好回应。

第二章　马克思主义人学视域下
自我革命的一般规定

为了明晰马克思主义人学视域下自我革命研究的内在本质，确定自我革命研究的相关范围，需要对马克思主义人学视域下自我革命的一般规定做出系统分析。马克思主义人学视域下自我革命的一般规定，可以帮助理解自我革命的内在机理、本质特征及把握自我革命的发展规律。本章关于马克思主义人学视域下自我革命的一般规定主要涉及自我革命的科学内涵、构成要素、主要特征等，相关讨论可以为自我革命的系统研究提供前提与奠定基础。

第一节　自我革命的科学内涵

马克思主义人学视域下自我革命研究的科学内涵界定，首先需要明确"自我革命"与其他概念的区别和联系。在明确自我革命概念的基础上，分析自我革命的内在运作，才能真正实现对自我革命科学内涵的把握。因此，本节主要从"自我革命"的概念辨析与概念分析两个方面来阐明自我革命的科学内涵。

一、"自我革命"的概念辨析

革命是马克思主义人学在探讨如何实现人的解放与自由全面发展的重要实践方式，其本身泛指重大革新，不限于政治领域的活动。总的来说，自我革命是指革命主体的自我完善与发展，即把革命主体自身中旧的、不合理的部分改革成新的自我革新活动，是革命主体能适应客观规律发展的需要，进而实现自我的改革与革新的过程。为了实现对"自我革命"概念的清晰界定与把握，对涉及的"自我"与"革命"的相关概念做出以下分析。

（一）"自我"的相关概念辨析

第一，从一般意义上讲，"自我"分为生理层面的自我与意识层面的自我。自我的方向指向性是自身，其中包括个体对自己存在状态的认知，也包括个体对自我的评价结果以及自我反思的内心状态等。"自我"的相关概念主要与"他人"相对。但由于人作为主体包含个体、群体与人类等层面，因此"他人"一般包括除"自我"以外的其他主体。从自我的概念分析来看，自我是指自身、本身。在主客体关系中，主体自我与客体自我即主体与客体对象的一致性，都是指向自身。从自我与他人的概念分析来看，"他人"包括除自我以外的个体、群体与人类。那么，个体是指个人。马克思主义人学认为，个体就是现实的人的一种存在形态，是现实存在的、有肉体组织的人。群体是在人与人之间的交往实践中形成的。例如部落、民族、阶级、党派甚至家庭等由人组成的结合体都在群体范围内。人类是指人在劳动实践中作为物种与其他动物相区别的类存在。从对"他人"的概念分析来看，自我与他人涉及的主体指向性是相反的，自我指向主体自身，而他人则指向别人，是除自我之外的一切人，二者从研究范围来看是处于对立的状态，但从两者的关系上来看又是彼此联系的矛盾统一体。

第二，从哲学层面来看，"自我"是哲学史上广泛讨论的重要概念，它关系到人的本质问题。从西方理性主义哲学家的观点来看，"哲学家把理性的核心界定为'自我'或'自我意识'"[1]，致力于立足人的主体性来凸显人的自我意识的重要性，认为"自我的本质是正确的认识能力和良知，这是人之所以区别于其他动物的本性"[2]。马克思主义人学是西方人学的发展分流之一，它突破了主客体的二元对立关系，打破了西方理性主义把自我定义为"先验自我""绝对自我""精神自我"等的壁垒，弥补了西方人本主义把自我定义为"抽象自我"的缺陷，致力于在社会历史的背景中探究"现实自我"。马克思主义人学从现实的人出发，揭示了人的本质是一切社会关系的总和。因此，从哲学层面来看，"自我"的相关概念辨析主要包括先

---

① 赵敦华主编：《西方人学观念史》，北京：北京出版社2004年版，第230页。
② 赵敦华主编：《西方人学观念史》，北京：北京出版社2004年版，第234页。

验自我、绝对自我、精神自我、感性自我、现实自我等，具体分析如下。

"先验自我"是康德在借助近代哲学笛卡儿关于把自我定义为一种精神实体的同时，对人的主体性进行彻底的追问与考察而提出的概念。康德认为"本原的统觉"①本质就是自我意识，并认为自我意识是产生出一切意识表象的源泉。正是因为自我意识可以产生出一切外在表象，所以康德把这种自我意识称为先验自我，认为这种先验性是先天知识存在的前提。也就是说，先验自我是一切存在的根据，是任何经验的先天条件，它永恒不变地存在于主体自我的感性、知性与理性的认识之中。

"绝对自我"是费希特在反对康德把自我局限于感性材料的综合、反对把自我置于不可认识的物自体上的基础上提出的不同于先验自我的、所有自我意识中的先验要素，认为自我是一种先验，是一切知识和经验的根据。费希特认为自我是纯粹的主体与纯粹的行动，自我只处于自身的支配中，是绝对独立的存在，且一切自我之外的东西都是需要摆脱掉的。自我的这种绝对的独立性与自主创造性决定了它是自身的依据，可以设定自身。

"精神自我"是黑格尔在不同于以往近代哲学家定义的人的自然本质的天赋观点的基础上提出的，是在人与人的交往关系中产生的自我意识的精神主体。黑格尔认为人在交往关系中的外物的对立中可以意识到自我的存在，正如黑格尔借助主人与奴隶之间的相互依存关系，即主人通过奴隶的存在来实现自我意识。人的自我意识与高度抽象的绝对精神是自由与必然的内在统一的。自我在宇宙实体的理性之中遵循着其内在必然规律，开展自为自在的自我发展的辩证运动，并在辩证运动中不断完善自身进而趋向绝对精神的必然性，实现人类精神的最高阶段。

"感性自我"是费尔巴哈在反对旧哲学把自我视为思维实体的过程中提出的观点，意在强调直观现实世界的总和其实是自然界，即肉体自我才是"我的实体本身"②。他认为从自然与思维的关系来看，人首先是感性的人。费尔巴哈承认人是感性的实体，但是却将这种感性实体视为孤立的、抽象

---

① ［德］康德：《纯粹理性批判》，邓晓芒译，北京：人民出版社2004年版，第89页。
② 北京大学哲学系外国哲学史教研室编译：《十八世纪末—十九世纪初德国哲学》，北京：商务印书馆1975年版，第626–627页。

的个体。费尔巴哈撇开社会历史的发展进程，忽略了人的社会性联系，因而只能从人的自然属性去考察人的本质，最终使对人的本质的认识陷入抽象之中。从费尔巴哈所持有的人的抽象本质的基本立场来看，其关于自我的观点也具有抽象的特点。这种抽象性的特征决定了费尔巴哈无法从现实的历史的关系中把握自我，只能停留在自然观中，采用感性直观的方式把握自我，继而取消自我的主体性特征，并最终把主体自我置于受动性、客体性的层面。

"现实自我"是马克思和恩格斯所持有的观点。马克思主义人学主张人的本质是现实性基础上的人的社会关系的总和，并在这一立场下将人落脚于具体性、现实性与社会历史性之中。处于社会关系中的人以有生命的个人作为自身生物性存在的基础，以劳动实践作为自身的存在方式，以物质生产条件作为满足自身需要的物质前提，以人的自我意识的能动性作为自身主体创造性的条件。马克思主义人学反对将人视为孤立的个体，反对脱离社会、脱离群体去谈论个体。马克思主义人学坚持在遵循社会有机体的基础上实现对人的系统研究，包括个体、群体以及类的统一体的研究。因此，现实的自我是包括个体、群体乃至整个人类在内的主体的自我。

总的来说，无论是先验自我、绝对自我还是精神自我，都将自我置于抽象的精神实体的层面，认为自我意识就是一切事物的主体。先验自我将其置于不可知论的状态中，切断了主体与客体之间的联系；绝对自我突破了现象与物自体之间的界限，通过自我设定自我的方式建立了主客体的统一；精神自我则是实现了自我的辩证发展的运动状态。费尔巴哈反对无人身的理性与绝对精神，实现了从自然观上对感性的人的考察，在感性直观基础上研究人，但却忽略了人的主体性、实践性，最终在历史领域也陷入抽象思维中。现实自我，弥补了费尔巴哈自我的感性直观与历史观上的抽象性的不足，把人置于现实的历史中，把人看作感性的实践的活动，主张人不是自我创生的而是自我实践的产物。

（二）"革命"的相关概念辨析

革命从一般意义上看主要包括改变个人的发展命运、改变整个社会的发展以及制度的更新、社会技术的改造、人的思想的改造等等。从马克思主义的观点来看何谓革命？马克思主义观点认为，革命就是用暴力打碎陈旧的、与新的生产关系发生矛盾的上层建筑。革命是一种根本变革，是一种暴力行为。革命是事物实现质的转变的实践活动，是改变旧世界的重要手段和方法，是推动社会发展前进的动力，目的是实现新的生产关系的最终确立。从对革命的分析来看，真正的革命是一场落脚于改变旧的生产关系、发展新的生产关系的社会革命。因此，革命并不是小打小闹，更与温良恭俭让没有任何关系，革命是解放生产力。革命的目标，是在不断发展新的生产关系的基础上，使人类不仅在物质上还要在精神上实现安宁幸福平等、自由全面发展。总的来说，马克思主义的革命观对革命产生的原因、作用、任务、类型、条件、表现形式等具体内容给出了相关解释。革命产生的原因是生产关系从生产力发展的形成变成生产力发展的桎梏时产生的；革命的作用是社会历史发展前进的火车头；革命的任务是解放生产力；革命的类型主要包括政治革命与社会革命；革命的条件是生产力发展的客观条件与革命阶级力量形成的主观条件；革命的表现形式分为激进的质变形式与渐进的量变形式，而自我革命的具体形式要由革命的具体内容来决定。通过对革命的具体分析，我们可以看到革命作为一项改变世界的实践活动有着自身的特殊性。这要求我们对革命的相关概念做出具体的分析。

"革命"的相关概念主要包括革新、改革、改良、反动等。

第一，革命与革新。"革新"一词从整体来看，具有革除旧的、老的状态与性质并创造新事物的含义。在马克思主义的理论体系中，革新一般具有社会变革力量、政治变革力量以及实现社会主义的根本途径等三个层面的含义。从革命与革新的联系来看，二者是互为前提、辩证发展的关系。一方面，革命是革新的前提，只有推动事物的根本性变革，破除一切旧事物，才能实现事物的创新发展；另一方面，革新是革命的必然结果，革命并不只是破除旧事物，其本义蕴含着引起事物从旧质到新质的飞跃发展。从革命与革新的区别来看，革新强调一种革故鼎新的运动状态，而革命则更多被赋予为人类世界追求幸福生活的使命意义，是大多数人民群众的革命。

第二，革命与改革。"改革"是人对事物中所包含的旧的、不合理的、不符合事物发展规律部分的改造，通过把它改成新的内容以适应客观情况的实践活动。从革命与改革的关系来看，革命与改革在程度性质上是一致的，改革与革命一样，不是小修小补的革新活动，而是一场全面的、彻底的、根本性的变革活动。从革命与改革的区别来看，革命包含社会根本制度变革的含义，而改革只具有"社会主义制度的自我完善"[①]的含义，是维护社会主义制度下的革命。

第三，革命与改良。"改良"一词从整体来看表达了两层意思：其一是去掉事物的个别缺点；其二是指改善。马克思主义认为，改良在一定意义上与修正相通，即用非革命的手段解决社会的矛盾问题，它抹杀了马克思主义的一切革命学说。改良主义产生于19世纪中期，主张用改良的方法解决资本主义社会的矛盾。产生于19世纪90年代的修正主义所采取的淡化阶级与阶级斗争的存在，便在一定程度上体现了反对革命、主张改良的观点。修正主义作为机会主义思潮的一种，掩盖了资本主义的内在矛盾，反对革命在推翻资本主义社会中的作用，认为资产阶级与无产阶级之间的阶级矛盾有所缓和。列宁对修正主义的行为做了分析，认为修正主义所采取的否认革命、否认无产阶级革命的态度，"是它的经济倾向和政治倾向的自然补充"[②]，列宁充分肯定革命的作用，认为革命道路是曲折的，反对修正主义意味着无产阶级进行伟大革命斗争拉开了序幕。从革命与改良的联系来看，革命与改良都是解决矛盾的一种途径与方法。但是，从革命与改良的区别来看，改良只是一种小修小补的活动，而革命的彻底性程度是改良无法企及的。例如，人为了工业发展对空气的污染，通过限制工业设备运行的方式实现短暂成效，在本质上只是一种改良活动。这种活动对推动人与自然的和谐发展没有起到根本作用。而真正的革命活动，是为了实现人与自然的发展而革新技术、革新设备，通过提升设备的环保性能的方式，更能在本质上推动人与自然的和谐发展。

第四，革命与反动。"反动"一词从整体来看表达了两层意思：其一是思想上或行动上维护旧制度，反对进步，反对革命；其二是指相反的作用。

---

① 邓小平：《邓小平文选》第三卷，北京：人民出版社1993年版，第142页。

② 中共中央马克思恩格斯列宁斯大林著作编译局编：《列宁专题文集：论马克思主义》，北京：人民出版社2009年版，第154页。

马克思主义认为社会是运动、变化、发展的，而反动是指反对社会的运动、变化与发展。马克思主义反对反动的观念。反动是保守分子拒斥历史前进的表现，它的突出特征是"开历史的倒车"。先进生产力的代表者，就要组织人民与反动分子对抗，把他们打倒。从革命与反动的联系来看，社会的反动思想是革命活动产生的前提，社会的反动思想越强烈，革命发生的可能性越大。从革命与反动的区别来看，革命与反动是完全相反的观念与活动。

（三）不同类型"革命"之间的辨析

第一，从微观层面来看，革命的类型主要表现为不同领域的革命，包括哲学革命、政治革命、科技革命、社会革命、自我革命等不同类型。马克思和恩格斯认为，哲学革命是政治革命等其他不同类型革命的前提条件。马克思将哲学革命视为思想上的革命的一种方式。他在评价德国人如何实现解放的方式问题上曾强调德国人的解放的"头脑是哲学，它的心脏是无产阶级"①。由此可见，这一哲学革命往往起着思想上的带动作用。政治革命是社会发展和政治进步的强大动力。列宁把政治革命置于至关重要的地位，认为"一切革命的根本问题是国家政权问题"②。马克思和恩格斯认为，科技革命是推动生产力发展的重要方式与手段，也是推动生产关系转变的突破口。当蒸汽机和棉花加工机发明运用时，英国工人阶级的历史便开始了。同时，科技引发的生产力的发展不仅推动了工业革命的到来，也促成了市民社会的变化，从而促进了生产关系的变革。马克思和恩格斯虽然强调了科学技术在社会生产中的重要动力作用，但是他们并不认同技术决定论者的观点。机器从其本意来讲只是一种生产力，只有当它进入"现代工厂"，它才进入经济范畴，才能成为一种生产关系。马克思主义认为，科技革命只是社会革命的起点，科技革命所引起的生产力变革并不能取代生产关系的变革，而社会革命才是真正意义上的革命。社会革命的开展是一

---

① 中共中央马克思恩格斯列宁斯大林著作编译局编译：《马克思恩格斯文集》第一卷，北京：人民出版社2009年版，第18页。

② 中共中央马克思恩格斯列宁斯大林著作编译局编译：《列宁全集》第二十九卷，北京：人民出版社2017年版，第131页。

项全面性的革命活动，是一项包括生产关系、财产关系等范围内的革命活动，当现存社会的生产关系等变成了生产力发展的桎梏时，社会革命便有可能发生了。社会革命的目的是解决社会的基本矛盾，寻找社会的真正历史规律，进而实现人类社会的根本进步。社会革命意味着通过整个社会生产关系的调整促进人的发展和调整人们的相互关系。从马克思主义人学的角度来看，社会革命意味着整个社会主体在整体层面实现革命。从社会革命的主体要求来看，自我革命是开展社会革命的必然要求。社会主体要想顺利实现社会的发展进步，就要主动革新自我，努力破除阻碍自我发展的落后生产关系，使自身不断与新的生产关系相适应。自我革命主体不断实现自身与生产关系的不断协调的过程为社会整体层面的革命搭建桥梁。在一定意义上可以说社会主体的自我革命可以推动社会革命的顺利实现。总之，人们要科学把握自我革命与社会革命的统一关系，将自我革命视为社会革命的"内核"，以自我革命推动伟大的社会革命，这也是习近平强调的必须要加强党的建设的题中应有之义。

第二，从自我革命与其他革命的关系来看，首先，自我革命与其他革命之间的相同点有：其一，活动行为相同。自我革命与其他革命诸如政治革命、社会革命、科技革命等都是主体对客体展开的革命活动。其二，活动程度相同。无论是自我革命还是其他类型的革命，其革命程度都是相同的，都是具有超越性的、彻底性的革命活动。其三，革命运动过程相同。马克思主义人学认为，人的实践活动始终处于具体的历史的绝对运动的变化发展之中。革命作为一种实践活动也必然遵循人的实践活动的社会历史性特征。就我国而言，新中国的成立并没有"终结"革命的历史任务，而且"革命以后的路程更长"①。其次，自我革命与其他革命的客体对象不同。从"自我"的主体范围来看，自我革命是包括个体、群体、人类等在内的不同层次的主体对对象化客体自我展开的革命活动，这一活动内含主体把自身作为客体所展开的主动性的革命活动；而其他革命则是指主体对主体之外的客观对象展开的革命活动。

---

① 毛泽东:《毛泽东选集》第四卷，北京：人民出版社1991年版，第1438页。

总的来说，通过对"自我""革命"等相关概念及革命种类的分析，大体可以知道革命是一种革新手段，但它并不仅仅等同于政权变动的暴力流血活动。革命既有激烈的质变形式的实践方式，又有循序渐进的量变方式，而革命的具体形式由革命的内容来决定。革命在更广泛的意义上代表着革新，包括自我革新、社会革新等。也就是说，个体、社会乃至国家为了实现发展进步、完善自身的发展目标而不断进行自我批评，是革除生产关系中的各种弊端以充分适应生产力发展的有效途径。其中，自我革命是包括个体、群体以及人类等不同层次的革命主体展开的具有根本性、超越性、彻底性的，旨在根除自身落后部分的内在指向性的革命活动。值得警醒的是，在很长的一段时间，革命的含义被历史虚无主义者有意或无意地曲解、淡化。历史虚无主义者抛开了革命的多种含义与种类，认为革命只是一种狭隘的一个阶级推翻另一个阶级的行动，把革命视为以暴力为形式的政治革命，严重地缩小了革命的内涵与外延。基于此，有些人得出革命等同于阶级斗争的错误观点，进而出现了大规模对"革命"的否定的思潮，例如"否定革命""告别革命"①等思潮在20世纪的出现。因此，本书要针对革命活动的各种曲解进行批判与澄清，科学地理解自我革命的具体内涵，在此基础之上加强个体、群体、人类等不同层次的主体革命认同，从而使得这些不同层次的主体在认同过程中，逐渐把革命认同感外化到自身的现实实践活动中。

二、"自我革命"的概念分析

马克思主义人学是坚持在唯物史观基础上，努力揭示人的现实本质和解放的科学的人学理论。马克思主义人学强调实践对人的作用，认为意识只是使人有了反思自己的愿望，然而实践才是揭示人的自我认识规律的关键。因此，"自我"不仅限于意识等精神层面，它只有在实践中才能意识到自身。"自我"是在认识层面的积累与不断深化的实践过程的互相作用中形成的。马克思主义人学视域下的自我革命，在本质上是一种实践活动，其

---

① 中国社会科学院编：《中国社会科学院历史虚无主义批判文选》，北京：中国社会科学出版社2015年版，第9页。

中既体现着一般革命主体意义上的实践运动，也体现了中国共产党这一特殊革命主体所赋予的运动过程。自我革命作为一种实践活动，始终处于具体的历史的社会发展中，是合规律性与合目的性的统一。

（一）自我革命是一种实践活动

第一，从自我革命一般性的实践运动过程来看，自我革命主要是指主体自身的实践演变过程。无论是进步个体、进步群体还是更高层次的进步人类作为革命的主体，都是在社会中不断发展、不断完善的产物。马克思主义人学视域下的自我革命是具体的、历史的，处于绝对运动变化发展过程中的，具有自身特定性质和目的的实践活动。自我革命的实践运动主要强调以推动人与社会发展为前提的自我反思、自我设计、自我改造、自我发展、自我实现、自我评价的循环往复、前进发展的实践运动过程。需要特别指出的是，自我革命作为以推动人与社会发展前进为目标的实践活动，其运动过程中的每一个环节也必然始终以个人价值、集体价值与人类价值为统一的综合价值为依据。即自我革命的实践环节不仅是主体自我的事情，更是人与自然、人与社会、人与人的和谐关系把握的选择与体现。

自我反思是自我革命开展的重要心理活动。自我革命作为一种主体革新客体对象化自我的实践活动，表明自我革命主体存在着动物不可能有的"我"与"物"、"我"与"非我"的认识差异。而这一差异离不开主体的自我意识与对象意识的相互联系与相互作用。人通过自我意识可以发挥自身的主体地位与主体力量，进而才能够把人自己的需要、本性、本质力量等作为对象进行反映，才有了正确认识自己的可能。人作为主体通过劳动实践的方式创造自己的历史过程中，离不开人以主体的姿态面对自己、反思自己。自我反思正是人借助自我意识与对象意识反映客体自我的重要心理活动。自我反思是主体对自身过去发生的思想、行为等的反省与经验教训总结，是主体勇敢面对自身缺点和不足，更新自我认识的一个重要机会，也是使主体自身始终保持活力发展的开端。人只有反思自己，才能不断扬弃自己，才能形成对自我的正确认识。因此，人的自我反思是自我革命实践活动的重要手段。虽然自我反思在形式上是自我革命主体的认识活动，但主体在自我反思过程中所依据的现实基础是客观的。因此，自我反思本质上是一种客观现实活动，其所反思的内容在自我革命的实践活动中主要表现为人的知识价值、道德价值与审美价值的有机统一，即真、善、美的有机统一。自我革命实践环节中的自我反思，通过使主体反观自己的优势与不足，推动实现主体自我的思想和行为同客体本质规律的统一、实现人类社会道德需要与一定条件下社会道德规范的统一、实现审美客体对象与主体自身的和谐统一等。自我革命主体的自我反思，为自我革命的实践展开与深化提供了前提条件。

自我设计体现了自我革命的活动方向。人作为主体性的人，与动物有着根本不同。动物只是被动地适应客观的现存世界，而人的实践活动是有意识的、有目的的、有计划的。人的自我意识与对象意识使其将自己的生命活动、外在世界等变成自己的意志。自我革命作为人的实践活动，是人依据自身的需要、利益、价值、理想等目的与动机，借助于一定的中介活动作用于客体的革命实践。因此，自我革命活动离不开主体依据自身的目的，对自我的计划与改造。当然，人的自我设计需要符合合规律性与合目的性的统一。虽然人可以发挥自身的自觉能动性，对主体自我将要成为什么做出一定的计划，但人的自我设计不能脱离外部环境与具体的、历史的条件。人的自我设计一旦脱离现实、违背社会发展客观规律，单纯依靠主体的主观能动性来开展行动，那么其结果必然以实践的失败而告终。也就是说，虽然自我设计反映了人的内在需要和利益，表达了人的愿望，但是这一愿望的实现需要遵循事实与价值的内在统一。其中，体现事实与价值内在统一的自我设计可以从主观愿望变成现实，可以实现人的自由全面发展，进而推动人类文明的进步与发展；而不符合这一内在统一条件的主观愿望则必然陷入空想中。自我设计作为自我革命主体的重要环节，与社会发展需要是内在统一的。它规定着自我革命的方向是以实现人的全面发展、以推动社会文明的发展进步为目标指向的。因此，将自我设计作为自我革命主体目标推进的计划，体现了自我革命的活动方向。

自我改造是自我革命的具体展开。马克思主义人学始终坚持人的自然性与社会性的存在属性。人的双重存在属性表明，人的自我革命活动是人在与外在环境的主体客体化与客体主体化的过程中而实现的实践活动。人受自然环境与社会环境的影响。随着外在环境的发展变化，人不断被环境所改造着；同时，人作为主体性的人，也在反思自我、批判自我进而改造自我，并随着自我的改造也在一定程度上改造着外在环境。当然，正如人的自我设计一样，自我改造作为人依据自我设计而开展的具体的、自觉的塑造活动，也必然有其特定条件的限制。这一限制在自我革命实践活动中体现为自我革命主体依据什么来改造、通过什么途径来改造、改造的条件是什么的问题。其一，自我革命主体的自我改造依据是什么。革命作为以解放和发展生产力为任务的实践活动，其自我革命主体在进行自我改造时，也不可能脱离这一中心任务。因此，自我革命主体在自我改造过程中，主要以促进人类文明与社会发展进步、不断培育社会发展的时代新人为改造依据。其二，自我革命主体的自我改造途径是什么。正如革命在不同的社会条件下所采用的方式分为激烈的质变形式与循序渐进的量变形式一样，自我革命主体的自我改造途径也可以分为激进与渐进两种途径。而具体采用何种途径主要由自我革命主体的自我改造内容来决定。其三，自我革命主体的自我改造条件是什么。自我改造是每个有主体意识的人都能开展的实践活动。但是，自我革命的实践活动规定了自我改造的主体素质与客体条件。自我革命作为革命的一种实践类型，虽然在性质上是非对抗性的斗争实践，但其在作用上仍然是解放生产力、推动生产力的发展，在目标上是实现人的解放。这表明，自我改造作为自我革命的具体实践的展开，需要满足特定的主体条件与客体条件。其中，主体条件必然是对社会历史发展起推动作用甚至决定作用的先进的人，而其先进性主要表现为自我革命主体的素质水平，主要包括自我革命主体的身体素质水平、思想素质水平以及科学文化水平等方面；其客体条件必然是符合社会历史规律的特定的社会历史条件。

自我发展是自我革命的运动状态。人是在一定社会历史条件下不断运动变化和发展的。人的变化发展可以从人类社会的发展背景中得到显示。当然，人的发展分为个体的发展与类的发展的统一。如果就个体发展来说，人的发展是有限的。虽然人的发展受人的需要的不断更新的影响，但人的生命的有限性，决定了人的发展也是受到一定限制的。但从类的生命繁衍的无限性来看，人的发展又是无限的。人的发展的无限的绝对运动状态正是在个体发展的有限性与类的发展的无限性的统一中实现的。人的自我革命不是局限在孤立的人的实践活动，而是包含个体、群体、类的多层次的有机统一的主体。而自我革命的作用也恰恰是人在遵循一定社会条件的基础上，以发展自我的方式解放生产力，推动人与社会的相互促进、共同发展。从自我革命的目标与作用来看，它不是静止的，更不是人的历史的倒退，其运动状态始终处于发展前进的绝对运动中。因此，从自我革命的主体的有机统一性以及人与社会相互促进的发展目标可以看到，自我革命是始终处于发展的有限性与无限性的统一之中的、循环往复的实践运动状态。而主体自我的发展与前进始终伴随着人的自我革命实践活动，是自我革命实践活动的运动状态。

　　自我实现是自我革命的目标。马克思主义人学认为人的根本任务是"全面地发展自己的一切能力"①。自我实现正是人通过自己的不懈奋斗和追求，不断实现自己目标的过程，是人的需要、能力、价值、理想等的充分表现和充分实现。自我实现意味着人可以真正成为人自身，可以充分发挥自身的潜能，可以成为不断完善自己的人。马克思主义人学历来关注人的自由全面发展问题，并始终致力于人的解放。对于马克思主义人学而言，人的解放这一目标落实到具体的现实的个人身上，其首要表现就是人的自我实现。当然，人的自我实现不是抽象思维领域的观念活动，也不是个人的孤立的行为，它离不开人与自然、人与社会、人与其他人的相互的交互作用，离不开人的劳动实践。自我实现是人以主体的理想与抱负为发展目标，以自身的才能、智力等一切潜能为条件，展开的实践劳动的过程。马克思主义人学始终关注人类社会的发展，认为人类社会发展的客观必然趋势和理想目标是人的解放。即整个人类社会成为有个性的自由人的联合体，在联合体中每个人都能得到自由全面的发展。在马克思主义人学看来，人的自我实现是以每个人的自由全面发展为落脚点的理想状态，而这一理想

---

　　① 中共中央马克思恩格斯列宁斯大林著作编译局译：《马克思恩格斯全集》第三卷，北京：人民出版社1965年版，第330页。

状态正是自我革命的实践目标。

自我革命作为人的实践活动，是在人的认识活动、实践活动与评价活动的相互作用、相互促进中不断前进发展的。自我革命作为以自我的发展解放生产力的革命实践活动，离不开实践活动评价标准与评价知识的指导。没有解放生产力的评价标准和对人类社会发展规律不断把握的相关知识的指导，就没有人的自我革命的自觉性的实践活动。当然，评价标准并不是人生来就具有的，而是来自人的劳动实践。没有了评价标准、评价知识的指导，人的自我革命实践活动就是盲目的。人的评价标准是主观性与客观性的统一，不同的人由于主体认识、生活习惯等不同而具有不同的评价标准；同时，人的评价标准又受经济发展水平、人的真善美的价值追求标准等客观因素的制约。由此可见，评价表征着实践活动的发展水平。自我革命作为一项实践活动，其发展水平的高低可以从主体的自我评价中得到体现。自我革命主体所做出的自我评价不是单纯从主体自身出发做出的判断，而是在遵循评价标准的客观性的基础上，在反映人与自然、人与社会、人与人的现实关系中的体现。人的自我评价能力是随着人的实践水平与认识水平的提升而不断提升的。因此，自我评价表征着自我革命的发展水平。同时，主体正是由于拥有自我评价的能力，才能够对自我革命的实践活动做出自我反思甚至自我改造与自我调节，进而实现人的自我革命实践活动的循环往复、运动发展。自我革命作为一项兼具自身特殊性质与使命的实践活动，其革命主体的自我评价标准必然也存在着特定的评价标准。而这一特定的评价标准将影响自我革命实践活动从自我反思到自我实现目标的运动水平与方向。因此，有必要对自我评价的标准做出分析与总结，以努力实现对自我革命这一实践活动的充分阐释。正如自我革命主体是无法脱离个体、群体以及人类的有机主体一样，自我评价作为自我革命的一个环节，其评价指标一定不可能脱离人与周围世界的和谐关系这一核心标准。

第二，从中国共产党这一特殊革命主体来看，自我革命的实践运动，是被赋予特定含义的实践运动过程，是中国共产党的自我革命的生动实践与具体体现。习近平多次指出坚持"四个自我"的重要性，并对党的"四个自我"的内涵做出具体归纳。

一是自我净化。"净化"是清除事物内部不好的或者不需要的杂质，使物质变得纯净。自我净化是指"过滤杂质、清除毒素、割除毒瘤"①。自我净化是中国共产党勇于直面自身问题、清除病痛、净化党内政治生态的重要实践方式。要想实现自我净化，习近平认为要从"不断纯洁党的队伍，保证党的肌体健康"②上下功夫。中国共产党强调的自我净化虽然内含着自我反思与自我批判，但是从程度来看，党的自我净化不仅限于反思与批评，更有触及内心深处的魄力与胆识。

二是自我完善。"完善"是指使完美美好，使原本完成的内容更加丰富全面。自我完善是指修复肌体、健全机制、丰富功能。"自我完善"是中国共产党在自我净化的基础上，全面检视自己，通过查漏补缺的方式，有步骤、有计划地改正不足，使自身更完美的过程。习近平认为，要想实现自我完善，就要"坚持补短板、强弱项、固根本，防源头、治苗头、打露头，堵塞制度漏洞，健全监督机制，提升党的长期执政能力"③。中国共产党在自我完善的过程中通过教育、主动学习等方式不断充实并丰富中国共产党自身，使中国共产党自身始终保持先进性。

三是自我革新。"革新"是指革除旧的、老的状态与性质并创造新的事物。自我革命是指与时俱进、自我超越。落后就要挨打，就面临着退出历史舞台的风险。中国共产党正是在肩负着救亡图存的历史使命中诞生的，它深知落后就要挨打的惨痛教训。为此，中国共产党始终坚持自我革新。"自我革新"是中国共产党通过对过时、落伍的思维、行为、制度等进行革除而不断实现的党内自我更新与自我创新的过程。习近平认为，要想实现自我革新，就要"勇于推进理论创新、实践创新、制度创新、文化创新以及各方面创新"④。自我革新有利于保证中国共产党在推陈出新、革故鼎新的过程中永葆时代性。

四是自我提高。"提高"意指提升、拉升。"自我提高"从字面上理解就

---

① 习近平：《习近平谈治国理政》第三卷，北京：外文出版社2020年版，第534页。
② 习近平：《习近平谈治国理政》第三卷，北京：外文出版社2020年版，第534页。
③ 习近平：《习近平谈治国理政》第三卷，北京：外文出版社2020年版，第534页。
④ 习近平：《习近平谈治国理政》第三卷，北京：外文出版社2020年版，第534页。

是优于过去的自己。习近平认为自我提高就是要有新本领、新境界。学如逆水行舟，不进则退。中国共产党作为马克思主义执政党与革命党，始终坚持自身的本质属性与内在要求，充分重视自我的提高，鼓励中国共产党党员勇于走出舒适区，克服自身弱点，"不断提升政治境界、思想境界、道德境界，全面增强执政本领，建设一支忠诚干净担当的高素质专业干部队伍"[①]。

（二）自我革命蕴含着一定的精神品格

人的一切社会活动在本质上都是实践的，但却离不开精神的指导作用。精神的作用可以帮助人能动地改造世界、改造人自身。自我革命是一种实践活动，也蕴含着一定的精神品格。自我革命的精神品格可以推动自我革命主体在敢于担当、冲锋在前中始终保持自身的先进性。

第一，自我革命蕴含着敢于自我牺牲的献身精神。自我革命是主体审视、革新对象化自我的实践活动。自我革命是以实现人的解放为目标的实践活动，其革命主体涉及个体、群体、人类等不同的层次。因此，为了实现人的解放的根本性的最终目标，自我革命这一实践活动本身便意味着主体自我的自觉自愿性的自我牺牲。自我牺牲精神不是普遍意义上的、没有任何条件限制的自我权利的放弃。自我牺牲精神是良好的精神品格，主要体现在当个人利益与集体利益发生冲突时而做出的充分给予、不求回报的价值选择。而且，自我牺牲精神所体现的个人与集体的关系，是强调的人民群众作为集体的条件限制，而不是由少数生产资料占有者组成的集体。人民群众是推动社会历史发展的决定力量。因此，从根本上说，个人与集体的根本利益是一致的。个人暂时的自我牺牲从根本上也是为了实现自我的发展与进步。马克思主义人学所强调的自我牺牲，并不是对个人权益的剥夺与否定，反而恰恰是维护个人权益的全面升华。

第二，自我革命蕴含着追求理想信念的奋斗精神。理想信念是自我革命的题中应有之义。理想信念是人们向往与奋斗的目标指向，是人们在意识领域中的集中反映，如世界观、人生观、价值观。理想信念作为一种奋

---

① 习近平：《习近平谈治国理政》第三卷，北京：外文出版社2020年版，第534页。

斗目标，是人们开展实践活动的动力与支撑。自我革命是刀刃向内的革命性实践活动，这种实践活动一旦脱离理想信念的支撑，便有可能变得萎靡不振、退缩不前。只有真正将理想信念内化于心的革命主体，才能增加实现自我革命实践活动外化于行的可能性。理想信念是人在精神领域中的支撑。精神上缺乏了支撑，就会阻碍人的行动的前进脚步。自我革命作为解放生产力、推动人类社会共同发展的革命活动，只有符合人的解放这一合目的性的精神支撑，才有可能实现人的自我革命的不断深化与发展。中国共产党是由中国无产阶级的最先进、最活跃的分子组成的马克思主义政党，而无产阶级以人类的解放进而实现自我的解放为目标。因此，中国共产党自成立起就始终肩负着人的解放的历史使命。正是中国共产党的性质和历史使命，使其拥有坚定的自我革命的勇气和毅力。也正是这一坚定的理想信念的支撑，使得中国共产党从起初只有50多名党员的小党发展到今天的百年大党。因此，自我革命在本质上也体现着一种坚定理想信念的精神。

第三，自我革命蕴含着奋发进取的责任意识。自我革命虽然是一种实践活动，但其实践得以发展的核心在于自我革命主体为了实现自我的发展而不断对自身展开的批评与自我批评活动。而这种批评与自我批评本身便依赖于自我革命主体一往无前、奋发进取的精神状态的支撑，依托着自我革命主体百折不挠地克服自身发展道路上的阻碍的干劲与勇气。中国的现代化发展历程告诉我们，"要真正走向现代社会，需要从生产方式出发，从现代生产关系的主体性逻辑出发"①。伴随着社会整体现代化历史进程的不断发展，具有主体意识的人在自由自觉中推动社会历史进程中发挥关键作用。因此，人应该始终努力使自身保持与社会的现代化之间的平衡发展，最大限度地抵制一切阻碍因素，致力于实现自己在经济、身体、价值、人际关系等方面的发展与社会现代化发展全方位地匹配。随着全面建成小康社会的顺利实现，当前我国比历史上任何时期都更加接近社会主义现代化强国的伟大目标，也比历史上任何时期都更加紧迫地想要继续推动人的现代化、实现社会关系的和谐发展。这就要求社会主体在主体意识中纳入底

---

① 董慧：《中国式现代化的唯物史观意蕴》，《哲学研究》2022年第6期，第7页。

线思维意识，以底线思维意识自觉对照人的自由全面发展的理想信念、初心使命、世界观、人生观与价值观等，用刀刃向内的勇气进行自我剖析，以适应社会现代化日益全面的必然发展趋势。

第二节　自我革命的构成要素

自我革命本质上是实践活动，是人作为实践活动的主体，在一定历史前提和条件下，将自己视为对象化的客体，所展开的主客体的对象关系。马克思主义人学认为"凡是有某种关系存在的地方，这种关系都是为我而存在的"①。人作为主体将自身视为对象化客体，对自身落后于历史发展的部分进行革命，并在这一革命性的自我否定中不断获得某种新的肯定。人的自我革命活动从结构来看是由主体、客体与中介组成的。也就是说，人作为革命主体借助中介这一转换器自我革命活动的人与对象客体之间建立联系，将主体自身的能量、信息等指向对象化的客体，同时又通过对象化的客体来充实人的自身发展。

一、自我革命的主体

自我革命活动是作为主体的人依据自身的需要和目的，借助中介作用于客体对象的实践过程。在马克思主义人学看来，主体不是孤立的、抽象的人，而是处于社会关系中的现实的人。现实的人是一种自然存在物，更是一种社会存在物。人的社会属性表明，从一般意义上看，自我革命主体是由个体、群体以及整个人类在内的有机系统组成的。然而，自我革命的开展直接涉及人的不同需要的满足、不同目的的实现。如何创造一系列的社会条件使个体、群体与人类在根本利益上达到一致，并在这个基础上形成共同的理想目标、自觉地开展自我革命活动，这是一个在社会历史发展过程中需要不断解决的问题。人的差异性表明，在特定的社会历史条件下，自我革命主体又表现为一定的特殊性。

---

①　中共中央马克思恩格斯列宁斯大林著作编译局编译：《马克思恩格斯文集》第一卷，北京：人民出版社2009年版，第533页。

　　第一，从自我革命主体的一般意义来看，自我革命主体主要表现为处在一切社会关系中的个体、各种类型的群体与整个人类的有机系统在内的、具有进步力量的人。一方面，人是实践活动的主体。自我革命是一项实践活动，其实践主体也遵循着人的活动主体的必然性，是在一定历史条件下的活动着的人。另一方面，自我革命的真正实践主体是能够推动人与社会发展的进步分子。自我革命是一项特殊的实践活动，具有特定的现实任务与目的。自我革命作为革命的一种类型，与革命的性质和目的是一样的。自我革命的性质是革命主体的自我完善与自我发展，是一项革命性的、全面性的变革实践活动。自我革命的目的与革命的目的都是扫除阻碍发展社会生产力的障碍。从自我革命的性质与目的来看，自我革命不仅是一项实践活动，而且肩负着推动人与社会向前发展的社会现实任务。自我革命的社会现实任务表明，自我革命主体是那些始终以真正推动人与社会和谐发展为目标的追求进步的先进分子。这些进步分子在具体的社会现实存在中始终以个体、群体与人类的有机整合为统一。因此，对自我革命主体的分析，要进一步从个体、群体、人类等不同层面展开。

　　进步个体是自我革命主体存在的基础与前提。个体表现为有生命的个人，是现实的人的存在形态，是群体、人类的"活细胞"。个体是自我革命主体中不可或缺的重要组成部分。个体是产生自我革命主体的自然生物基础，是自我革命主体的现实存在的前提。当然，如前所述，自我革命的性质与目的的要求显示，拥有自我革命能力与勇气且可以把这种能力与勇气转化为现实的自我革命实践活动的个体，是那些坚持集体利益与个人利益相结合、坚持以人民群众的根本利益为重要的价值衡量标准的进步个体。有生命的个人的存在"不是处在某种虚幻的离群索居和固定不变状态中的人，而是处在现实的、可以通过经验观察到的、在一定条件下进行的发展过程中的人"①。处在现实中的个人在从事实践活动的过程中不断与其他人彼此联结成了处于社会关系中的人。因此，个体层面的主体是其他层次的

----

　　① 中共中央马克思恩格斯列宁斯大林著作编译局编译：《马克思恩格斯文集》第一卷，北京：人民出版社2009年版，第525页。

革命主体存在的基础与条件。

进步群体是一定数量的进步个体通过一定社会关系实现的联合，是具有共同经济基础、政治基础、社会基础以及目标价值的联合，进而由此组成的集合体。人的认识能力与实践能力的有限性，决定了人要满足自身生存和生产的需要，那么个人的力量必然最终汇聚成群体的力量。人是社会动物。人的社会性决定了个体的人总是结合在群体的人的范围内。正像人与人之间的孤立关系不能产生语言一样，孤立的个体也是不能进行生产活动的。因此，任何人类个体都是处于一定的社会关系之中的。例如，家庭、党派、阶级、国家等都是由个体结合而成的群体。但是，社会并非个体机械相加的总和，而是个体间相互联系和交往的总和。人与人之间的彼此联系与关系构成了群体。处于群体中的个体，其行为在一定程度上受到群体意识的制约。因此，自我革命无法脱离群体发挥作用，而自我革命主体也必然包含各种类型的群体。那么，自我革命在群体层面的主体又以什么样的方式表现出来呢？正如社会生产力有先进和落后之分一样，自我革命主体作为以推动社会生产力的发展为目标的人，不可能由综合素质水平低的人组成。这里的综合素质水平不仅包括人的科学素质水平，更强调人的文化素质水平、人的思想道德水平等。由此可知，由进步个体组成的进步群体，必然是那些始终保持与时代齐发展的前进方向的群体。例如，中国共产党、中国共产主义青年团等先进群体，始终是中国人民和中华民族、中国青年运动的先锋队，始终是追求进步的先进群体。这些先进群体不仅具有自我革命的勇气，同时也具备自我革命的能力。

进步人类是人类整体层面的自我革命主体。人类是人区别于其他动物的类存在物。马克思主义人学所讲的人，包含着人作为族类、作为类存在物的表达。尽管人们日常生活中接触到的都是一个个现实存在的个体以及由此联合而成的群体。但是，人类作为一个类的整体存在也是属于人的现实存在形态的。同时，人类整体层面的主体，所依据的需要、利益等自我革命的评价标准，是以人的本质力量得到完美的实现、使人得到自由全面发展为评价标准的。因而，人类整体层面的自我革命主体是那些以人的本质力量不断得到实现为发展目标的进步人类的自我发展式的实践活动。当然，人类的自我革命与自我解放蕴含在每个人的自我革命与全面发展之中。人类的自我革命过程可以看作是每个个体的自我革命的形成、发展与实现的过程。总的来说，个体、群体与人类作为人的现实存在的不同形态，以有机系统的方式推动着人的发展与进步。

第二，从自我革命主体的特殊性来看，自我革命主体在一定社会历史条件下需要以先进力量为代表。自我革命主体是处于特定社会历史中的现实的人。如果一个社会的生产力还没有发展到高度发达的阶段，还不能够满足每个人的自由全面发展的需要，那么这个社会仍然是存在阶级的。在社会仍然划分为阶级的条件下，任何个人都是处在一定特定阶级下的主体，没有人可以脱离社会而成为超阶级的人。不同的阶级承担着不同的利益，具有不同的需要和理想。例如，有的人违法乱纪，有的人却有高度的共产主义觉悟。人的发展与社会的发展是一致的。社会是人自身劳动实践的结果。自我革命是一项人作为主体不断进行自我否定、自我扬弃，以真正占有自己全面本质为目标的实践活动。在一定社会历史发展阶段，为了实现人的真正的发展，使人能够真正占有人的本质，自我革命主体需要首先由代表先进生产力的、坚持主体力量来承担，然后再发挥引领作用，带动更多的人开展真正的自我革命。无产阶级是伴随着生产力的发展进步而产生的阶级。无产阶级政党是以维护无产阶级利益、以实现共产主义为终极目标的政治组织。因此，在社会还没有发展到足够发达之前，自我革命主体需要首先由这些具有高度共产主义觉悟的先进工作者来开展，然后再通过人与人之间的社会联系，扩大自我革命主体的范围，进而才能实现全人类的自我扬弃与发展，促进人的自由个性的真正实现。

二、自我革命的客体

马克思主义人学对人的理解与黑格尔的抽象出发点以及费尔巴哈的感性直观出发点不同，它不是从孤立的单个人自身的角度出发来理解人，而是把人置于与周围世界的关系来理解。马克思主义人学从人的感性活动出发，揭示现实的人是从事实践劳动的人。人在社会实践劳动中处于主体地位，并将主体以外的改造对象视为客体。人作为主体与客体的关系是双向互动的。人在改造外在客体的同时，也在对象化中把自我分化为主体和客体，即人在改造外在对象时也在实现自我的改造。自我革命是革命主体作用于对象自我的实践活动。自我革命作为一项自我革新的实践活动，是主体实现自我分化，不断改造客体自我的具体表现。从自我革命的主体与客体的关系来看，自我革命主体在对象化活动中把主体自我分化为客体展开革命活动。自我革命是主体与客体相统一的实践活动，其中客体是主体将自我视为革命的认识、实践对象。马克思主义人学视域下的自我革命主体是包括个体、群体与人类在内的有机统一。因而，自我革命客体也就表现为个体、群体以及人类等三种层面的客体自我的形式。

第一，个体层面的客体自我。从个体层面来看客体自我，则聚焦于个人自身，主要表现为物质自我、心理自我与社会自我等三种成分。其一，物质自我是强调个人的结构与技能，强调个人作为活的生命机体，在自我革命主体从事自我革命实践活动时所承担的物质载体作用。物质自我的核心部分是个人的身体，主要表现为个人身体素质的发展状况与水平，即个人的身体、大脑等发育状况和维持水平等。例如，个人存在的患病率、死亡率、寿命等都是自我革命主体面对客体化自我时的重要考察指标。"人生来就有的力量：他的智力和他从事劳动的身体素质"[1]等影响主体对自身能力的实际占有。因此，身体自我作为一种物质存在，是客体自我的重要考察范围。物质自我的内向延伸是心理自我。其二，心理自我是个人的主观存在，强调的是个人自身内部的思维、意识、心理、情感、信念、价值观等组成的精神活动的集合体。心理自我作为反映个人的内心世界的客体自我，影响个人的物质自我与社会自我等其他客体自我。自我革命主体对心理自我的客体对象化的改造，主要表现为人的科学文化知识的认知提升、精神境界的提升等。例如，关于革命主体自身的认知程度的改造，革命主体自身的认知程度关系到自我革命主体与客体之间的认识关系，主要涉及自我革命主体的知识结构、科学文化水平、创新水平等问题。关于革命对象的价值观念的改造，革命主体自身的价值水平关系到自我革命主体与客

---

[1]　中共中央马克思恩格斯列宁斯大林著作编译局编译：《马克思恩格斯文集》第一卷，北京：人民出版社2009年版，第239页。

体之间的价值关系，主要涉及自我革命主体的思想道德水平、价值观念等要素。例如，拜金主义、享乐主义、个人主义等只顾眼前利益而忽视长远利益的伦理道德观念，极大地影响了人与人之间关系的和谐与稳定，也影响了主体自我的自由个性发展。其三，社会自我即处于社会关系、社会身份中的自我。个人是社会的细胞，是社会存在物。客体自我无论是在物质自我还是心理自我方面的发展，都离不开个人与社会关系的考察。当个人把社会自我视为自我革命的客体自我时，那么如何处理好个人与集体、个人与社会的关系等问题，是社会自我建立正确的社会角色地位、社会角色技能等认知与评价。例如，个人在人生责任、人生态度、人生道路、人生价值等方面做出的选择，都离不开其在社会交往中不断形成正确的自我认识活动、开展正确的自我改造实践活动。

第二，群体层面的客体自我。从群体层面来看客体自我，则聚焦于由一定数量个体依据一定的联系在社会交往中组成的共同体。群体层面的客体自我以集体共同体的形式存在，并按照不同的联系划分为不同的共同体形式。本书按照群体的内容来划分，将群体层面的客体自我大致划分为具有政治性质的群体、具有经济性质的群体、具有文化性质的群体等等。其中，具有政治性质的群体自我，以共同的政治利益为共同联合的纽带，例如政府、政党等；具有经济性质的群体自我，以共同的经济利益为共同联合的纽带，例如企业、经济组织等；具有文化性质的群体自我，以共同的文化精神为共同联合的纽带，例如教育组织、学术机构、文艺团体等都在其范围内。当然，不同的群体性的客体自我之间是存在一定交集的，并非彼此毫无关联的。例如，政党组织以共同政治利益为纽带，但同时其组织内部也以共同的文化、共同的精神为纽带。因此，关于群体层面的客体自我的分析，本书倾向于从群体自我的整体层面来把握。整体来看，政府、政党、民族抑或是教育组织、文艺团体等，要想具备自我革命的勇气与力量，一方面，必然离不开群体自我对自身先进性的改造与发展。而群体自我保持自身先进性的标准以是否有利于最广大人民群众根本利益、是否有利于推动人与社会的根本发展为尺度。例如，苏联共产党作为无产阶级政党组织，由于逐渐丢失了共产主义的理想信念、丢失了人民群众的利益需要，不断丧失自我革命的能力与勇气而最终垮台。另一方面，离不开对群体与个体、人类等不同层次主体的关系的把握。即群体层面的客体自我既要注重领袖、代表等人的自我改造，以保证其发挥领袖作用，推动群体自我的自我改造与发展；也要注重内部成员的普遍要求，使其自我革命的运动方向朝着有利于群体利益的方向发展。

第三，人类层面的客体自我。当客体自我是从人类层面来考量时，那客体自我更加倾向于以有利于实现人的类本质、有利于人类文明的发展进步为核心目的的自我改造。即人类层面的客体自我是不断使人类自身与时代文明水平和发展要求相适应、使自身真正实现解放的客体内容。从人类层面的客体自我来看，人类主体需要不断对象化的客体自我，是那些影响到人的自由全面发展的阻碍因素。当然，马克思主义人学强调的主体的人不是孤立的个人，也不是孤立的群体，更不是抽象意义上的人类。马克思主义人学视域下的人类是由处于人与人之间交往的人组合而成。为此，人类自身的发展与控制，既是自然界的一部分，也是整个人类交往世界的一部分。因而，人类自我的发展不仅仅局限于满足人的基本需要，如技术进步、物质增长等，而是人类对自身劳动方式、生活方式、思维方式不断自我革新与完善。其一，人类层面的客体自我在劳动方式上表现为劳动者、劳动资料和劳动对象的相互作用的方式的不断完善与提升并形成巨大的社会创造力。人类在不断完善未来劳动方式的过程中，使自我逐渐从劳动中解放出来，进而不断实现自己的个性自由发展。其二，人类层面的客体自我在生活方式上表现为人不断革新自身的生活环境、生活条件、生活内容，使人类自身把握社会经济发展、文化繁荣的能力不断增强，使人类自身不仅在物质需要而且在精神需要等方面都能够得到极大的满足，使体现真善美的生活方式不断成为现实。其三，人类层面的客体自我在思维方式上表现为人不断革新自身的认识水平、认识能力，使自身不断与自私、无耻、约束、封闭等消极的思维方式做斗争，使人类自身实现更加自由开放，使人与群体之间更加协调、平衡，使人不断提升人与人之间更加普遍交往的能力。例如，人类的自我进化与发展，是为了不断实现人的类本质的发展与进步，使人类自身可以真正成为一个完整意义上的人。而人要想实现自我的彻底解放，需要以自由全面发展的状态为前提。因此，从人类自身的发展来看，如何破除阻碍自身发展的限制因素，就成为人类自我的重要的客体对象。

三、自我革命的中介

自我革命的中介是指自我革命这一实践活动实现的方法或手段，是自我革命达成的桥梁。自我革命的中介的具体形式以对革命的性质判断为前提。自我革命主体对自身的革命实践活动受其所处的具体的历史的社会条件的影响，而表现出主客体之间矛盾的不同性质。矛盾的不同性质决定了化解矛盾的方式是不同的。矛盾的性质的划分以矛盾双方的根本利益是否一致为标准。矛盾的表现形式主要以对抗性矛盾和非对抗性矛盾两种基本形式为区分。其中，对抗性矛盾在资本主义社会中的解决方式是阶级斗争，而在社会主义革命和建设过程中，对抗性矛盾以专政的方法，即以打击、孤立、镇压、惩办等方法加以解决。非对抗性矛盾则只存在于人民内部，它主要以民主的方式，即说服、教育、批评与自我批评或者团结斗争的方式使矛盾得以解决。自我革命是主体对客体自我的改造，本质是一种自我完善和发展。自我革命并非以阶级斗争、阶级矛盾为表现形式的对抗性矛盾。当然，自我革命也存在局部范围内少量的对抗性矛盾。例如，中国共产党作为集体层面的主体，与党内理想信念缺失、贪污腐败的部分成员之间，由于存在根本利益的对立而表现为对抗性矛盾。但是，这种对抗性矛盾又不完全等同于敌我矛盾。因而，这种党内存在的对抗性矛盾在解决时要强调斗争，并努力将对抗性矛盾转化为非对抗性矛盾。经过对自我革命的主客体双方的矛盾性质的分析，我们可以看到，自我革命的中介由于受到社会具体的历史条件的影响，而表现为自我斗争、自我批评、自我教育等方式。

第一，自我斗争。自我革命本身是一个矛盾集合体，是自我革命主体解决破除自身发展障碍的矛盾运动。有矛盾就有斗争。自我斗争是自我革命主体破解自身根本利益不一致的矛盾问题的重要实践方式。自我革命作为实践活动，始终坚持以问题为出发点与落脚点。自我革命主体在对自身发展目标深刻洞察的基础上，针对自身在发展过程中所存在的现实问题与发展困境的部分所展开的自我革新，以完成最终的自我实现的实践过程。从自我革命的实践起点来看，自我革命是一项自觉性的革命活动。自我革命虽然依靠主体的自觉性，但是自我革命主体自身存在的已经失去生命力的部分不会自行消亡也不会恢复生命力。因此，从实践过程来看，自我革命主体要想完成自我实现的最终目的，就离不开斗争。没有斗争，人就无法实现生存，更无法获得发展。人只有通过革命斗争的形式敢于刀刃向内、敢于对自己刮骨疗毒，才能破除自身落后于社会生产力发展的部分，革除不符合人类社会发展的部分，这是自我革命主体始终保持生机与活力的重要方式。中国共产党作为自我革命主体之一，其全面从严治党正是以敢于自我斗争的力量对自身丧失生命力的部分展开刮骨疗毒、壮士断腕的革命活动。

第二，自我批评。自我批评是主体以自觉的方式对自己的言行举止等展开自我点评、自我改正的过程。马克思认为，批评可以推动人与人之间的交流，"没有批评就不能互相了解，因而也就谈不到团结"①。自我批评是一种辩证的自我否定活动，是一种运用辩证法的分析工具展开的"人体解剖"活动。自我革命主体通过自我批评活动揭示其内在的否定环节。革命主体的自我批评是作为革命的主体从客观发展规律出发，所反映的作为客体的主体客体化部分对于其所具有的否定意义。将否定从积极的意义考量，以促使革命主体的发展。因此，要想实现自我批评，首先要做到的是坚持问题意识。因为问题意识本身就具有批评甚至自我批评的内在要求。问题意识在本质上是具有实践性、时代性和批判性的。主体在对自身进行自我反思之后，要勇于承认问题、揭露问题，正视自身存在的问题并想办法解决问题。对自我问题的揭露与解决便是自我批评的外在表现形式。"问题就是时代的口号，是它表现自己精神状态的最实际的呼声。"②当革命主体开始批判自己、检视自己的问题，并试图寻找解决方案时，就开始走向自我

---

① 中共中央马克思恩格斯列宁斯大林著作编译局译：《马克思恩格斯全集》第四卷，北京：人民出版社1958年版，第423页。

② 中共中央马克思恩格斯列宁斯大林著作编译局译：《马克思恩格斯全集》第四十卷，北京：人民出版社1982年版，第289-290页。

革新与发展了。

第三，自我教育。自我教育是自我革命主体保持生机活力、确保方向正确的重要方式。自我革命不是人人通过自我改造就可以随意开展并实现的实践活动。自我革命的顺利开展离不开主体的自我教育这一重要方式。自我革命与其他革命活动不同，它是刀刃向内的革新活动。这种刀刃向内的自我革命具有自身的特殊性，它既需要革命主体的自觉性，又对革命主体的自身全面发展的素质水平提出了很高的要求。从这个意义上说，自我革命主体的内在反向活动难度不容小觑。自我革命活动需要中介力量，推动自我革命主体实现先进价值观、科学理想信念以及认知方式的真正内化。为了能够使人保证自我革命的持久性、方向正确性，就要有一定的教育手段的参与。教育作为有目的的培养人的活动，是推动自我革命主体实现内化于心、外化于行的重要方式。因此，教育是提高自我革命主体实践能力、认知程度以及价值水平的重要条件。旗帜决定方向。为了保证自我革命方向的正确性，自我教育内容具体主要表现为开展真正推动人的自由全面发展的理想信念、高尚的道德情操、整体认知水平等方面的学习活动。人的自由全面发展的理想信念的教育有利于推动多元革命主体寻求国家、集体和个人利益的根本一致的节点，寻找多元主体的共同利益，寻找能够集合社会多元主体且凝聚社会主体力量进而发挥革命合力作用的对象与条件，进而保证自我革命活动的顺利开展。高尚的道德情操在某种程度上发挥着自我革命的引导作用。为了保证拥有良好的道德情操，人们应该通过先进精神文化的教育引导，使其接受先进精神的熏陶与洗礼，使自身可以始终保持健康向上的发展劲头。提升革命主体整体认知水平的教育，有利于实现革命主体认识能力的不断改造与培育。人提升自我认知的过程，是人从必然走向自由全面发展的必然途径。人对自身的认识越精细，越能端正自身的认识立场与方法。列宁十分重视认识的重要作用，指出"只有了解人类创造的一切财富以丰富自己的头脑，才能成为共产主义者"①。

---

① 中共中央马克思恩格斯列宁斯大林著作编译局编：《列宁专题文集：论无产阶级政党》，北京：人民出版社2009年版，第281-282页。

第三节 自我革命的主要特征

自我革命是主体将自我视为对象客体，并在使客体发生合目的性改变的过程中，不断促进主客体之间矛盾解决的实践活动。自我革命不是一项简单的维持主体自身生存的活动，而是一项包含主体自我发展、自我提高的活动；不是一项具有妥协性质的改良活动，而是革命主体在人类历史发展的客观现实基础上，以自身需要、利益、价值、理想等为目的，以自我为客体对象的，自觉的、长期性的、根本性的革新活动。自我革命作为一项主体内驱的革命性活动，具有自觉性、曲折性以及彻底性等特征。

一、自我革命的自觉性

自我革命是主体改造客体自我，使客体自我摆脱落后因素束缚的实践活动。主体在自我革命的实践活动中与客体自我构成了一种能动的主客体关系。自我革命主体与客体之间这种关系的确立，离不开主体是有意识的存在物。自我革命实践活动本身是客观的，但是自我革命实践活动离不开被意识到的需要、愿望等以意识形式存在的目的。也就是说，自我革命是有意识、有目的的实践活动。自我革命是主体以自身的需要、理想等全方位、多层次的目的为依据，在意识中对客体自我的认识基础上开展的实践活动。当然，客体自我不会主动呈现自身的缺陷与不足，这些缺陷与不足被隐藏在一系列错综复杂的现象之中。因此，自我革命活动不是主体受动的实践活动，而是主体为了满足自身的需要而自觉能动地认识客体对象、变革客体对象的过程。自我革命作为一项自觉性的活动，需要主体在具有对自身状态反思能力的前提下实现的主动的自我觉醒能力，需要具备坚定的主动性意志品质，即主动地确定行动目的，并根据目的调节自身行为的能力。这决定了自我革命的自觉性特征主要体现为自我革命意识的自觉性与自我革命行为的自觉性。

第一，自我革命意识的自觉性。人与动物不同，人不是消极地、被动地反映客体对象，而是自觉主动地揭示并反映客体对象的表面现象、本质规律、发展规律。人具有这种自觉性是由于人的需要即人的本性。人无法脱离自身的这种天然本性。如果没有本性需要的存在，那么人是不会进行劳动实践，也不会与周围世界发生一定的联系的。人的需要（例如利益、价值、理想等）的满足，正是驱动人开展实践活动的内在动因。人满足自身需要的方式不是受动的，而是在一定认识的指导下，通过开展改造对象客体的实践活动而实现的。人在认识指导下通过改造客体世界满足自身需要的过程，正是人的意识自觉性的重要表现。自我革命实践目的、手段、过程和结果等因素。其中，自我革命活动的目的本身的依据就存在于人实现自我发展、自我更新的现实需要之中。也就是说，自我革命作为一项实践活动，虽然其产生和发展不以人的主观意志为转移，但也是有意识的人依据自然、社会历史环境的客观存在基础，积极能动地反映并变革对象自我的活动。人的意识能动性使人清楚地意识到自身只有自我改变、自我革新才能符合社会历史的客观发展规律，才能最终满足自身发展的需要。当然，人的认识程度也是一个变化发展的过程。随着人不断加深自我革命的实践进程，人对于自我革命的认识水平也会提升。例如，人的自我觉醒、自我反思等自我认知过程属于低层次的自觉性特征，这一阶段的人对自身的认识正处于逐步了解的过程，主体对自身尚未掌握较多的客观规律的认识。当人们对自身具有了较充分的认知之后，便开始了高级阶段的意识的自觉性。在高级阶段，人们充分认识和掌握了自身的客观规律，依据自身的特征、缺点、不足等，不断自我发展，使主体自身逐渐符合个性自由全面发展的未来趋向。

第二，自我革命行为的自觉性。人就怕不知道其自身的过错。如果知道自身的过错，勇于改之就是一名勇者；而知道其过错，不能改之或不愿改之，就是怯懦之辈。意识的自觉能动性如果仅停留在认识层面，那么其自觉性发展只能引起主体大脑层面的变化与发展。意识的能动性作用发挥具有目的指向性，这一指向性决定了意识的能动性不仅停留于反映客观对象的层面，而且还有做和行动的现实表现，即主观见之于客观的东西。正是由于人的这种自觉能动性的形成，才使人不仅能够把除自身之外的客体世界视为对象，也能够把自身视为客体对象。自我革命作为主体改造客体自我的实践活动，离不开这种主观见之于客观的行为自觉性的表现。同时，意识的自觉性只有作用于行为，促进行为的自觉性发展才能产生主体的真正的自我革命活动。依据自我革命包含的个体、群体（诸如阶级、集团等）和人类层面等三个主体层次，自我革命行为的自觉性主要体现个体行为、群体行为与人类整体的行为等三个层面。个体行为的自觉性是个体在意识觉醒的基础上，依据自身的意识诉求，主动实施一定行为的活动，其内容和程度呈现多样性特征。例如，有的个体坚持个人主义价值观并在自身行为中将自己不断打造成为一个精致的利己主义者，而有的个体则坚持集体主义价值观并在现实实践中始终克服自身的局限与不足。群体层面的自觉性是以个体的自觉性为基础的，但群体的自觉性绝不是个体人口数量的自觉性的简单相加得出的总和这么容易，而是坚持以集体中大多数成员所共有的需要和利益为协调前提的。例如，广大人民群众在正确义利观下的行为、无产阶级政党作为先进生产力代表所表现出的纪律性行为等主动行为都是群体行为自觉性的表现。人类行为的自觉性则是以人为整体主体的类存在物，破除"人的依赖性""物的依赖性"的局限性，以实现人的自由全面发展的真正的共同体为目的的协调活动。例如，维护世界和平与发展、保护世界生态环境等主动行为都是人类行为自觉性的体现。

二、自我革命的曲折性

人的实践不是只满足于生命个体维持肉体生存的活动，而是随着社会的发展而不断追求自我完善的活动。其中，不仅包括活动规模的复杂性的变化，而且也包括活动内容的复杂性的变化。正如一切事物的发展都遵循着螺旋式、波浪式的发展规律一样，没有任何事物的发展可以直线到达自己的终极目标。自我革命作为一项刀刃向内的实践活动，其开展也不是一蹴而就的。从自我革命的革命程度与革命性质来看，人要想顺利开展自我革命，不仅需要付出克服困难的意志努力，还需要时刻关注人自身出现的变化与发展情况，而人的发展与完善本身就是一个复杂的过程。因此，自我革命实践的这种发展过程表明自我革命的发展演进也具有曲折性的特征，其开展过程必然有一个量的积累过程为人的质的飞跃性革命打基础、做准备的过程。这具体表现为以下几个方面。

第一，自我革命任务的艰巨性。一方面，自我革命的长期性反映了自我革命任务的艰巨性。自我革命是主体在符合社会发展规律的基础上，为了满足自身的需要、动机等目的而开展的实践活动。人的需要具有无限发展的趋势。人会随着生产活动和交往活动的不断发展而深化自身的需要。人的自我革命的实践活动作为满足人的各种需要的手段，必然也经历着由低级到高级、由简单到复杂的逐步深化发展的过程。在自我革命的实践活动中，人是主体与客体的统一。人在实践活动中不断加深对周围世界认识的同时，也以主体的姿态面对客体自我。人在面对客体自我时，会按照自己的需要、目的等不断认识、确证、控制、改造自己并实现自己的发展。人只要有发展的需要，就始终会开展主体自我改造客体自我的实践活动。因此，从人自身的不断深化发展的进程来看，自我革命作为一项主体自我改造客体自我的实践活动，必然也是一个长期的、永无止境的过程。而自我革命的实践活动的长期性反映了自我革命任务彻底完成的艰巨性。另一方面，自我革命客体内容的变动性增加了自我革命任务的难度。自我革命的进程不是一帆风顺的。主体要想实现自我革命的顺利开展，需要把握好自我革命的长期性与复杂性之间的关系。没有这一基本认知，自我革命道路的开展与推进就不可能长久地坚持到底。正如自我革命主体的循序发展进程一样，主体的自我革命经历着不断接触新事物的过程，这个过程也需要革命主体坚持以反复自我斗争的方式进行自我革命。主体的自我革命不是通过不断的简单的革命而实现的简单的否定与再否定，而是在遵循人类历史发展规律的前进趋势下，以人的变化发展的需要的满足为前提的、循序渐进的发展过程。因此，人要想实现对自我的革命，需要不断适时调整主体自我的能力与水平，才能面对不断更新的客体自我，这无疑体现了自我革命的任务是十分艰巨的。

第二，自我革命过程的复杂性。人的自我革命过程不是自我生成、自我发展的。它是人在遵循社会客观条件的基础上，借助意识的能动作用，在与周围的对象世界的联系中不断确立并发展的。自我革命作为人的实践活动，除了是客观的物质活动之外，还是主体主观见之于客观的能动性活动。因此，可以说自我革命过程的复杂性主要在于自我革命主体与客体之间关系的复杂性。从自我革命主体类型来看，自我革命的主体是多层次的，包括个体、群体、人类等多元层次主体问题。自我革命主体的多元性意味着主体间的知识水平、价值取向、信念等差异的复杂性。自我革命主体的复杂性意味着主体在自我革命过程中的选择的多元性与复杂性。自我革命主体选择的复杂性也就增加了自我革命发展进程的多种可能性，包括正确的、错误的等等。从自我革命客体类型来看，自我革命主要面临革命主体自身的实践能力、认知程度、价值水平等多方面的客体内容的差异问题。从自我革命的复杂性来看，自我革命的指向性是自我，它是一种刀刃向内的革命活动。时代的进步源于问题的解决。自我革命刀刃向内的性质，表明社会主体"要有正视问题的自觉和刀刃向内的勇气"[1]，要"拿出壮士断腕、刮骨疗毒的勇气"[2]才有可能顺利开展自我革命。因此，从自我革命的类型与复杂性来看，自我革命的过程与进度并不是激进的或者一蹴而就的，而是一种包含着质变与量变的曲折式的自我革命。曲折式的自我革命需要认真把握自我革命的前进性和曲折性的关系，并将其可预见的可能引发的艰巨且复杂的问题真正落实到行动上，追根溯源，从长计议。

三、自我革命的彻底性

在马克思主义人学看来，革命是人在改变世界的同时实现自我改变的重要手段和方式，是人类历史发展进步的重要推动力量。自我革命作为革命的一种形式，是主体在"抛掉自己身上的一切陈旧的肮脏东西"[3]的基础上，实现主体完善自我、发展自我的重要方式。从自我革命对于推动人与社会发展的程度来看，它是一场根本性的变革活动。自我革命程度的深刻性与自我革命目标的深远性表明自我革命具有彻底性的特征。

第一，自我革命程度的深刻性。马克思和恩格斯认为革命是社会经济运动发展过程中的必然结果。社会经济运动的发展意味着社会生产力的发展与进步。社会生产力的发展进步包括生产资料的变革与更新，以及代表着新生产力的人的发展与壮大。生产力的发展进步意味着生产力与生产关

---

① 习近平:《习近平谈治国理政》第三卷，北京：外文出版社2020年版，第532页。

② 习近平:《习近平谈治国理政》第三卷，北京：外文出版社2020年版，第534–535页。

③ 中共中央马克思恩格斯列宁斯大林著作编译局编译:《马克思恩格斯文集》第一卷，北京：人民出版社2009年版，第543页。

系之间的矛盾斗争出现了。而革命正存在于生产力与生产关系的这种矛盾斗争。无论是生产力落后于生产关系，还是生产关系落后于生产力，都离不开革命的重要手段与方式。社会主体在革命的现实推动中不断与旧的、落后的自我相割裂，不断成为代表新生产力的、不断适应时代发展进步的时代新人。自我革命是革命实践的一种表现形式。自我革命与其他变革活动不同，它不是对主体自我落后因素的小修小补的改良活动，而是致力于全面地、彻底地根除自身不符合先进生产力的、旧的、消极部分的自我革新活动。自我革命活动的深刻性主要表现在革命范围的全面性与革命问题的深刻性。全面性意指自我革命主体要想实现自己各方面的发展，就需要处理包括主体与自然的关系、主体与社会的关系、主体与自身的关系等在内的一切障碍问题。革命实践的深刻性在于自我革命主体所面临的问题是真真切切阻碍人的发展的真实性、深刻性与尖锐性问题等。这些问题要求自我革命主体以彻底性的态度去面对，例如全球性资源枯竭、生态平衡、环境污染等现实问题的解决将直接影响到自我革命主体的最基本的生存问题。因此，从革命所实现的彻底性的推动力量来看，自我革命的程度也具有同样的深刻性与彻底性。

第二，自我革命目标的深远性。从自我革命多层次的主体结构来看，自我革命具有一定程度的社会革命意义。自我革命不是多层次主体共时性的实践活动，而是其中一部分拥有先进觉悟的群体和组织率先开展的革命活动。这些先进力量在形成强大的自我革命力量与自我革命环境之后，以先进代表的榜样力量，吸纳更多的人、群体参与自我革命的实践活动中来。其中，个体层面的自我革命主体，虽然其行动目标与动力具有相对的为我性，但个体是集体的一部分，个体只有不断革新自我的落后思维与行为方式，才能获得集体的稳定与和谐，进而才能推动人类主体的不断前进与进步。自我革命的集体层面的主体包含着推动历史发展的先进生产力的先锋队代表。集体层面的自我革命主体作为个体层面与人类层面的联结，致力于消灭一切剥削和阶级统治，以为绝大多数人谋利益的方式实现全人类的解放。也就是说，个体、群体与人类三者之间在自我革命的实践活动中是互相联系、互相推动的关系。自我革命实践活动，只有通过先进力量带动的方式，才有可能实现更广泛意义上的人类的自我革命，使每个人能够始终自我提升、自我超越，朝着人的自由全面发展的共产主义新人前进。自我革命主体从先进力量到更广泛的主体转变的过程，在一定意义上可以说是一场社会的自我革命，进而为实现真正意义上的社会革命做准备。从多层次主体开展自我革命的最终效果来看，自我革命目标的深远性反映了其彻底性。

第四节 自我革命的价值目标

"'人'这个概念是关于人的类概念，其外延指及在性别、年龄、民族、职业、身份、地位等等方面彼此不同的所有个人。"[1]人的差异性表明自我革命主体的价值目标的差异性、多样性与复杂性。但是，人是社会性的人。不同的革命主体由于自身的境界差异，可能会选择不同的人生态度、人生道路。但是，自我革命主体作为个体、群体与人类的有机统合形式的主体，其主体的人生价值合力形成的人类境界，一定是致力于推动人类社会发展进步的价值目标，其表现形式是实现人与世界的和谐关系。因而，自我革命的价值目标的实现离不开对个体、群体以及人类的价值目标的差异性分析，也离不开对自我革命主体作为统一整体时的价值目标分析。

第一，自我革命价值目标的差异性分析。人拥有世界上一切事物中最复杂的存在。人的复杂性可以从对人的生存和发展起重要作用的基本要素中得到显现，主要体现在自然要素、社会要素中。人的基本要素水平的差异性决定了人在追求自身发展过程中的差异性，进而也就造成了不同自我革命主体的价值目标的层次差异、方向差异等。例如，人的自然要素的复杂性决定了人的身体素质的差异性，而身体素质恰恰是人开展自我革命的重要前提条件。从人的社会要素来看，一个人的发展层次、发展方向又受到人的思想道德素质、科学文化素质、情感素质等的影响。无论是自然系统还是社会系统，都在一定程度上影响着自我革命主体的价值目标，具体

---

[1] 赖金良:《哲学价值论研究的人学基础》,《哲学研究》2004年第5期, 第18页。

体现在对每个层次的自我革命主体的价值目标的趋向影响上。

一是个体层面的自我革命的价值目标趋向。价值目标是人通过具体的实践活动想要达成的一种目的，它影响着一个人在一生中的努力方向与追求。自我革命作为以推动人的解放为目标的实践活动，离不开以个体、群体与人类为有机整体的社会主体的协同合作。其中，个体是相对于群体和人类而存在的人的单个存在物，个体的自我革命的价值目标影响着群体与人类价值目标的实现。个体是人的有机整体系统中的基本要素，个体的发展受其在社会结构中的地位、角色等的差异的影响。处于不同层次、不同地位的社会结构、接受不同科学文化以及思想道德教育的人，可能拥有着不同的人生目标。例如，有的人的人生目标很平庸，始终致力于自身的幸福；而有的人的人生目标却很高尚，始终致力于从为人民服务中获得幸福感。从独立的个体角度来看，每一种人生目标都是满足自身需要的反映。然而，人不是孤立的人，人不可能与周围的人脱离关系。人与人之间的社会联系表明，过度关注个人的幸福、个人得失的人生目标，从表面上看是无可厚非的，但是从长远来看，这种只注重个人需要满足的价值目标在很大程度上会驱动个体形成利己主义的价值观。而伴随着利己主义价值观的指引的行为活动便是对其他人利益的损害行为了。自我革命作为革命的一种实践类型，始终遵循推动人与社会的共同发展的规律。因而，人要想通过自我革命实现自身的发展，那么这种自我革命的价值目标趋向就一定是有利于人与社会共同发展的人生价值目标。当然，需要指出的是，即便是有利于人与社会共同发展的人生价值目标，也存在着一定层次上的差异性。例如，个体对自身的职业发展、技能发展等的一般生活上的追求与个体追求的德智体美劳的人格价值目标的追求之间，存在着人生境界上的层次差异。但是，无论哪种层次的人生境界追求，都是自我革命的目标趋向的重要组成部分。人的自我革命价值目标恰恰也反映了个体层面的自我革命主体是具有一定程度进步性的人才能开展的实践活动。

二是群体层面的自我革命的价值目标趋向。群体是由个体组合而成的、处于一定社会关系中的集体。集体有不同的表现形式，如家庭、阶级、政党等。不同集体的自我革命目标显然是存在差异的。而集体形成不同目标的根本原因在于集体内部利益的一致性。例如，家庭由于具有共同的血缘关系、共同的情感纽带而组合成的群体共同体，在维护家庭和谐、家庭幸福方面必然存在着根本利益上的一致性。人生境界不同的家庭的自我革命的目标不同。但从长远发展来看，实现家庭的和谐、幸福组成的价值目标趋向要符合自身的发展与社会的发展相一致的规律。阶级作为一个群体共同体，同样是一定社会结构内部，因共同的社会地位、利益分配等而形成的社会集团。不同的阶级具有不同的阶级立场，具有不同的利益、思想倾向、生活方式和社会交往方式等，而不同的阶级立场又反映着不同阶级的利益和要求的根本态度。政党作为代表一定阶级、阶层群体利益的政治组织，是由其集体内部的积极分子组成的。政党的价值目标受其所代表的阶级、阶层的利益的影响。不同的政党由于代表不同阶级的利益而表现出不同的阶级与政党境界。例如，资产阶级政党是代表资产阶级的利益、反对劳动人民群众的政党组织。资产阶级虽然在历史上起过革命的作用，但是由于其阶级局限性而不断限制了自身的政党境界，最终沦落到只能代表资产阶级的经济利益和政治统治的境界。自我革命的根本目的是追求人的解放，其主体力量离不开推动社会发展进步的人民群众。资产阶级政党所具有的政党境界的局限性使其丧失了自我革命的勇气与底气。无产阶级政党是代表无产阶级和劳动人民利益与意志的政治组织。无产阶级政党的先进性决定了其政党境界的先进性。无产阶级政党作为为全人类的解放事业而奋斗的政党组织，其所开展的自我改造的实践活动是真正意义上的自我革命，也是群体层面的自我革命主体的目标趋向的反映。

三是人类层面的自我革命的价值目标趋向。在马克思主义人学视域下，人类作为主体时一般包含两层意思：一层意思是指人类社会；另一层意思是指作为类的人，即强调每一个个人。每个人都是社会性的人，都处于一定的社会联系中，即人类社会的发展恰恰反映在每一个现实的人的发展过程中。因而人类社会与作为类的人之间是密不可分的关系。当然，由于人类是由每一个个体组成的与动物相区别的类，因而人类内部也必然有进步和落后之分。进步人类是进步个体与进步群体的统一，其人类境界也是进步的，以推动每个人的发展为价值目标追求。相对来说，落后的人类则是由落后个体、群体组合而成的，其所具有的对人生境界的追求也必然是落后的。人类中有先进和落后之分，也存在着普通的个体和群体。例如，普通工人、普通农民、普通知识分子等。普通个人虽然相对于先进个人对人类社会发展的影响较小，但也是人民群众中不可忽略的重要力量。因为人民群众在历史上的决定作用恰恰是普通个人的作用。人类是由每一个现实的人组成的有机整体，因而人类层面的自我革命的价值目标是体现最广大人民群众的利益的，以实现每个人的自由全面发展为革命目标趋向。

第二，自我革命的价值目标的整合性分析。马克思主义人学认为，社会生产力的发展总是在一定的交往实践中进行的。自我革命以推动生产力的解放为根本标准，而生产力内在地表征着生产过程中人与周围世界的关系问题，主要包括人与自然、人与社会、人与人、人与自我等之间的关系问题。人的社会性决定人不能离开与周围世界的关系而独立生存。人只有摆脱人与人之间的交往限制并不断进入世界历史进程中才能真正获得解放。人要想通过自我革命实现自身的自由全面发展，则需要实现世界内部纷繁复杂的各种矛盾斗争的真正解决，最终才能致力于"人和自然界之间、人和人之间的矛盾的真正解决"[①]。而这恰恰是每个人的人生价值的体现，即在发展自我、实现自我的同时，努力服务社会，为人民的幸福做出自己的贡献。

一是实现人与自然关系的和谐。人与自然的关系问题是马克思主义人学研究人的存在论的重要问题。人与自然是否和谐的问题影响到人是否可以得到充分发展。人只有与自然共同发展、共同进化才能实现这种和谐，而这也是人通过自我革命不断深化关于人的认识的重要目标之一。在马克思主义人学看来，人的个性自由是依附于自然、社会的人的发展目标，而与此相对应的是每个人只有在与自然、社会发生实际联系时才可以自由自觉地、独立自主地实现自身的预期目的。就人与自然的关系而言，自然界是人的个性自由发展的先在性的物质条件。无论是维持人的生命活动的生

---

① 中共中央马克思恩格斯列宁斯大林著作编译局编译：《马克思恩格斯文集》第一卷，北京：人民出版社2009年版，第185页。

活实践还是生产实践，人都离不开自然界的奠基，离不开对自然资源的获取。自然界本身在一定意义上可以说是人维持自身本性存在的基础与前提，它蕴含的植物、动物、空气、光以及食物、燃料等养分滋养着人的成长。人类要想实现生命的延续，就需要以自然为依托。人与自然的关系经历了人对自然的盲目崇拜到人类中心主义的观念转变过程。然而，人类竭泽而渔的行为也引发了大自然的报复，使自身处于生存发展的现实危机之中。人类社会最基本的实践活动是改造自然的生产实践。人为了实现自身的发展，其自我革命的目标之一就是实现与自然的和谐相处，即在尊重自然规律的基础上处理人与自然的关系，达成人与自然的和解，保护人的生存家园，在自然层面实现人的自由发展。因此，自我革命体现出来的推动社会发展的具体表现形式除了具备物质财富极大丰富与社会生产力高度发达的条件之外，还包含着实现人与自然和谐发展的价值诉求。和谐的自然环境为人们体验美好生活提供空间场所，帮助人们提升劳动过程中的享受感，使人进入真正的生存状态，进而实现人的自由个性发展。因此，人的自我革命的实现条件之一就是通过摆脱自然的奴役、资本的奴役与权力的奴役状态，通过保护人类生存家园的方式，在自然层面实现真正意义上的以人为本与个性自由。

二是实现人与社会关系的和谐。马克思主义人学认为，人不仅是自然存在物，更是社会存在物。人要想通过自我革命实践活动实现自身的发展，除了要化解人与自然之间的矛盾，还必须正确开展人与社会的关系问题的考察。马克思主义人学始终把人看作处于交往关系中的人，认为人脱离社会关系是无法独立存在的。人作为群居性动物，每个人都是以一定集合的方式在社会中的。个人的发展离不开人与人交往的关系的和谐与发展。人只有在人们共同努力之下，才能维持并满足个体生存、享受与发展的需要。人的社会存在性以及人与人之间的相互联系、相互促进的依赖关系，表明人在开展自我革命活动时必然会与社会中的他人、群体乃至社会国家等产生一定的联系。其中，人的自我革命实践活动源于社会的发展进步，同时人在自我革命中实现的发展也不断推进社会的发展。因此，从自我革命活动主体所处的复杂社会关系网中可以看出，自我革命不同层次主体的发展离不开主体间交往的和谐关系，因而也必然离不开对"各个人联合而成的虚假的共同体"①的破除。因为虚假的共同体存在于有阶级的社会之中，表现为自身阶级利益而形成的阶级联合。只有阶级消亡的"真正的共同体"的实现，人才能达到其本质的自由全面发展。然而，真正的共同体构建不是自发形成的，也不是对虚假共同体进行小修小补就能实现的。从虚假共同体到真正共同体的转变，离不开一次真正的革命，即包括个人、群体、人类等主体在内的自我革命。社会是人的集合。人的自我革命内在驱动着社会的革命。因此，人的自我革命活动在实现自我净化、自我发展、自我超越的同时，也内在地推动着社会的繁荣、发展与进步，实现人与社会之间的相互作用、相互促进。

三是实现人与人之间关系的和谐。马克思主义人学认为，人是一切事物中最复杂、最高级的物质运动系统。人的劳动实践不仅使人与自然、人与社会发生主客体的关系，同时人的主体的多层次性表明，人与人之间也始终处于主客体的关系之中。人与动物不同。动物可以消极地从自然界中获取维持生命的东西，以满足自身的需要。但是，人的需要是多样的。人要想满足包括生存、享受、发展在内的物质需要和精神需要，则必须以群体的方式参与实践才行。人不是孤立的、离群索居的存在，处于社会关系网络中每个人都与其他人有着千丝万缕的联系。个体离不开群体关系，也离不开人类的活动，类与群体关系正是由个体的联结而组成。也就是说，个体的自由自觉是在群体关系中实现的，而群体也恰恰体现了个体的合力作用。因而自我革命活动离不开不同层次的主体之间的相互交往。自我革命的最终目的之一在于实现人与人之间的和谐共处，保证真正意义上的每个人的自由全面发展。一切社会性的个人都是以一定形式依附于群体共同体、人类共同体等形式，并受共同体支配的。但是，共同体作为一种集体有真假之分，真正的共同体意味着阶级差别的消失，但是在真正的共同体实现之前，人却无法摆脱自身的阶级性。人在这种阶级属性范围内，所实

---

① 中共中央马克思恩格斯列宁斯大林著作编译局编译：《马克思恩格斯文集》第一卷，北京：人民出版社2009年版，第571页。

现的一切自由都是相对的，都是局限在自己阶级范围内的自由行使，而不是真正意义上的自由。阶级的差别表明自我革命主体的利益差别，经济利益的自发性与竞争性又催生了自我革命主体在发展状态、交往状态与生存状态等方面的片面发展。例如，货币作为一种社会价值的评价尺度来奴役人们的行动，成为异化的统治力量。这种状态以资本、权力等为基础的自由发展，这种自由发展不仅不是真正意义上的个人自由，更是在一定意义上取消了个人的自由。因此，自我革命主体要想实现真正意义上的个性自由发展，需要克服自由与限制之间的矛盾，打破资本、技术、阶级、权力等现阶段社会发展对个性自由的限制，彻底"结束牺牲一些人的利益来满足另一些人的需要的状况"①，使每个人都可以分享到自己创造出来的成果，为每个人的自由发展奠定基础，进而人类进入全面发展的社会。

四是实现人与自我之间关系的和谐。人是活动的主体，人通过劳动实践使自身从动物式的消极被动状态中脱离出来，进而转向积极主动的人的类生活的存在。人在转向积极主动的类生活的过程中，其主体性也不断凸显。马克思主义人学没有把主体与客体割裂开来。马克思主义人学认为，人只有在劳动实践中按照自己的目的和需要，作用于客体的过程中才彰显了人的主体性。因此，在考察主体性的人与客体对象世界的关系中，人除了作用于自然、社会以及其他人以外，还将人自身视为对象化客体。人的发展程度与人的活动的发展程度是内在一致的。人与自身的关系离不开人在实践活动中不断深化的对自我必然性的认识与自觉性的自我改造。自我革命作为人的实践活动的表现形式之一，在本质上正是人通过自己的活动不断正确认识自己、积极否定自己，进而实现自我的发展与创造的过程。因此，自我革命的目的能否顺利实现的重要因素离不开人与自我之间关系的和谐性。例如，从自我革命的具体开展过程来看。自我革命的开展首先需要自我反思，即正确地认识自我，进而开展自我分析，寻找自我面临的现实问题，化解矛盾，最后才能实现自我提升。人与自我之间关系和谐的

---

①　中共中央马克思恩格斯列宁斯大林著作编译局：《马克思恩格斯文集》第一卷，北京：人民出版社2009年版，第689页。

最终目标是实现人的身心的和谐，解决人在身体上以及精神上面临的危机。从身体上看，人与自我的和谐主要表现于身体的健康状态。从精神上看，人与自我的和谐主要表现为通过不断深化自我的认识与实践，不断端正并提高自我的个性、需要、审美、自由等认识活动与实践活动，不断提高自我的胆识，不断提高自我的幸福感，不断提高自我的满足感，等等。人们在浮躁的社会中有时会出现异化的自我需要，这种需要破坏了人的身体与心理的和谐关系。例如，有的人会为了追求心理层面的成就感而消耗自己的身体，使身体处于亚健康状态，造成身心关系的失衡。自我革命正是人在正确地认识自我面临的矛盾与冲突后，通过消除人的自我异化与自我冲突的部分，使人真正回归于人本质的自由自觉的实践过程。人在自我认识、自我革命中不断磨炼自我、扬弃自我，使自身充分发展并趋向自我实现的理想状态，最终才能达到个体自身的内在的真善美的高度统一。

小　结

为了科学把握自我革命的发展规律、为自我革命的系统研究奠定基础，本章对自我革命的一般规定做出系统把握与分析。本章首先对自我革命做了科学内涵的分析，然后在明确内涵的基础上把握自我革命的构成要素并分析其主要特征。

本章旨在解决马克思主义人学视域下的自我革命是什么的问题。其一，本章对自我革命的主要概念做了分析，主要包括"自我""革命""自我革命"的相关分析。通过概念的分析，得出了自我革命是具有根本性、超越性、彻底性的，旨在根除自身落后部分的内在指向性的革命实践活动。自我革命作为一种实践活动，在实践进程中也凝聚出了自我革命的精神品格。其二，从自我革命的构成要素来看，自我革命作为一种实践活动，离不开主体、客体与中介的必备要素的参与。其中，需要强调的是自我革命的主体部分的分析。从一般意义上看，自我革命作为一种实践活动，其主体泛指个体、群体乃至人类整体等主体。但从自我革命的性质、特征、目标等方面来看，自我革命又具有一定的特殊性。自我革命的实现以体现着人民群众的根本利益为条件。其三，依据自我革命的概念、构成要素的相关分析，揭示了自我革命作为一种特定的实践活动所具有的特征。自我革命主体的内在指向性决定了自我革命具有自觉性特征、自我革命的实践运动过程决定了自我革命的曲折性、自我革命的程度与目标的深远性决定了自我革命具有彻底性的特征。其四，自我革命不是漫无目的的自我改造的实践活动。自我革命从开展到实现都坚持着合规律性与合目的性的统一。因此，为了确定自我革命的方向，本章揭示了自我革命的价值目标，指出了自我革命主体是包含个体、群体与人类在内的有机统一。主体的有机统一性，决定了先进主体在自我革命时必然要遵循社会历史发展的必然规律，即坚持人与自然、人与社会、人与人、人与自我之间的和谐统一。

　　总的来说，从自我革命的一般层面来看，自我革命是个体、群体、人类整体等不同层次主体，借助教化作用实现主体自我意识觉醒，通过对自身落后于社会发展规律、落后于人类发展价值诉求的因素展开审视、反思、批判与革新，对主体自我开展螺旋前进的、彻底性的革新性活动。但根据自我革命主体的程度、目标方向等的规定，自我革命主体又具有特殊性，离不开代表先进生产力的无产阶级及其政党这一特殊主体发挥作用。本章通过对自我革命一般规定的归纳与总结，可知自我革命不是自发性的实践活动，而是一项理解自身实践意义、明确自身实践目的、可以预见自身活动方向与后果的自觉性活动。自我革命的自觉性程度受到社会历史条件的制约，社会越发展，社会主体的自觉性程度就越高。自我革命具有自觉性特征，这表明自我革命是一种自觉自愿的活动，是主体为了追求长远目标而自愿执行的活动。自我革命主体可以自觉自愿地开展程度深、强度大的刀刃向内的革命活动，究其原因，主要源于一定的驱动力量推动这一实践活动的向前发展。因此，本书将在下一章探讨马克思主义人学视域下自我革命的驱动要素，以深刻把握自我革命开展的可能性因素、抓住自我革命实践活动不断向前推进的根本。

第三章　马克思主义人学视域下
自我革命的驱动要素

马克思主义人学视域下的自我革命，是主体在一定社会历史性范围内，从自发性到自觉性发展的主体性、内在性、革新性的实践活动。这一性质的自我实践，表现出的自觉性特征，在某种程度上说明自我革命开展的驱动要素主要源于主体自身的地位、需要与追求。因此，为了增强自我革命主体的自觉性意识程度、拓宽自我革命主体范围、实现彻底的自我革命，推进个体、群体、人类整体等不同层面主体的全方位发展，本章将着重对自我革命开展的驱动要素做出相关分析，以对保证自我革命的实践活动进程始终保持稳步前进的发展因素进行探索。

第一节　人的主体性

马克思主义人学认为，人不是孤立的、抽象的、静止的、感性直观的存在物，而是处于现实中的、从事感性实践活动的人。"世界不会满足人，人决心以自己的行动来改变世界。"[①]人是实践活动的主体，人按照自己的目的和需要，通过对象性的实践活动表现自己、发展自己、实现自己。人在这种对象性活动中表现出的主体地位，就是人的主体性。自我革命作为一种实践活动，正是人从主体地位出发，借助自身的主体意识，依据主体的能力，为实现自己的目的而表现出来的能动性、自主性、自为性的占有客体的对象性活动的体现。

---

① 中共中央马克思恩格斯列宁斯大林著作编译局编：《列宁专题文集：论辩证唯物主义和历史唯物主义》，北京：人民出版社2009年版，第138页。

一、主体的能动性

马克思主义人学所理解的人与以往唯心主义、旧唯物主义哲学所理解的人不同。马克思主义人学否认人局限于抽象的、感性直观的人之中，认为应该在社会历史领域关注现实的人。现实的人通过自身的劳动实践不断从自然界中分化出来，形成了脱离动物层面的、受动的人的依赖状态，而转向主体能动的状态。人的主体能动性是个体、群体以及人类在社会实践过程中所发挥出来的认识与改造对象客体的能力。人依据这种能力可以能动地克服对象客体表现出的反作用力，最终达到自己的目的。自我革命是主体内在指向性的认识与实践活动，是自我革命主体与客体相统一的表现，体现了主客体的双向运动过程。其中，客体主体化的运动过程体现为客体对主体的反抗。人为了能够克服这种受动性的障碍，离不开驾驭客体的主体能动性，并在实践运动中强化这种能力。

一方面，自我革命是主体活动的自觉选择。自我革命是主体开展的内在指向性的实践活动。这一活动以主体自我对整体长远目标的追求和信念为动力，离不开主体的自觉性选择的重要能动作用。主体开展自我革命的实践活动以及这一活动的深化程度与活动走向，主要在于主体对于自己身份的认识及其内在承载的精神、责任与义务等身份认识的自觉选择。主体对自身身份的认识到自觉选择的过程中，能够获得基于自身身份的能动性的、积极改变现存事物的现状的自觉意识。如人们所知，马克思主义人学强调的主体是包括个体、群体与人类范围的现实的人。那么，处于群体内部的主体由于在群体内部对自己生活于其中的、对自己归属的共同体的认知以及对这个共同体的构成的群体层面的热爱与认同，其中包括认识、态度、情感、信念等各个方面的认同。人在这种群体共同体的价值选择中形成了凝聚着共同的利益或情感价值的共同体的存在方式。当现实的困境如分裂主义、虚无主义等价值观破坏群体的团结与和谐时，作为群体的主体便会发挥主体的自觉能动性作用，并积极主动地改变破坏情感认同的障碍等。自我革命作为主体对自身的变革性活动，是主体在基于对自身的身份认同而产生的自觉性意识的基础上，改变自身不符合身份认同部分的实践活动。当然，自我认同不是固定不变的，它会随着人的自我认识情况、社会环境的变化情况，不断呈现出有时强化有时弱化的发展变化情况。例如，人们在进行社会交往时，"从对方获得一定的物质、能量、信息充实和丰富主体自身"①。因此，自我革命作为主体的自觉选择性的活动，也体现为一种历史的、发展的存在，而不是一成不变的、满足于现状的特有规定性的存在。

另一方面，自我革命是主体创造性的体现。马克思主义人学认为，人所具有的完整的主体创造性是其意识能动性的最高表现，是"'完整的主体'……的从全部才能的自由发展中产生的创造性的生活表现"②，是主体的自我扬弃式的发展。主体自我的发展虽然以遵循历史发展的必然规律为前提，但这并不意味着人只能受动地依赖对象世界。人在自我革命的实践活动中处于主体地位。人的这种主体地位恰恰体现在人并不满足于自身的受动状态，而是在认识到自身的受动性之后，仍然努力追求、创造满足自身需要的对象世界，不断扬弃、超越自身的受动性。人不断追求自身需要的过程不是一种集成事物而是一种发展过程，是过程的集合。也就是说，人作为现实世界的社会存在处于事物自身发展规律之中，也是处于不断化解矛盾的过程之中的。人克服自身的局限性实现自身辩证运动的发展过程，离不开主体的能动创造性的发挥。人作为主体在自我革命的实践活动中所表现出的创造性是主体的自我创造，是主客体双向运动的内在的革命性活动。主体创造性作用的发挥离不开主体正确的对象意识，也离不开主体自由自觉的自我意识，更离不开对象意识与自我意识统一起来而形成的以真善美为导向的实践意识。人借助这种实践意识作用于客体对象，使之呈现出实在性的对象性结果，并以这种对象性结果反观主体自身。当人认识到主体自身的落后面貌时，才有可能通过自我的螺旋式的辩证扬弃运动推动主体自身的发展。自我革命作为一种革命实践活动，正是主体借助自我反思、自我创造的能动力量，对自我不符合社会历史发展规律的部分做出的自我辩证否定式的发展活动，进而实现的自我扬弃与自我发展的活动。

---

① 陈树文、陈金美：《主体实践能力系统结构初探》，《探索》1992年第2期，第43页。
② 中共中央马克思恩格斯列宁斯大林著作编译局译：《马克思恩格斯全集》第三卷，北京：人民出版社1965年版，第248页。

二、主体的自主性

马克思主义人学认为，人作为一种对象性的存在物，对外部世界具有依赖性。但是，人的这种依赖性并不是动物式的绝对的依赖，而是在认识到这种依赖性的基础上，借助自己的力量，按照自己的需要来自主地掌握外部世界、掌握自己的命运。马克思主义人学强调人的自主性不是空洞的，更不是抽象的，而是建立在一定社会生产关系基础上的主体能动性的发挥。当人的自主性得到充分发展时，人就具备了充分发挥自身主体的本质力量和才能的可能性，进而才能以自身的发展推动社会历史的发展。自我革命作为革命主体自主开展的自我否定、自我扬弃的实践活动，其本质是对人的落后于社会发展规律部分的积极扬弃。自我革命的目的是人在自由自愿的实践劳动过程中不断占有自己的本质，进而使自身具有真正意义上的人的完整性。因此，自我革命的开展是人的主体自主性的彰显，是主体按照自己的意愿活动的行动方式。

一方面，自我革命以拥有自主性的主体为实践前提。人是实践活动的主体。马克思主义人学关注人的主体问题，更关注人的主体性的彰显问题。对于马克思人学来说，自主性是体现人的主体地位的重要方式。主体的自主性以发挥人的本质力量以占有生产力总和为基础。主体自主性的发挥程度体现了主体对劳动过程、劳动产品的占有程度。丧失了主体自主性，意味着人的本质力量的丧失，意味着不能占有自己的劳动产品。因为"在他们那里已经失去了任何自主活动的假象"[1]，就连人的生命都不再属于人自身，人只有牺牲自己的生命才能维持自己的生存。相反，对于那些真正具有自主性的人，无论从生产生活的哪个方面来看，如生产实践、生产资料、社会财富等，都是归属于主体自身的。主体通过对自身自主性的充分、不受限制的占有的自主劳动是一种自由自觉的实践活动。自我革命的实践活动受到具体的、历史的社会历史条件的影响。自我革命实践活动是在主体对生产力总和的占有进而对自己实践对象的占有的基础上开展的实践活动，

---

[1]　中共中央马克思恩格斯列宁斯大林著作编译局编译：《马克思恩格斯文集》第一卷，北京：人民出版社2009年版，第580页。

是对主体自我异化部分的否定，是主体对自身开展的自我改造式的革命活动。自我革命实践程度既受到社会环境的影响，也受到主体本质力量和才能的发展水平与发挥程度的影响。因此，自我革命的开展与实现并不是偶然的，也不是随机的。它以主体占有自身本质力量的基础上自主性的充分发挥为前提。也就是说，社会主体自主性的充分程度，依赖于主体所生活的特定社会历史条件的变化。因为随着生产力的发展，总有一部分会慢慢落后于生产力的发展步伐，进而演变成为社会主体发展的桎梏。因而社会主体的自主性充分发展的过程是曲折且漫长的。因此，已成为桎梏的那部分需要通过自我革命的方式实现被积极扬弃。当然，只有共产主义社会才能够使人充分占有自身的本质力量，才能够使自主性得到充分的、不受限制的发挥。

另一方面，自我革命是主体主动扬弃自我的实践活动。马克思主义人学坚持主客体统一的历史辩证法，这种主客体关系不仅表现在人与自然、人与社会之间，而且也表现在人与自身之间。马克思主义人学坚持客观世界的客观实在性，认为即使人把自身作为对象化客体，归根到底也要遵循客观世界的客观规律。但马克思主义人学强调的现实的人并不是被动地依赖这种外部对象世界，而是在意识到这种受动性的同时，仍然积极主动地掌握自己的客体对象。自我革命正是主体积极主动扬弃自我的表现。自我革命是主体在与自身发生对象性关系时，不断掌握自我、占有自我的过程。自我革命主体随着社会历史的发展进步，可以通过自我的改造、扬弃与发展，不断实现对人的本质、完整的人的占有。人的自我扬弃、自我发展，也会随着人与人之间的社会交往关系而不断改变着其他的社会主体。也就是说，个体通过自我革命实现自我发展的同时，也在推动着整个人类的发展，进而实现个体、群体和人类的有机系统的整体发展。因此，从一定意义上说，自我革命实践活动正是拥有自主性的社会主体积极扬弃自我、实现自我发展的自我革新性的实践活动，是主体自主性在实践过程中的积极主动性的彰显。

三、主体的自为性

自我革命表征着人作为实践主体与对象自我发生的主客体关系。"凡是有某种关系存在的地方，这种关系都是为我而存在的。"①自我革命作为主客体关系的体现，反映的是人为了使自己实现自身需要，而不断与对象客体发生的关系。也就是说，自我革命作为主客体统一的实践活动，是一种为我性的活动。自我革命表征着人作为主体与客体自我发生的对象性关系。它受主体的预期目的影响，受主体的能力、需要、目的的影响，是主体从自我的内在尺度出发所展开的选择。这种选择就是主体劳动实践活动中展现出来的主体自为性。人的主体自为性可以使周围世界按照自己的目的来发展变化，以最终实现自己的目的。因此，自我革命活动作为满足主体发展需要的实践活动，是主体自为性的实践选择。

　　一方面，自我革命的展开以主体的目的选择为起点。主体之所以可以被称为主体，其中一个很重要的原因在于主体意识的目的性与计划性。动物所开展的活动都是本能的、无目的的生物性活动。当然，主体意识的目的性并不是天然生成的，而是意识作为人脑特殊物质器官的机能反映。然而，人作为主体与动物不同。人所开展的主体实践活动是带有预先设置好的目标与动机的活动。这一目的计划性体现了人对动物依赖性、受动性的扬弃与超越。马克思曾经用建筑师与最灵巧的蜜蜂之间的关系做比较，证明建筑师作为人所表现出的意识的目的性，揭示出对于有主体意识的目的性的人来说，劳动过程、劳动结果早就以意识的方式存在于大脑之中了。正是人的这种目的性和计划性，推动人可以自觉地按照自身的需要对实践活动的方式方法进行设定。自我革命活动开展的整个过程都离不开人的主体意识所构建的目的与要求的驱动。自我革命不是随机的实践活动。正如革命是为了推动生产力的发展一样，人的自我革命也是为了实现人的发展与社会发展的一致进步。在马克思主义人学看来，人的发展目标是在不断实现自我发展的同时实现人与人之间的真正联合，并在这种联合中，实现每个人的自由全面发展，最终实现人对自身本质的真正占有。人对本质的真正占有意味着生产资料私有制的彻底消失，意味着生产力水平的高度发

---

　　①　中共中央马克思恩格斯列宁斯大林著作编译局编译：《马克思恩格斯文集》第一卷，北京：人民出版社2009年版，第533页。

达，意味着人的异化状态消除。正是为了破除这些现实障碍、推动人的自由全面发展的目标，成为人不断自我革命的动力。因此，自我革命的展开是主体的目的选择的结果。

另一方面，自我革命的实现以主体的意志调控为支撑。如前所述，主体的活动是一种为我性的、满足自身需要的实践活动。主体在实践过程中的每一个举动都是围绕自身的目的与计划而展开的。人的目的与计划的产生又离不开人的自我意识。正是由于人是有意识的生命存在物，"他的活动才是自由的活动"①。意识的产生使人开始有了自身和他者的区分，并产生了主体与客体之间的矛盾。主体为了改造客体、化解客体对主体的制约作用，必须借助意志的选择、判断与支撑。自我革命是主体扬弃对象自我的活动。这一活动包含着主体自我对客体自我的改造，也包含着客体自我对主体自我的抵抗，因而是自由与不自由的集合。其中的不自由性就决定了主体要想实现改造客体的目标，就必须强化坚强的意志力，包括对自我革命清晰的目标指向与意志信念的持久力等。意志是一种心理状态与心理倾向。主体不同，意志品质高低也不同。好的意志力是在后天的学习实践中不断锻炼形成的。意志自制性能力差且易冲动的行为的人由于缺少意志的监督，在思想上、行为上表现为容易受到外界的刺激并引发盲目的、不理智的、有时候容易后悔的行为，甚至可能出现不利于自身目的的行为。人的实践活动尤其是需要付出努力、坚持等性质的体力劳动和智力劳动，更需要意志力的支撑。自我革命是主体自觉性的实践活动，在一定程度上可以表现为自由的实践活动。但是，这一实践的不自由性体现在，它是依据具体的、历史的现实条件展开的实践活动。也就是说，自我革命是一项刀刃向内的革命性活动，是一项勇于克服自身一切不符合社会发展要求的部分的行动，如对追名逐利、贪图享乐、信念动摇、拈轻怕重等问题进行彻底消灭的浴火重生的行动。因而，自我革命又是一项不自由的活动，它需要刮骨疗毒、壮士断腕、不怕流血牺牲的巨大的勇气去支撑，去实施。这

---

① 中共中央马克思恩格斯列宁斯大林著作编译局编译：《马克思恩格斯文集》第一卷，北京：人民出版社2009年版，第162页。

样彻底的革命性活动需要坚定的意志的支撑，任何盲目、冲动的意识与行为都存在遇到困难畏缩不前的情况，阻碍自我革命的步伐。

第二节　人的本性需要

马克思主义人学认为，人的需要是人的本性，是人的存在的内在规定性。任何人的行动都离不开自身的需要并通过一定的利益形式表现出来。人的需要是人为了自我保存和自我革新而进行一定活动、发生一定交往的内在动因。人的需要和动物的需要不同。人的需要不仅体现在生物性的机能上，更体现在社会性的机能上。人的需要是在社会历史变动发展过程中逐渐形成与发展的，主要包括生存、享受与发展等不同层次的需要。生存需要是人为了维持自身的生命、保障正常的生活而不可或缺的最首要的需要。生存需要是人的全部需要的基础。人在满足生存需要的基础上还有改善生活质量等享受层次的需要。随着人类历史的发展与进步，追求人的自由全面发展的本质则会变成人的更重要的需要。人的自我革命的实践活动正是在社会历史发展的趋势下，在不断满足自身生存需要、享受需要、发展需要的基础上的自我更新的现实表现。人们在不同层次需要的内在驱动下，不断展开自我革命活动，不断克服自身的局限性，不断朝着人的自由全面发展的方向趋近。

一、生存需要

马克思主义人学认为，人和动物的本质区别在于人能从事生产劳动。人的生产实践水平的高低与其所生活的社会生产力水平密切相关，而实践活动本身也反映着整个社会的历史发展轨迹。人的需要正是在人与周围世界的劳动实践中确立并发展的。人的需要作为主体的生物机能与社会机能的体现，不是自我生成、自我发展的，而是以一定的客观物质力量为依据。但是，人的需要一旦确定，便会转过来成为人的行为动机，影响人从事生产生活的实践活动。自我革命是人的实践活动的重要表现形式，是一定社会历史条件下现实的人的需要的反映。其中，生产物质生活本身是人类历史过程中的第一个前提，也是人开展自我革命的重要内容。社会历史的演变与发展驱动着人的生存需要的提升与丰富，而人的生存需要又驱动着人不断以自我革命的方式提升自己，以满足自身的生存需要。

第一，人的生存需要驱动人不断自我革命，以提高改善劳动工具的能力。马克思主义人学将人的需要划分为不同的层次，其中首先需要满足的是生命活动的维持，即生存需要的满足。人与动物满足生存需要的方式不同。动物在满足自身生存需要时只是受动地、消极地适应环境。人则是通过发挥自身的主观能动性，通过制造劳动工具来提高自身改造世界的能力。正是劳动工具这种人所特有的、可以超越人体器官限制的"人工器官"，使得人在一定程度上提高了利用自然、改造自然的能力与水平。因此，生存需要的满足离不开劳动工具的更新与进步，而劳动工具的革新又必然离不开主体相应能力的自我革命。人要想在不断前进的社会历史中始终满足自身的生存需要，就要不断革新自身旧的劳动方式。例如，不断诉诸劳动工具的提升和改进。而这无疑是对社会主体能力本身提出了新的要求，即在提升创造能力发明新的生产工具的同时，又要不断提升把握新的劳动工具的能力。劳动工具是生产劳动实践活动的外化，是解放人的双手的重要手段。例如，风机、水电站、太阳能等都是人类在驾驭自然过程中的外化与表现形式，是人类劳动工具不断更新的体现。人类在最原始的阶段并没有先进工具的产生，而是用石头、树枝等作为谋生的手段，这样落后低下的生产力水平使人陷入朝不保夕的生存窘境中。面对险恶的自然环境，人们为了满足自身正常的生存需要，在日常的实践训练中不断摸索劳动工具的改进与提升，实现了粗糙石器向磨制过的石斧、石锄等劳动工具的转变以及青铜工具、铁器工具的转变等等。马克思主义人学承认劳动工具出现的必然性，重视劳动工具在社会生产中的推动作用，指出"机器上的工具不是用人力推动，而工具的原动力才是人"①。但同时，生产工具的历史演进也反映了人的生存需要的满足与新的生存需要的驱动下，人的主动性的自我革命。因为生产工具的更新与使用依赖人通过学习实现的符合人类历史

---

① 中共中央马克思恩格斯列宁斯大林著作编译局译：《马克思恩格斯全集》第四十七卷，北京：人民出版社1979年版，第453页。

发展规律和趋势的自我发展与自我革新。

第二，人的生存需要驱动人不断自我革命，以适应劳动对象选择的日益多元化。在马克思主义人学看来，"劳动创造了人本身"[①]，生产实践是现实的人存在的基础和前提。生产实践决定着人的形成、存在以及存在方式。其中，人的物质资料生产体现了人最基本的实践活动，也体现了人的独特性特征。物质资料生产是主体获得生活资料，维持其最基本的生存与发展的决定性环节。物质资料生产的对象就是人在从事物质劳动过程中的客体对象。人的劳动对象有多种选择性，而选择不断多样性的过程恰恰也是反映着人通过自我革命不断提升自身相应能力的过程。当人类处于最初"人的依赖关系"的社会形态之中时，由于生产力水平的状态十分低下，所以人的劳动对象主要是自然环境，即通过人的联合的方式同自然界进行物质交换。人们获取物质资料的方式主要是通过人对自然的占有的方式，例如采集天然果实、狩猎野生动物等劳动对象来满足自身的最基本的生存需要。从自然界对人的生存发展的作用来看，人无法离开自然界而生存。自然界是人无机的身体，人离开自然界无法获得生产资料与生活资料。但是，在"人的依赖关系"下的自然界与人之间是完全异己的、不可制服的对立关系。同时，自然环境的恶劣与不确定性增加了人维持自身生产生活的不确定性。因此，人的生存需要使自身开始了自我更新的进程。人在革新中不断拥有了把握更加进步的劳动工具的方式，也进一步开拓了自身实践的劳动对象。人们开始从原始的采集狩猎中驯化出对农作物的生产与养殖，再到工业时代的石器制造、纺织业制造等多元劳动对象。劳动对象的演变意味着社会的存在状态、社会形态在发生变化，而处于社会关系中的人无疑是推动社会变革的主体。随着社会历史的演进与发展，人的劳动对象也变得越来越多元化。人不再满足于人与自然之间的物质交换，而是向着更多新的满足人的生存需要的方向发展。人的自我革命伴随着自身生存需要的发展，也必将是一个永无止境的实践过程。

---

①　中共中央马克思恩格斯列宁斯大林著作编译局编译：《马克思恩格斯文集》第九卷，北京：人民出版社2009年版，第550页。

第三，人的生存需要驱动人不断自我革命，使人自身劳动能力不断增强。人是随着社会历史的发展而不断发展的，其中包括人的劳动能力的发展。在资本主义商品经济出现以前的自然经济条件下，人与人之间的劳动能力差异主要以人的生理差异以及自然环境的差异为依据。然而，随着人类进入资本主义商品经济社会，人要想维持自身的生存需要，则不能仅仅局限于改造自然的能力方面了。资本主义商品经济社会的标志是私有制的机器工业生产。在这一社会形态下，人要想满足生存需要，就要有革新自身驾驭新的生产工具的能力。人的劳动分为体力劳动与脑力劳动。在资本主义社会，无论何种劳动都被资本家视为集使用价值和价值于一身的商品，并被资本家以一定价格购买。那些出卖劳动力的劳动者为了维持自身的生存，避免沦为乞丐、流浪汉，只能不断变卖自身的一切物质的与精神的存在。工人为了维持自己最基本的生存需要，只能通过竞争提高自身劳动技能水平、运用机器的熟练水平等方式提高劳动生产率，使自己具备占有更多的现有的生产力总和的能力。工人劳动能力的提升可以增加自己在市场竞争中的地位和优势，最终在激烈的社会竞争中存活下来。当然，竞争不仅限于资本主义社会。竞争是人与人之间交往的基本形式之一，其实质就是寻求生存、寻求发展。竞争拥有"吞噬掉一部分日益衰弱的力量"[1]。人正是在竞争的交往过程中，使自己始终保持自我革新、自我完善和自我发展的。人们在竞争的交往关系中，实现的个体能力的提升又可以推动整个社会的前进与发展。因此，当旧的生产力与新的社会秩序不再相容时，社会的整体发展又对人提出了新的自我革命的要求，即对人的劳动能力水平也提出新的发展要求。

二、享受需要

马克思主义人学认为生存需要是人最基本的、维持生命的首要的需要。但是，当人的生产生活的必需品已经足够满足人的生存需要时，人的需要就不再仅仅停留在生存层次了，而是开始朝着更高水平的需要前进，并为

---

[1] 中共中央马克思恩格斯列宁斯大林著作编译局译：《马克思恩格斯全集》第一卷，北京：人民出版社1956年版，第623页。

更高水平的需要而斗争、努力。马克思主义人学反对禁欲主义，认为享受需要也是人的本性需要，是生存需要的更高层次的需要，是生存需要的延伸。马克思主义人学强调的享受需要的满足是正当的、合理的需要，反对虚假的需要与过量的需要。享受需要的满足为人的综合素质水平的提升提出了更高的要求，例如自然素质、社会素质、精神素质等不同层次的素质，以推动人的不断向前发展。在这个意义上可以将其看作是自我革命的驱动要素。

第一，享受需要驱动人不断自我革命，以推动人的自然素质日益提升。自然素质主要强调人的生理素质的体现，如人的生命系统等方面素质状况的体现。而人作为自然存在物，其身体素质的表现离不开人与自然之间的关系。人的身体素质首先受自然环境优劣的直接影响。人与自然之间的关系，即人的自然素质对人类的生存、享受与发展需要的满足具有重要作用。当人的需要仅仅落脚于生存的需要时，人与自然之间的关系只是最基本的物质基础关系。人在这种基本的物质生产关系中更多地呈现为对自然的一种占有。但当人满足了最基本的生存需要之后，便有了美好生活的需要，包括身体健康、寿命长短等方面的要求。而这就产生了抵触物质生产过程中存在的对空气污染、水污染、噪声污染等破坏生态的需要。相对来说，环境适宜人们生理需求的地方更能促进人的生存与发展需要，而环境较差的地方也容易引发个体出现地方病等疾病。自然界有自我净化的能力，但是当自然界的自我净化能力低于人类主体生产污染的能力时，自然界的环境质量就会下降，进而反向报复人类主体。从这个意义上说，享受需要的产生对人的自然素质水平不断提出新的要求。它要求人们一方面不断革新自身在适应内环境与外环境的过程中的自我调适能力；另一方面它也在认识领域为社会主体如何对待与自然的关系的认识提出了新的要求。也就是说，人与自然的关系，不在于征服，而在于尊重，即人能够在多大程度上尊重自然的规律，并正确认识和运用规律，进而"正确处理人与自然的关系"①。

---

① 中共中央马克思恩格斯列宁斯大林著作编译局编译：《马克思恩格斯文集》第九卷，北京：人民出版社2009年版，第4页。

基于马克思对人类历史进程的分析，人与自然之间的关系历经了"被动"向"主动"的发展，人与自然的交互性关系历经了"征服"到"和谐"的发展。这一发展历程指明了人与自然关系的最终走向。经过对人的享受需要的分析，可以看到，只要人与自然的关系还没有发展到真正和谐的程度，人的自我革命就有存在的必要性。因为，只有当人类社会发展到共产主义时，人与自然的关系才能达到真正的和谐。此时人的劳动不再是一种对象化的、异化的劳动，而是为了实现人与世界关系的真正和解。

第二，享受需要驱动人不断自我革命，以推动人的社会素质日益提升。社会素质是人在具备自然素质的基础上，后天习得的素质。人不仅是自然存在物，也是社会存在物。人的社会性决定了人的社会素质的形成与发展必然受到社会环境的影响与制约。例如，人所生活的社会的文明进步程度、社会生产力的发展程度等等。人的社会性不仅决定了人的社会素质的变化与发展，也影响着人的需要的演变。人的社会性决定了人的需要也是由社会产生的，人的需要的考察以社会为前提、衡量尺度。正如不同的社会文明程度会影响人的素质水平一样，人的素质作为人的各种特性在现实的人身上的具体体现，必然也会随着人类生存和发展的需要而不断改变。社会发展水平的高低对人的需要提出不同要求。层次较高的享受需要的产生是在文明水平较高的、社会体系发展较完善的社会环境下产生的，这样的环境不以剥削其他人的享受需要为前提条件，以个体与集体的和谐为标准之一。社会主义社会相较于资本主义社会是发展水平更高的社会文明形态，在社会主义社会中人更倾向于关注人的需要的丰富性的重要意义。然而，在资本主义社会，人的需要却表现出了完全相反的特征。每个人都试图创造出可以满足自己私利的、为自己所支配的本质力量。马克思主义人学认为，每个人享受需要的满足离不开社会生产力水平的提升。自我革命作为解放生产力、发展生产力的重要方式，是人满足自身的多元需要的必然选择。例如，人必须摒弃个人主义基础上的自我中心利益观，拒绝把个人利益凌驾于社会公共利益之上；要坚持以集体为本位、以社会的团结稳定与整体利益为目的的价值观。无论是人的价值观还是利益观的转变，只要是有利于社会发展进步的革新，都可以看作是一定程度上的自我革命。社会主义社会坚持以集体主义的价值基础为支撑，以人民群众的共同富裕为目标，致力于通过社会生产资料的公有制与公平分配，保证人的需要可以被满足并同时具备产生新的需要的能力。因此，自我革命的主体无论是个体、群体还是进步人类，要想真正满足自身的享受需要，必然离不开以自我革命的方式，不断树立正确的理想信念、价值理念和道德观念。

第三，享受需要驱动人不断自我革命，以推动人的精神素质日益提升。马克思主义人学反对资本主义社会强调的禁止一切享受需要的生活，反对把精神层面的享受置于彼岸世界中，反对人在现实世界中体验到的物质与精神层面的感觉都是一种单纯的异化的感觉状态。这种异化的感觉不仅作用于被剥削者，同时也作用于剥削者。但不同的是，对于剥削者来说，这种异化是享受需要的充分满足，而对于被剥削者来说则是赤贫。因此，在资本主义社会，资本家反对工人实现享受需要的满足，这意味着工人自身的享受需要被剥夺。马克思主义人学始终认可享受需要的合理性，例如对艺术的追寻与享受，都是享受需要的一种，也是人的本性的真正体现。真正意义上的享受需要外化的精神力量是不断确证自己的本质力量，而不是精神的异化。从这个层面来看，人不断确证自己本质力量的过程正是人不断自我革命，以满足自身的享受需要的过程。例如，人们对物品的艺术层面不断追求，离不开人的精神素养的相应提升。因为，人对艺术的需要的追求过程中离不开人的精神素质水平的积淀。同时，随着人对艺术等精神层面的需要的丰富化，也必然带动人关于精神层面的素质水平的提升。正如马克思所说，"如果你想得到艺术的享受，那你就必须是一个有艺术修养的人"①。而要想始终成为一个有艺术修养的人，就离不开与时俱进的科学文化素养的培养。人对艺术的追寻本身正是对人的精神的净化过程，精美的艺术可以育人、可以化人、可以丰富人的精神世界、可以培育人对待周围事物的美德品质，不断完善人的人文素养的全面性等。因此，人不断加强德育培养、完善精神素养的过程，正是人的自我革命实践活动的内在要

---

① 中共中央马克思恩格斯列宁斯大林著作编译局编译：《马克思恩格斯文集》第一卷，北京：人民出版社2009年版，第247页。

求之一。当然，人在实现享受需要的满足时，需要注意的是享受需要自身的合理性、正当性。例如，吸毒、赌博等层面的享受不是人生存与发展过程中的合理需要，而是外部错误导向以及人自身盲目追求的不合理的需要。

三、发展需要

人的需要是动态发展的，是处于否定之否定的螺旋上升的前进状态的。马克思主义人学认为，人的需要是发展变化的。当一个人满足了自身最基本的生存需要，便会产生更高层次的享受需要与发展需要。马克思主义人学认为，享受需要在一定意义上属于生存需要的延伸。但是，人的需要不仅仅局限于享受层面。随着人类历史的发展与进步，发展需要逐渐成为人的最高层次的需要，主要包括人的个体的发展的需要与人类的发展的需要。发展的需要在一定程度上成为自我革命重要的驱动要素，而要实现发展，也需要不懈的自我革命。

第一，发展需要驱动人不断自我革命，以实现人的个体的发展。个体是现实的人的一种存在的形态。发展需要首先要驱动的必然是人的个体的变化与发展。个体的变化发展是一个在实践变化基础上实现的物质变化过程，也是一个精神活动的发展过程。从人的物质变化过程来看，人的发展主要表现在人的身体的发展与成熟上。例如，从通过幼儿时期的人脑到人的思维、通过人的器官到从事实践劳动的发展需要。人一旦有了发展需要，便意味着人不再满足于自身的现有条件，而是致力于突破自我界限，追寻更高层次的自己。自我革命作为主体不断革新客体自我的实践活动，恰恰是人突破自我的必然选择。当人获得了健康的体魄时就会追求精神层次的丰富性，在获得一份稳定的收入时就可能会产生对更高收入的需要等等。因此，除了人的身体的发展变化之外，人的发展需要更多地表现在实践活动的发展变化引发的精神层面的变化上，即人的发展需要驱动个体更多地占有自己的精神成果。但是由于个体的认识不同、利益不同，造成人与人之间的人生境界的差异。例如，有的人存活一生只是为了改善生活以实现更好的生活，而有的人则将自己的一生奉献给国家、人民。人与人之间的这种人生境界、人生追求的差异，便会导致人的精神层面的满足表现为不同状态。马克思和恩格斯曾经以阶级对立为例，揭示异化劳动给不同利益主体的人带来的精神感受。他认为在资产阶级社会，人的自我异化不仅表现在无产阶级之中，资产阶级在异化其他阶级的同时也使自己得到了异化。但不同的是，虽然资产阶级弱化了实际的劳动能力，但却在占有劳动产品中感受到了幸福与自我确证。而无产阶级虽然具备强大的劳动能力，但却由于劳动者与劳动产品的异化使自身感受到了非人的存在以及生存需要不能被及时满足的危机，进而可能被社会所消灭的感受。也就是说，在异化面前，资产阶级体验到了精神层面的自我满足，是对自身精神内容的占有，而无产阶级作为资产阶级的对立阶级却体验到了精神层面的丧失与被摧残。

　　人的个体发展需要的满足主要表现在人的价值的实现上。人的个体发展在价值领域的表现，涉及了人的生存与发展的意义问题，即人的作用的问题，主要表现为个体的自我价值以及社会价值两个方面。其中，社会价值是个体对群体的价值、个体对人类的价值。马克思主义人学认为，体力与智力的提升是人的发展需要的重要表现方式。但是，人的社会属性表明，如果一个具备较高知识储备、较强劳动能力的个人，却只关注自己的个人价值的实现而从来没有为社会做贡献的追求与目标，那么这个人是不能实现自身的价值的。马克思主义人学并不否认私人利益的合理性，也"不向人们提出道德上的要求"[1]。但是，当一个人成为极端利己主义者时，那么这个人就不再具备占有自己精神内容的能力。不仅如此，这个人还有可能做出危害社会集体利益的行为。因此，人的发展需要所驱动的精神内容的全部占有，主要表现为发展需要有利于推动人不断实现自身的人生价值。对于马克思和恩格斯来说，人的自我价值与社会价值的双效合一是人的价值实现的表现形式之一。由于每个人对待自己的人生态度存在差异，这无疑导致人的发展需要的满足也存在差异。但是，人类社会发展的总体趋势是个体作为社会关系中的人，要想满足自身的需要，则必然无法脱离个体与其他人的关系。而每个人自身本质力量的确证，恰恰与社会其他人的本质力量的确证处于同向同行的状态。即一个人真正的自我价值的实现，是

---

① 中共中央马克思恩格斯列宁斯大林著作编译局译：《马克思恩格斯全集》第三卷，北京：人民出版社1965年版，第275页。

当个体在感受到自身完美的同时，整个人类整体作为一个主体也处于幸福的状态。其中关于人类的幸福和自身的完美的状态，正是人的自我价值实现与社会价值实现相统一的完美表达。因而，个体总是有意识或无意识地革新着自己，并在身体力行地追求对人类的贡献的基础上不断推动人的价值的实现。

第二，发展需要驱动人不断自我革命，以最终推动人类整体的发展。人类的发展同个体发展一样，经历着从简单到复杂、从低级到高级的运动变化发展的过程。从人的占有自身本质的本性需要来看，发展需要可以驱动人在劳动实践中不断实现人类本质的真正占有。马克思和恩格斯高度重视人的劳动实践的重要作用，认为正是劳动实践使人成为类的存在。然而，人的劳动具有双重性。劳动一方面可以起到推动社会发展进步的作用；另一方面也会受到人的认识能力、制度层面等方面的限制，而造成人的劳动的消极方面。例如，资本主义社会的私有制度使人的劳动逐渐变成一定程度的片面的劳动甚至机械的劳动。在资本主义社会下，人们的劳动变成了谋求生活、谋求生存的方式与手段的异化状态。劳动是人的本质。当劳动的消极力量达到一定规模甚至发展成为一定社会范围内的主要矛盾时，劳动的异化发展也必然造成人的本质异化。在资本主义社会背景下，人的异化劳动使人的本质与现实生活中的一切否定自身的状态发生矛盾。人的异化状态作为社会生产力发展的阻碍因素，势必要被革除。其中，人要想顺应人类社会的发展趋势，就势必要通过自我革命方式，革除自身的落后于生产力的因素。因此，人为了摆脱这种矛盾的异化状态，就需要不断革新自身包括德、智、体、美、劳等在内的人的能力的全面发展与提升，以推动人的类的发展。

人类的发展的最终体现就是人真正占有自己的类本质。人为了真正占有自己的本质，需要努力提升自身克服劳动的异化现象的能力。人是社会性的人。人的解放发展不是随心所欲的、按照自己的目的实践的行为。人要想克服劳动异化的状态，就要始终坚持实践活动的合规律性与合目的性的统一。从合规律性来看，人的发展与社会的发展是不可分割的。人的异化劳动的扬弃就是消灭私有制，实现共产主义。人的劳动异化表现为人的劳动本质的自由自觉变成维持人的生命存活的手段。人的劳动之所以发生异化，是因为私有制与旧式分工使人与人之间的关系变成雇佣劳动关系，变成了剥削与被剥削的关系。处于被剥削地位的人要想维持自身的生存就必须无偿付出自己的剩余劳动。因此，人要想克服这种异化状态，必然需要破除私有制、破除旧式分工，并建立生产资料公有制的社会，最后才能实现共同富裕，才能使每个人不再被强制性地固定在特殊领域的活动范围，进而实现人的自由的、全面的发展。从合目的性来看，劳动作为人的本质是依据自身的目的、动机等开展的实践活动。人的需要是人不断追求自己的对象的本质力量，它随着社会历史的实践变化而深化发展。实践是人实现发展的关键因素，它可以帮助人实现自我保存、自我更新、自我发展。随着生产力的提高，人的需要由满足肉体需要到真善美的需要，再到活动本身成为人的本质的真正需要，进而使自身的劳动活动在任何领域都可以成为真正的自由自觉的活动。

第三节　人的理想追求

有理想是人的特性之一。人的理想追求指向未来，是人在立足社会现实发展的基础上，通过发挥人的主观能动性而追求的未来生活的图景。人的理想追求产生于人的社会实践活动，但是又对人的实践活动起到精神指引作用，影响着人的实践活动方式、方法。自我革命作为人的实践活动的类型之一，离不开人的活动目的的指引，而人的活动目的依据本身又存在于人的需要、理想、价值等领域中。但是，人的理想的精神指引作用并不是随心所欲的，而是要遵循着合规律性、合目的性、社会历史性相统一的原则，才有可能将理想转化为现实。从合规律性来看，理想就是要能够起到推动社会发展的作用；从合目的性来看，理想要体现人类所特有的追求真善美的本性；从社会历史性来看，理想要符合人从不自由、片面的发展向自由全面的发展的转变的规律。自我革命主体是以个体、群体与人类组成的有机统一体。这表明，个体的自我革命与群体乃至人类的自我革命活动之间存在着相互促进、相互成就的关系。因此，作为整体层面的自我革命的有机主体，要想通过自我革命这一实践活动，不断正确认识自己、肯定自己、发展自己，就要发挥正确的理想追求的引导，主要涵盖社会物质财富的极大丰富、真善美的自由状态以及人的真正的发展三个方面。

一、物质财富的极大丰富

马克思主义人学始终在坚持唯物史观的基础上研究人，从社会领域、历史领域、现实领域探讨人以及人的发展问题，重视物质生产对于人类生活的基础性作用。从社会运行的状态来看，人类在进入21世纪以来，社会生产力得到极大提高。但是，社会生产力提高的背后仍然有很多人受到资本的剥削，社会的贫富两极分化也仍然存在。因此，推动社会物质财富的极大丰富，为每个人平等地享受物质资源提供可能。这不仅是人的理想，也是社会发展规律的必然趋势。社会的发展与人的发展具有内在统一性。人关于社会物质发展的远大理想也驱动着人的自我发展。"人们奋斗所争取的一切，都同他们的利益有关。"[1]自我革命作为人的发展过程中的实践活动，也离不开这一理想目标的指引。

第一，追求物质生产力的提升的目标，要求人的自我革命。物质生产是人开展一切实践活动的最基础的活动。没有物质生产的发展就会造成社会整体贫困，进而有可能阻碍人的生存需要乃至更高层次需要的满足。物质生产活动是人有目的的劳动创造活动。物质生产作为人的劳动创造活动，其所有生产内容与目的都是满足人的生产、生活等需要。物质生产是人得以生存和发展的决定因素。人只有经过世代传承的劳动实践活动，才能始终源源不断地为自己提供必需的物质资料、精神资料等，进而人才有可能获得自我发展的条件。自我革命作为人的自我发展的实践活动之一，虽然是人的理想、需要、利益等目的的驱动，在发挥人的意识能动下实现的自我改造活动，但是人作为社会的集合，其自我革命的实践活动必然依赖于物质生产力的发展水平。人是劳动实践的产物，而人的劳动实践又受一定社会历史条件的影响。从这个层面来说，人与社会之间是相互作用的。随

---

[1]　中共中央马克思恩格斯列宁斯大林著作编译局译：《马克思恩格斯全集》第一卷，北京：人民出版社1960年版，第82页。

着社会物质生产水平的不断提高，人对自我的认识也会不断深化，人的自我发展的水平也就会提高。关于意识问题，马克思曾专门针对青年黑格尔派，例如鲍威尔等人把"自我意识"视为人以及一切社会历史的外显结果等做出批判，并认为这种行为是拒绝现实世界，并把现实世界封闭于精神世界的行为。在马克思主义人学看来，无论是主体所开展的具体的、实际的自我革命实践活动，还是主体的自我革命意识，都是以客观实在性为基础的。因此，人要想展开自我革命活动，最首要的前提和基础是肯定物质生产贯穿于人类生活的全过程、肯定物质生产是人生存和发展的现实条件。物质水平的极大提高这一理想目标，驱动人不断更新自我的认识能力与实践能力，驱动人不断革新自身的素质水平。人的劳动实践在不断接近自身实现物质生产创造这一理想目标的同时，也始终塑造着时代的新人。

第二，追求物质财富的公平占有的目标，要求人的自我革命。物质财富的极大丰富是人的理想目标。人确立这一目标并不只是为了推动社会生产的发展，其根本目的还是满足自身的需要。正如人类进入资本主义商品经济社会之后，机器人生产的运行使整个社会的生产力得到了极大的提高，也使人与人之间的交往变得更加密切，比如世界市场的建立。但是，事物是矛盾的集合体，每个事物都有自己的反面。公平也是相对的，是在与相对不公平的事情中对比出来的，正如"希腊人和罗马人的公平认为奴隶制度是公平的"[1]，但是相对来说，封建制度又是比奴隶制度相对更公平的制度。相较于社会主义社会，资本主义社会的生产资料私有制度加剧着整个社会的矛盾和混乱。其中，生产资料私有制是人与人之间形成剥削关系的重要因素。生产资料私有制度的确立决定了人与人之间占有现有物质财富的不公平性。马克思在《在〈人民报〉创刊纪念会上的演说》中指出，资本主义社会虽然创造社会整体性的财富力量，但却又造成了被剥削阶级的贫困，机器大生产大量提高劳动生产率的同时，却又无法满足无产阶级的生产资料的实际占有。生产资料私有制使社会面临物质财富生产与占有之

---

① 中共中央马克思恩格斯列宁斯大林著作编译局编译：《马克思恩格斯文集》第三卷，北京：人民出版社2009年版，第323页。

间的割裂与对抗，表现出人与人之间的社会交往关系的不公平境遇。马克思主义人学认为，人只有不断解放和发展生产力，始终努力提高物质生产的发展水平，才有可能在社会其他领域提高自身的素质和能力，进而才有可能从各方面创造条件，以实现消灭生产资料私有制的目的。因此，面对生产资料私有制造成的生产力与生产关系之间的这种对抗关系，人要想公平占有社会物质财富，需要通过自身的实践锻炼，不断提高自身的素质和能力的全面发展，提高自身从事各种物质生产活动的水平，进而自由自觉地改变自我、实现自我。

第三，追求社会资料的平等使用的目标，要求人的自我革命。马克思主义人学反对抽象的平等观，认为平等在任何时代都是没有生存空间的，主张平等是具体的、现实的体现，而不是抽象的、脱离现实生活的平等。平等是一个社会历史范畴，包括政治、经济以及文化等各个领域的平等权利。其中，经济平等是政治、文化平等方面的前提，而生产资料的平等使用是经济平等方面的重要体现。但是，在现有的社会历史条件下，人的平等是有条件的，是受限制的。首先，人与人之间的劳动能力的差别是一种与生俱来的差距。马克思主义人学认为，在社会生产与生活资料分配上，社会真正平等的分配不应该以先天的差距作为分配社会生产与生活资料的标准，而是应该以人的需要为标准，平等地分配社会资源。当然，马克思和恩格斯反对违背客观规律、空想的社会资源的绝对平均。然而，由于社会物质财富还没有发展到足够发达的程度，所以人与人之间存在富裕程度的差别。人的这种贫富差别表明人与人之间除了存在着体力、智力的差别以外，还存在着受教育的差别、城乡差别、工农差别等不平等现象。因此，这些现象只有随着物质生产力水平的不断提高，才能不断被消除。当人类社会过渡到"各尽所能、按需分配"的程度时，人与人之间的事实上不平等才能得到真正的消除。因此，人所追求社会资料的平等其实是物质生产极大丰富的理想目标的内在要求。而人要想实现社会资料的平等使用权利，除了要借助生产力的推动作用等客观因素之外，还要努力提升人的思想水平、丰富精神世界、改善教育程度、更好地发挥人作用实践的能动性。因此，从一定意义上说，人的主观活动与客观活动的发展演进的过程，也是人不断自我革命而实现自由全面发展的过程。

二、真善美的自由状态

人对真善美的追求，反映的是人的理想追求所要试图达到的理想目标。人关于一切理想目标的追求，归根到底都可以归结为人对价值的追求。价值表征是客体满足主体需要的关系范畴。人的价值追求强调的是人在不断发展自我、完善自我、实现自我过程中所开展的实践行为的意义标准。马克思主义人学认为，人是按照真善美统一的原则来不断发展自己的。人在追求真善美的过程中，也是人"成为自身的主人——自由的人"①的过程，是主体自身需要达到合规律性与合目的性的统一。但是，人对真善美的理解与追求并不是静止的，而是人随着认识和改造世界能力的发展过程，不断扩展和加深的过程，而这个过程引导着人的自我确证、自我革命与自我发展。

第一，追求"真"的目标，要求人的自我革命。人关于"真"的追求的过程，是驱动人实现主客体之间关系的合规律性的过程。"真"主要强调真理性，是人认识和改造客观世界时所包含的真理性。人作为自然存在物和社会存在物的集合，要想实现人的个性自由，即主体正确地认识与改造客观世界，就要把握好正确认识和反映对象世界的客观规律。人对"真"的认识和把握，是一个随着社会历史的发展而变动发展的过程。这一过程离不开社会生产力的发展，也离不开人的自主能力的增强。在原始社会，人在与自然的关系中处于极其弱势的地位，因而便有了图腾崇拜、自然崇拜、远古神话以及各种巫术等认知。这些认知以思想信仰的方式占据在人的头脑中，并影响着人的实践活动。生产力水平的提升、人的理性思维能力的增强，使得人可以超越原始社会时期的具体的、直观的思维方式。但是，由于社会分工、科学技术水平受限制，所以人们仍然无法科学地把握人对自然、社会、人自身的认识。因此，当人遇到一些无法按照当时的理性思维来理解的问题时，就开始利用神、宗教等来颠倒自己的世界观了。

---

①　中共中央马克思恩格斯列宁斯大林著作编译局编译：《马克思恩格斯文集》第三卷，北京：人民出版社2009年版，第566页。

但是，正如人的认识会随着社会历史的发展而不断深化一样，自然信仰、宗教信仰等都是特定历史阶段的产物。那么，这一特定历史阶段的产物也必然会随着一定社会历史阶段的消亡而消亡，只不过这个过程是漫长的。当人所生存社会的经济、文化等得到高度发展，人们的认识水平、认识能力得到极大提高时，宗教等需要的认识就没有存在的社会基础甚至阶级基础了。当人有足够的能力去认识世界、改造世界时，那么正确的世界观、人生观、价值观就逐渐发展成为人把握世界的重要思想基础了。当人不再将自己对世界的认识寄托于自然崇拜、宗教崇拜等虚假认识时，人就可以真正进入自由自觉地认识世界、改变世界的社会了。人伴随着社会的发展、人的发展，而不断追求"真"的过程中，正是人不断自我革命、深化自我发展的过程。例如，当人提升了改造自然的能力时，如果人没有正确认识人与自然的关系，那么就会阻碍人的自我发展的进程。自然环境的好坏会影响个体的身体健康与寿命长短。自然环境所提供的健康的生态环境是革命主体发展的最基本的条件。自然界有自我净化能力，但是当自然界的自我净化能力低于人类主体生产污染的能力时，自然界的环境质量就会下降，进而反向报复人类主体。

第二，追求"善"的目标，要求人的自我革命。人关于"善"的追求驱动人实现主客体之间关系的合目的性。"善"是指人所设立的符合自身利益和需要的理想对象中，所体现出来的人对善的价值和追求，即主体按照自己的意愿开展实践活动进而创造自己历史的预期活动。"善"是一种理想追求。这表明社会主体的人生境界是不可能自发达到这一境界的，而是需要通过不断的自我否定、自我发展的循环往复的过程才能不断趋近。而人对"善"的不断趋近的这一过程是随着社会历史条件的变化而变化的。也就是说，人对善恶的评价标准会因为不同的利益阶级而具有的不同的判断。例如，马克思和恩格斯曾强调人所处的资本主义社会的时代，是主体把客体世界作为"异己的、敌对的、强有力的、不依赖于他的对象的关系"[①]的

----

① 中共中央马克思恩格斯列宁斯大林著作编译局编译：《马克思恩格斯文集》第一卷，北京：人民出版社2009年版，第165页。

异己活动的时代。虽然资产阶级在私有制和社会分工下也呈现一定的异化表现。马克思和恩格斯的这一评价更多的是站在被剥削阶级的立场所做出的关于"恶"的评价。由于无产阶级不占有生产资料，因而被迫出卖自身的劳动力，以维持自身的基本生活需要。因此，当客体对象不再符合人的本性需要和利益满足时，人的活动就是异己的对象活动，是处于他人地位下的、被他人支配的活动。人的善恶评价判断虽然受阶级的影响、受人的主观道德判断的影响，但这也绝不是说人对"善"的追求就没有客观标准了。总的来说，人对"善"的追求要符合人的本性需要这一合目的性的要求，同时也要具有符合历史发展规律、推动历史发展的作用。如果一个人的理想目标不能达到这一点，那其理想在道德本质上就是"恶"。另外，人不是孤立地存在的，每个人的发展进步都不能脱离其他人的发展而独自存在甚至独自发展。人们所进行的任何生产都是建立在以往的实践活动之上，因此人所处的一定社会的生产力水平可以说是一种既得的力量。人的社会性存在表明人在达到自己目的性的实践活动时，还要满足他人的合目的性基础上的实践活动，而这也是人的理想目标推动社会发展的重要表现形式。因此，人在改造客观世界的实践活动时需要遵循符合自身与他人的善的合目的性的道德原则。人们对合乎目的的、改造客观对象的追求，驱动人破除自身异己的、敌对的、不符合善的发展要求的实践部分。

第三，追求"美"的目标，要求人的自我革命。关于"美"的追求驱动人实现主客体之间的合规律性与合目的性的内在统一。"美"属于事物表现出来的一种特性、属性。人对"美"的追求是人区别于动物所特有的，是人满足自身生存、发展所不可或缺的内在要求。动物只能按照事物发展的尺度和自身的需要产生一定的行为，而人则是不同的。人的行为可以实现目的性与规律性的统一，既可以尊重事物发展的自然规律，也可以发挥自身的主观能动性，按照自己的需要、利益、理想、价值等目的开展实践活动。人对"美"的认识和把握是一个从个别到一般、从简单到复杂的逐渐深化的过程。而这一过程的深化就对人不断革新自我提出了现实性的要求。当然，人的自我革命过程受一定社会历史条件下人认识世界和改造世界的能力以及不断扩展和深化的需要的影响。人对"美"的追求构成了特定社会历史的渗透性要素，是人所具有的社会性具体历史的表现。例如，在私有制本质基础上的资本主义社会，由于劳动分工的存在，所以人无法满足自由的实践活动的需要。人的劳动实践虽然可以帮助劳动者提高劳动能力，但同时却也使劳动者集中于流水线的单一生产，使自己的思考能力、辩证能力等变得弱化，甚至使自己变得愚笨。人们被强制性地固定在某一生产线也是为了延续自身的生命。人的劳动异化使人们喜欢把受尊敬爱戴的形象设计为金身，如金钱、金尊等表现的由来，而这就是把"美"等同于资本、富裕、奢侈的外在表现。马克思主义人学认为，人对"美"的追求是人的特性的一种表达，其发展历史反映了社会的进步，也反映了人性的解放。因此，人的审美虽然受特定历史条件的限制，但总体是一个向前发展的必然趋势。社会物质生产的发展必然可以使人从生产劳动负担中解放出来，使人可以有更多的时间和精力去占有并享用自己的物质和精神财富。人们通过对"美"的本质的探寻，更好地把握人与自我、人与他人等周围世界的关系，更好地实现人对自然、对社会的实践改造活动，更好地创造符合人类发展需要的美好的生活。因此，人对"美"的追求的过程是人在尊重客观规律的基础上不断改造自然、改造社会、改造自我中实现的，其总方向是朝着每个人的自由全面发展方面前进的。

三、人的真正的发展

马克思主义人学认为，人的发展与社会的发展不可分割。伴随着社会发展从"人的依赖性"社会到"物的依赖性"社会再到"人的自由全面发展"的社会，人的发展也经历着从低层次到高层次的转变。而这一转变的实现恰恰是自我革命的内在要求。马克思主义人学认为，人的自由全面发展是人的真正的发展。人的真正的发展不是一部分人的发展而是每个人都可以实现的发展，不是每个人部分方面的发展而是每个人的全面性的发展。人的真正的发展不是强制性的发展，而是自由自愿的自主发展；人的真正的发展不是绝对的发展，而是始终处于绝对运动变化中的无限性发展。人们在真正发展追求的驱动下不断克服自身片面的、工具性的、有限性发展的不足，才能保证真正意义上的人的自由全面充分发展的实现。

第一，追求全面发展的目标，要求人的自我革命。全面发展驱动人对片面性发展的破除。马克思主义人学认为，人的发展受社会生产力水平的限制。生产力发展水平的限制决定人与人之间只有通过分工等社会合作的方式，才能共同应对自然环境与社会环境带来的挑战。分工可以使人与人之间相互补充劳动实践的力量，却也将人限制在了固定的劳动形态中。例如，马克思和恩格斯所批判的资本主义社会的分工现状，使每个人成了保证社会大机器运转下的一枚螺丝钉，使每个人只能成为一种工种，如农民、工人等。这严重违背了社会生产的必然发展规律，使每个人只能在一种生产领域劳作，进而变成片面的工具人。这表明，在资本主义社会背景下人无法从实践中获得满足感。因为，人自己在实践中只能变成自己的对立面而存在，人所体验到的不是自由而是奴役。面对这一片面性的发展境遇，马克思主义人学认为，人只有摆脱这种片面性的发展状态，使人在发展过程中变成有血有肉的活生生的人，使人在社会角色中丰富起来，才能实现人的全面发展的转变。人的社会性决定了人的发展与社会发展是不可分割的。因此，人在推动社会生产力发展的同时，也内在要求着自我的革命与完善。社会不断进步的要求也需要人不断实现更加全面的发展，更加需要通过知晓新的生产关系来把握新的生产系统的人。因此，随着社会生产力水平的提升，人的劳动也必然从片面向全面转变。当人的劳动不再限制在谋生的层面、不再限制在特定的岗位上时，人就获得了培养自己兴趣、爱好、特长等提高自身能力的可能性，进而成为真正全面发展自己的时代新人。

第二，追求自主发展的目标，要求人的自我革命。自主发展驱动人对强制性、被迫式发展的破除。人的自主性发展是指人可以在自己支配自己、自己做自己的主人的情况下，实现人的自我计划、自我设计、自我革命与自我完善的过程。人的自主性发展的实现受人自身和社会两个方面的因素的影响。人自身的因素既包括个人实践能力的发展，也包括个人自主性意识的唤醒与深化、个人对客观世界规律的认识。社会的因素主要包括社会分工与私有制的社会关系的克服与消灭、社会对生产资料总和的全面占有等等。马克思主义人学曾就资本主义社会的私有制社会关系与社会分工对人的影响，来说明人与社会在影响人的自主性发展方面的表现。马克思和恩格斯认为，在资本主义私有制社会背景下，社会的不同成员被分为资产阶级与无产阶级两类人。其中，资产阶级不仅享受社会财富的占有，而且还剥夺人的劳动的剩余价值并使其转化为自身的资本利益；而无产阶级则不仅要生产商品，而且还要把自己按做商品的规定进行生产。无产阶级由于不占有生产资料，因而被当作商品存在于社会中，同时以对象性的客体存在，被按照资本的营利性的规定性来活动。同时，旧式分工的存在也使人被强制性地从事特定的劳动，使人被固定在特定的劳动岗位上。这种旧式分工的限制使不具有自主性的人越来越无法在自己的工作中寻找到快乐、寻找到存在，因为这一工作只是无目的的被强制性的工作。狭隘私有制与旧式社会分工的存在，使人在生产生活的社会现实中变成"现实的非存在"①，使人的自主性意识被封闭，进而使自我改造、自我发展的意识与能力也被弱化。因此，为了破除人的发展的这种强制性，使每个人可以自由自愿地发展，而不是被迫发展自己的体力与智力，主体需要在提升社会生产力发展的基础上，努力增强自身把握客体对象的能力，破除自身发展存在的异化力量，使人获得积极主动投入自我发展的认知与具体的、历史的实践中。

第三，追求无限发展的目标，要求人的自我革命。人的发展规律遵循客观发展的必然性规律，即人的发展与社会的发展一样，始终处于历史条件下的绝对运动之中的。人的发展无限性是必然趋势，无限发展驱动人对有限性、绝对性发展观念的破除。但是，人的发展仍然受到特定历史阶段的发展限制的影响，进而表现为一定的曲折性或者受限制性。只要社会生产力还没有发展到足够可以使人不再把劳动实践局限在谋生的层面，那么人的发展就会或多或少地受到特定社会历史条件的限制。例如，在资本主义私有制社会中，资本家在雇用劳动工人的过程中，使资本逐渐获得越来越高的独立性与资本人格。相应地，人的发展伴随着资本独立性的增强，逐渐变为资本的客体对象，并被限制在资本的赚取利益的前提下获得有限

---

① 中共中央马克思恩格斯列宁斯大林著作编译局编译：《马克思恩格斯文集》第一卷，北京：人民出版社2009年版，第172页。

性的发展。因为资本主义社会下的生产只是把资本家能获得多少利益作为目标，而不是关注工人的生活状态、工人的工资水平等。也就是说，资本的营利性决定了人的发展水平与发展强度受资本的发展方向的影响。当人的发展超出了资本的营利范围时，资本便会限制人的发展，限制人作为商品的生产率水平。但从人的发展规律来看，人的发展是在不断肯定自我、否定自我中实现无限发展、充分发展的。资本的有限性引发的人的发展的有限性这一状态，是违背了人的发展的无限性的必然规律的。马克思主义人学认为，共产主义社会是消灭私有制、消灭阶级、物质生产得到极大发展的社会，这为人的自由全面的发展创造客观条件。而人在实现共产主义的过程中通过政治解放、经济解放等不同形式，不断通过自我革命实现与自身矛盾化解的过程，正是破除人的发展的一切障碍、实现人充分发展的绝对运动的过程。

小　结

自我革命是一项自觉性的、彻底性的实践活动。自我革命的自觉性特征表明自我主体开展自我革命实践活动的自主自愿性，自我革命的彻底性特征表明了自我革命主体开展自我革命的程度与难度之大。从自我革命的特征来看，每个人都有开展自我革命的可能性，但只有当一个人的自我革命符合人民群众的根本利益与发展方向时才有可能实现。从普遍意义来看，自我革命的主体是包括个体、群体乃至人类整体在内的人。因此，为了准确把握自我革命开展的具体要求，本章将首先从人的普遍性层面把握自我革命开展的驱动要素。本章在归纳总结驱动要素的基础上，进一步判断从普遍意义的主体层面把握的驱动要素能否顺利推动自我革命的开展与目标实现。

本章主要解决自我革命开展的可能性因素是什么的问题。本章主要从一般性的人的层面，来分析自我革命开展的驱动要素。从现实的人来看，人要想自觉地开展自我革命活动，首先人要具有主体性。因为只有具有主体性的人才拥有开展实践活动的可能性。人的主体性所内含的能动性、自主性与自为性特征，才有可能驱动人开展对象性的实践活动。其次，人要有本性需要。任何人的实践活动出发点都源于自身的利益与需要。人的需要是多层次的。人的不同层次的需要决定了人的实践活动类型，也体现了实践活动开展的不同程度。最后，人要有理想目标与愿景。理想目标具有方向旗帜的引导作用。理想目标驱动人可以在不断肯定、否定自我中实现螺旋式上升。理想目标越伟大、越有益于人类的整体发展，自我革命就越有可能彻底。

总的来说，人的主体性、需要与理想目标驱动着人向不断发展自我的方向前进。在一定程度上可以说，这些驱动要素为人的自我革命的活动提供了实践动力，为人的自我革命提供了可能性。然而，自我革命并不是在简单的肯定或否定自我过程中实现的发展，它在程度上与性质上都与改变、改良式的发展有质的区别。自我革命在量上具有发展的彻底性，在质上具有发展的进步性。也就是说，并不是所有的否定式自我或者自我的改变都可以被定义为自我革命。自我革命最终是否能够实现，主要取决于实现的具体条件是否具备、是否成熟。这将是下一章要探讨的问题。

第四章　马克思主义人学视域下
自我革命的实现条件

现实的人是具体的、历史的，是在历史中的行动、活动，本质上都处于一种积极的自我否定、自我扬弃、自我发展中。人的发展与社会的发展具有一致性。在人类历史的发展过程中，当社会生产力与生产关系之间发生矛盾时，革命就不可避免。其中，"生产力有两项，一是生产资料，二是人"①，是最革命、最活跃的因素。因此，随着社会的发展，人作为最革命的因素，也在努力地开展自我革命。自我革命作为人的实践活动表现形式，本质上也是人不断追求自己目的的、使人自身始终保持自我发展的活动，它的真正实现需要一定条件。自我革命作为人的一种革命性实践活动，是人自身实现重大变革的实践运动。它在实践程度上有着高于人的一般性实践活动的要求与条件。所以，人要想取得自我革命的成功，就应该积极为自我革命的实现创造条件。人的自我革命是具有革命性意义的实践，发挥着历史火车头的作用。自我革命的实现，离不开人的本质力量的要求、人性的人民性与阶级性等要求，更需要遵循着实现人的解放发展目标的客观规律。

第一节　保证人的本质力量的先进性

人是社会实践活动的主体。人作为实践主体参与到社会交往中时，必须具备相应的本质力量条件，即人完成社会实践活动的能力与本领。人的

---

① 王沪宁主编：《政治的逻辑：马克思主义政治学原理》，上海：上海人民出版社2016年版，第533页。

本质力量不仅是影响个人实践活动的重要因素，也是民族、阶级等群体层面的社会主体开展实践活动的重要考察对象，更是人类层面的主体摆脱全球性的人类困境的重要资源。人的本质力量的差异导致人的实践活动的差异。自我革命是社会主体以自我为客体对象，为满足自身发展而开展的刀刃向内的彻底性的实践活动。因而，自我革命实现条件的重要指标必定离不开关于人的本质力量的衡量，即人的综合能力的衡量，包括"人的体力、智力、德力"①等。同时，正如革命作为社会生产力与社会生产关系之间的矛盾产物是对历史有推动作用的力量一样，自我革命也同样如此。马克思主义人学认为，"任何一次真正的革命都是社会革命"②。自我革命主体的发展与壮大的过程就是整个社会不断实现整体革命的过程。自我革命作为社会革命的必然要求，革命主体要想顺利实现社会的发展进步，就要主动革新自我，破除阻碍自我发展的藩篱。自我革命这一实践活动由于其实践对象、实践性质、实践目的等特殊性而具有自身特殊的要求。自我革命主体要想通过革新自我的方式实现人类社会的整体进步，就必然相应地具备驾驭革命客体的本质力量。自我革命是一项以推动人与社会共同发展为目标的实践活动，而生产力是检验人类社会发展进步的最高标准。因而，人的本质力量的最根本的能力体现在促进社会生产力的发展进步上。马克思主义人学认为，社会生产力是由人的生产力与物的生产力组成的。生产力是人改造自然使其成为人所需要物质资料的力量。生产力发展水平越高表明人改造自然、人类社会乃至人的自我解放、自我发展的程度也就越高。革命是解放生产力。自我革命作为关于个体、群体以及人类等不同层次范围内的革命主体展开的具有根本性、超越性、彻底性的，旨在根除自身落后部分的内在指向性的革命活动，同样肩负着解放生产力的任务。人的本质力量，包括体力、智力与德力的水平高低，恰恰是人不断革新自我、完善自我的外在表现，因而也是实现自我革命的重要前提条件。

---

① 袁贵仁：《人的素质论》，北京：中国青年出版社1993年版，第114页。
② 中共中央马克思恩格斯列宁斯大林著作编译局编译：《马克思恩格斯文集》第三卷，北京：人民出版社2009年版，第393页。

一、保证人的体力的健康性

人的体力，即人的自然力，是人的身体素质的外在表现。人的体力与自我革命的实现有着最直接的自然联系。人的体力越高，表明人的健康水平越高，人的物质力量也越强，那么人也越能获得从事实践活动的物质基础。自我革命是一项以解放生产力、发展生产力为根本目标的实践活动。这一实践活动的展开离不开人的体力这一最基本的活动能力。当人的智力、德力水平一致时，人的体力水平越高，表明人作为生产力创造的劳动价值越大，同时也表明人驾驭物的生产力的能力越强。因此，人的体力是自我革命实践活动是否得以实现的重要的基础性条件，主要包括人体的生理能力以及人体的平衡能力。

人体的生理能力为自我革命的实现提供物质基础。人体是人的物质构成的、活的生命机体，一般由细胞、器官、系统等组成。人体是人能参与一切自然活动、社会活动的物质基础。俗话说，"身体是革命的本钱"。一个人要想做成一件事情，其必要的前提条件就是自身的身体状况好。没有健康的体魄，一切实践活动都无从谈起，更别提试图将该项实践活动做好或者做得更好。换句话说，没有健全的人体，便谈不上人的自由全面发展，人也就失去了自我革命实践活动中最基本的目标指引。马克思主义人学视域下的自我革命研究，以人为自我革命主体，坚持从现实的人出发，强调人体健康的基础性作用，因而人体健康也一直是马克思和恩格斯关心的重要领域。正如恩格斯在给盖尔特鲁黛·吉约姆－沙克的一封信中所指出的，"在资本主义生产方式存在的最后年代里，我关心下一代人的健康更甚于关心两性在形式上的绝对平等"[①]。由此可以看到，人体、人的体力自始至终被马克思主义视为从事一切实践活动的基础性前提。人体的生理能力作为衡量人的体力的重要指标，是人体各项功能协调一致的整体活动的表现。因此，人所从事的最基本的生理活动的能力，包括人的生理器官的运转功能与机能，是人从事一切实践活动的物质基础，因而也必然是从事自我革

---

① 中共中央马克思恩格斯列宁斯大林著作编译局编译：《马克思恩格斯文集》第十卷，北京：人民出版社2009年版，第536页。

命实践活动的物质基础。同时，人不断完善自身生理能力的过程，也是人的自我革命的重要过程。

人体的平衡能力有利于增强自我革命的适应性。人体的平衡能力主要是指人体在对自身身体机能的平衡能力以及人体在与外界环境进行物质和能量交换时所做出的反应。人体会根据人体内环境与人体外环境的变化而不断发生功能活动的改变，进而实现人体自身的自我更新。人体的自我更新虽然是一种生理上的适应与调整，但如果将局部的自我更新置于人体的有机系统结构中，可以看到局部的自我更新是人体不断通过平衡内部生理结构、外部环境条件，以实现人体更加健全、协调的身心状态。自我革命作为人以内在指向性的、肩负解放生产力的重要实践活动，其本质是"在改造环境的同时也改变着自己"①。因此，人作为自我革命的主体本质上也是在改造自己的同时实现环境的改造，即实现人的发展与社会生产力解放的内在一致性。人的身心状态的自我平衡、自我调节与自我更新的过程，可以极大地提高人开展自我革命实践活动的积极性与创造性。当然，如果人丧失了人体内在机能的这种自我调节的能力，那么，这也必然会增加人的自我革命实践过程的曲折性。一方面，从个人层面来看，人体的自我调节能力的下降，在一定程度上表明人的生理功能的下降，即人作为主体生产力的弱化；另一方面，从个人与群体、与人类的关系来看，自我调节能力下降的个体，在一定程度上弱化了自身与人的有机统一体之间的交往能力。而自我革命是以个体、群体、人类为有机统一体开展的系统性的实践活动。也就是说，具备自我革命调节的个人，在自我革命实践活动中必然需要具有调节内环境、外环境的能力。因此，人体的平衡能力也是自我革命实现的重要条件之一。

二、保证人的智力的发展性

人的智力，即人的认知活动、认识能力，是在依托身体素质物质基础上表现出来的掌握知识的能力。人的智力与体力不同。体力更多地取决

---

① 中共中央马克思恩格斯列宁斯大林著作编译局译：《马克思恩格斯全集》第三卷，北京：人民出版社1965年版，第234页。

于人的先天性的生理条件，而智力则是人在后天社会实践过程中不断形成并积累的能力，它包括个人的智力，也包括"社会智力的一般生产力的积累"①。在当代社会，随着科学技术的不断深化，人类社会的发展对人的智力的要求越来越高。智力水平越高的人，掌握生产资料、生产对象的可能性越大。自我革命作为革命主体视自身为客体对象的实践活动，其对自我的认识水平、认识规律的把握，离不开人的智力的参与、控制与改造。

人的智力水平反映的是人改造客体对象的认知能力与水平。人的智力反映的是人的认知水平。而人的认知水平又是人在社会实践活动中不断积累的科学文化知识过程中形成的。人的智力并不是直接与学历程度、科学文化知识等挂钩的，而是与人掌握科学文化知识的程度挂钩的。科学文化是一种精神力量，它是人通过社会实践活动而不断创造的成果。先进的科学文化是人在一定社会历史条件下的物质产品与精神产品的时代反映与时代总结。当然，文化水平高的人并不一定比文化水平低的人拥有更高的智力。但人的智力再高，如果没有与时俱进地接受科学文化知识的熏陶，其智力水平也一定受到限制。因此，人的智力是一个不断培养、不断发展的过程。人在不断掌握科学文化知识的过程中促进智力的发展，而智力的发展又可以深化人掌握科学文化知识的程度。即人对科学文化知识的掌握程度与占有程度一定影响着人与人的智力水平的高低。随着现代科学技术的深化与发展，人的智力在改造客观对象实践中的作用越来越明显。人改造对象世界的能力与人的智力水平密切相关。例如，人要想正确地认识世界，必然离不开对一切进步发展、前进上升的人类文化的把握。而人占有先进的科学文化知识的广度与深度，正是人的智力水平的反映。科学技术的发展要求人不断完善与更新自身的智力水平。因此，可以说人的智力水平反映的是人改造客体对象的认知能力与水平。自我革命是主体将自我视为客体对象的实践活动。人是实践的人，人随着社会实践不断完善与更新自我。

---

① 中共中央马克思恩格斯列宁斯大林著作编译局编译：《马克思恩格斯文集》第八卷，北京：人民出版社2009年版，第187页。

因此，人对客体自我的深化与认识，同样离不开人的智力的参与、提高与优化。

　　人的智力的发展有利于优化自我革命实现的手段。生产力是反映人类社会发展进步的最高标准，也是评价人的自我革命实现的根本标准。生产力的发展主要包括劳动者、劳动资料与劳动对象的综合力量的发展。人的自我革命的深度与广度是以每一代人在继承前人不断累加起来的生产力及其历史的基础上，不断创造时代新人进而推动人的生产力进步的过程。因此，人们对自我革命的考察，离不开对社会生产发展史的考察。从生产工具的发展演进来看，生产工具作为人的自我革命所不可分离的劳动资料，经历了从低级到高级的漫长的历史过程，经历了从石器到铜器到手推磨到蒸汽磨再到智能机器等自动化、高精密工具的发展。生产工具的更新换代，不仅表征着人类社会的演变，同时也显示了人自身不断解放自我、创造自我的程度。社会历史的发展演进清晰显示，当生产力水平低下时，劳动者作为生产力主体更多地依赖人的体力去改造客观对象，劳动资料即劳动手段也更多地表现为以手工的方式为主。当生产力水平提高时，随着劳动手段的提升，人的智力参与的重要性也不断得到体现。因此，关于人的智力的差异影响着人把握劳动资料、劳动对象的水平的分析，是反映人的智力在自我革命实现中发挥作用的重要方面。人在自我革命中提升人的认识能力和实践能力的同时，也实时更新着人所驾驭的劳动手段的水平。劳动手段的发展与更新的水平状况反映了人驾驭对象自我的能力与水平。正如"对于没有音乐感的耳朵来说，最美的音乐也毫无意义"[①]一样，当人的智力水平得到提高时，也必然可以驾驭更高水平的劳动手段，以使人在实践活动中可以获得一种本质力量的确证。总的来说，人在不断驾驭自我革命的劳动手段过程中，也不断实现对自我的创造与革新。而人的自我创造恰恰与人开展自我革命的目的是一致的，即寻求人的真正的发展与进步。因此，人的智力的发展进步不仅推动人的生产力的发展，同时也推动了物的

　　① 中共中央马克思恩格斯列宁斯大林著作编译局编译：《马克思恩格斯文集》第一卷，北京：人民出版社2009年版，第191页。

生产力的发展，最终实现人的自我革新与社会整体层面的自我革命的统一。

三、保证人的德力的进步性

自我革命是在人与社会相互促进的基础上，以人的解放为目标的实践活动。自我革命的这一实践目标表明，人在自我革命实践过程中仅仅依靠人的体力、智力等条件是不够的。人的体力、智力对自我革命的实现起到了极其重要的作用，但是没有人的德力的支持，自我革命实践活动是无法走向人的自由全面发展的未来生活的。人的德力是人的本质力量的重要组成部分，它在一定条件下对人的自我革命实践活动起着关键性的作用。人的德力水平越高，其自我革命活动就越符合人类社会发展进步的要求。人的德力是人的思想道德素质的外在表现，主要体现在人的思想觉悟力、政治觉悟力与道德觉悟力上。

第一，进步的思想觉悟力。思想觉悟是人在思想上的一种认识程度。思想觉悟力是人感知思想观念、思想觉悟、理想信念的能力。思想观念等是人的认识活动的范畴，对人的实践、行为等具有指引作用，影响着人的理想的选择。人是社会性的人。人的理想在人类社会发展的实践活动中发挥着重要的动力作用。拥有先进的思想觉悟的人，心怀伟大且高尚的社会理想，致力于以追求自由全面发展的共产主义理想为自身的根本利益的体现。高尚的理想信念是社会成员意愿的集中体现，它包含并且根植于个人的理想之中。先进的思想观念有利于人与社会共同发展进步，它可以推动社会在不断符合人的理想需要的基础上，使社会得到发展、使人得到自我超越。即人类社会的发展进步意味着人本身的不断自我完善与自我提高。因此，我们可以看出，拥有先进思想觉悟的人，具备实现革新社会与革新自我的内在统一的能力。人的实践活动是人所特有的、旨在使实践对象发生合目的性改变的活动。自我革命作为人的实践活动，既具有实践活动的一般性特点，也有自身的特殊要求。人的实践活动是为了使实践对象按照自身的动机、需要、理想和价值等目的来开展的。而自我革命作为人的特殊的解放生产力的实践活动，其目的动机也必然是以符合生产力发展规律的需要和理想等为根据的。因此，自我革命的实现离不开先进的思想观念的指引，离不开人对先进思想观念的觉悟感知与把握的程度。

第二，进步的政治觉悟力。政治觉悟力之所以是德力的重要表现方式，主要在于道德是有阶级性的。而阶级作为一个政治概念，反映着阶级社会内部存在的社会性群体之间的不同地位与利益诉求。自我革命不是一个人单纯发挥主观能动性而产生的意识活动过程，而是通过发挥自身的意识能动性，为了满足自身的目的和需要而不断深化认识自我、改造自我的实践过程。但是，自我革命又不是一般意义上的实践活动。无论从自我革命的程度还是目的来看，自我革命都具有自己的特殊性。自我革命是受一定社会历史条件下的生产力与生产关系的矛盾运动的影响下的运动，是包括个体、群体与进步人类在内的有机整体，为追求人类社会发展进步而实现自我革新的实践活动。自我革命主体的复杂性与整体性的对立统一关系表明，个体、群体与进步人类之间存在着一致的根本目标追求、统一的政治立场与政治方向。那么，何种政治觉悟力能够推动自我革命实现人类社会发展进步这一目标呢？马克思主义人学十分重视人特别是革命群众在推动社会发展进步中的作用，并始终坚持人民群众是社会历史发展的决定力量的观点。如果一个时代的人民没有强大起来，那么任何对社会的反抗革命活动都是徒劳的。因为革命是一项彻底性的活动，而当革命的主体却还没有强大到"足以摧毁现存一切的基础"①的时候，即使观念上的变革发生了千遍万遍也将于事无补。因此，人要想保证自我革命的顺利实现，其所坚持的重要条件就是，始终坚持关于维护最广大人民群众根本利益的政治精神与政治觉悟。

第三，进步的道德觉悟力。道德是人在社会交往过程中的社会意识的表现形式，是调整人与自身、人与他人之间关系的规范总和。道德觉悟力强调的是人们对社会交往中存在的道德观念、道德规范、道德原则等方面的感知能力。当然，道德观念等是建立在一定社会关系基础上的，它反映着一定社会经济关系的现实利益。正确的道德观念、道德规范、道德准则是善的表现，它在客观上是符合社会历史发展的必然趋势的。道德观念见

---

① 中共中央马克思恩格斯列宁斯大林著作编译局编译：《马克思恩格斯文集》第一卷，北京：人民出版社2009年版，第545页。

之于实践，并对人的社会实践认识、行为等，产生潜移默化的无形力量。持有不同道德观念的人，也具有不同人生态度的选择，最后反映出来的人生价值也是不一样的。坚持进步的道德观念的人，其人生态度是积极的、奋斗的，是以追求人与社会和谐发展、以个人利益与集体利益的统一为选择依据的。因而，持先进的道德观念的人，在社会实践中也必然会选择为社会的进步谋福利的行为。例如，维护人民利益的先进工作者和破坏人民利益的违法犯罪分子，在一定程度上是持有不同道德观念的人。自我革命是一场先进的实践活动。无论是人在认识领域还是实践领域的自我革命活动，它们都以人类社会的发展为前提，而其根本目的也是实现人的解放与自由全面发展。因此，自我革命作为一场推动人类社会发展进步的实践活动，离不开先进的道德规范的指引。而先进的道德及其规范以人的感知能力为前提。因此，社会主体是否具有先进的道德觉悟力，是影响自我革命实现程度的重要条件。

总的来说，"主体的活动是主体能力在特定环境中对特定对象的展开和实现，是其外化和表现"①。人在自我革命中不断更新自我的能力与水平，以提升社会主体的体力、智力与德力等方式，提升更新与驾驭新的实践对象、实践资料的能力与水平，例如经营管理方式方法等，以实现生产力水平的推动与发展，不断追求千百年来人类的崇高理想。而人通过自身能力的提高来驾驭客体对象的过程，正是人不断确证主体的本质力量的体现。随着社会新的问题、新的实践手段日益丰富且层出不穷，这些对社会主体的自我革命活动提出了更高的要求。人们只有不断发挥且革新人自身的本质力量，才能够不断为推动自我革命的顺利实现助力。

第二节　坚持人民性的人性主导地位

自我革命是以个体、群体、人类的有机整合为主体，以自身的利益、需要、理想、价值等为依据，不断在主体自我客体化的过程中，推动人类

①　欧阳康:《论主体能力》,《哲学研究》1985年第7期，第4页。

社会发展进步的革新性的实践活动。自我革命作为一项实践活动,"充盈着精神、内涵着道德、彰显着人性"①。然而,人是社会关系中的人,人总是与其他人发生这样或那样的联系。由于人的需要、审美、素质、个性、信仰、权利、价值观等方面的差异,造成了人性的差异,进而形成个体之间、群体之间的差异性。而这种差异性也进一步增加了自我革命关于有机主体的整合难度,即如何在根本利益上让不同层面的自我革命主体发挥革命实践的合力作用,最终保证人的自由全面发展目标的实现。马克思主义人学认为,生产力是衡量人类社会发展进步的最根本的标准。其中,人民群众在生产力的发展中发挥决定性的作用。人民群众是一定社会经济文化等发展水平的集中表现,包括所有对社会发展起进步作用的人。马克思主义人学始终在唯物史观的基础上,坚持真正推动人乃至社会向前发展的决定力量是人民群众,反对把英雄个人视为历史发展的决定作用的一切幻想。"只要有人民的革命干劲和劳动热情"②,自我革命活动就有可能推动人的自由全面发展的实现。当然需要指出的是,人民群众中有些具体的个人,不一定能够认识到自我革命的客观必然性,也不一定能够直接参加自我革命这一实践活动。但只要人民群众自由与全面发展的意识经过自我革命取得了胜利,并成为全体社会成员的合法权利,那么人的自我革命活动就反映了当时的人民群众在追求自身发展问题的整体水平。历史的发展活动在一定程度上就是"群众的活动"③,而社会历史活动的深化过程也是群众队伍的扩张过程。为此,自我革命根本目标实现的内在要求是,社会主体的自我革命一定是体现人民群众根本利益的实践活动。而人民群众利益实现的重要条件是保证人民性是自我革命主体中占主导地位的人性。

一、自我革命的发展进程要体现人民利益

马克思主义人学坚持在唯物史观基础上研究人的问题。自我革命虽然

---

① 张志丹:《论革命的人性》,《人民论坛·学术前沿》2020年第20期,第113页。

② 中共中央文献研究室编:《毛泽东年谱(一九四九——一九七六)》第四卷,北京:人民出版社2013年版,第199页。

③ 中共中央马克思恩格斯列宁斯大林著作编译局编译:《马克思恩格斯文集》第一卷,北京:人民出版社2009年版,第287页。

是人的自主性的行为，是个人设计自己、改造自己、完善自己的行为，但人在特定历史条件下的实践活动，其革命程度受社会一定发展阶段与水平的影响。人民群众是历史活动的真正主体，左右着社会前进的方向，代表着历史的主流和时代的精神。自我革命的历史进程要体现人民的心声、符合人民的需要。

第一，人民群众在推动人类社会发展中发挥创造者的作用。人是社会性的人。自我革命虽然是人的自我改造活动，但却内在地要求人与社会发展的一致性。人的发展与社会发展的一致表明，自我革命运动发展的历史进程一定反映着人民群众的需要和利益，体现着人民群众的内心想法。因为人民群众不仅在量上强调社会人的大多数，在质上也强调对人类社会发展起推动作用的人。马克思主义人学认为，一方面，从量的规定性来看，相对于个体、相对于反对派是社会成员的极少数的定义来说，人民群众在任何时候都代表社会成员的绝大多数，而人类社会的发展离不开其推动主体。人的社会存在性以及人与人之间的依赖关系表明了人必然会与社会中的他人、群体乃至社会国家等产生一定的联系。也就是说，社会基本矛盾会在一定程度上以人与人之间的矛盾关系为表现形式之一。从这个层面来说，人类社会的不断向前发展离不开人与人之间的交往关系或者社会关系的和谐。而人民群众作为社会成员的绝大多数，作为反动派的对立者，必然是解决社会基本矛盾的主要力量，社会基本矛盾的破解也就推动了社会历史的持续发展。从这个角度来说，人民群众是推动人类社会发展的决定力量。另一方面，从质的方面来看，人民群众是推动人类社会发展的人。马克思主义人学始终强调社会自身的发展，其最终的解决方案是人民群众借助劳动生产、教育等手段，通过实现远大理想信念与社会现阶段任务的实践相统一的方式，提高社会生产力，改善人民精神境界，化解社会内部的不同矛盾，尤其是最基本的、起着总制动作用的矛盾。

第二，人民群众在人类社会发展中发挥合力作用。人的发展演进从本质上看，是依赖于社会物质基础上的人类在过去的时代里所开展的各种事件和活动，是人类文明的发展轨迹的积累。人和动物不同。动物由于不具有主观能动性而消极被动地存活于自然界中，而人则努力发挥自身的主观能动性去改变自己的生存条件。人为了改变现存世界，使客观世界能够满足自身的需要、利益和理想等，以集合体的形式联系起来。这种集体的合力作用越是溯源社会发展演进史，则表现得越加明显。在社会发展进程中，人总是以自己的目的和预期来创造自己的历史，这种创造看似彼此孤立，但实际上却构成了一个有机的整体。人的这一整体实际上就是作为社会推动力量的大多数成员，即人民群众。人类的社会历史也正是人民群众利益实现过程的合力作用而不断形成并发展演进的。因此，在马克思主义人学看来，历史绝不是以往哲学家强调的"'源于精神的精神'消融在'自我意识'"①，也不是孤立的个人发挥作用的结果，而是绝大多数人共同努力的成果。也就是说，历史发展是由社会合力作用产生的，没有广大人民群众在社会实践劳动中的广泛参与，就无法真正推动社会历史的发展与进步。人民群众无论在历史中的哪个发展时期都是社会主体中在数量上占绝大多数的那些人。马克思主义人学始终坚持群众史观、反对英雄史观，充分重视人民群众在社会发展中的作用，认为"只有人民，才是创造世界历史的动力"②。

　　第三，人民群众锚定了自我革命发展进程的趋向。革命就是解放和发展生产力。自我革命作为革命的类型之一，其发展的决定力量在于生产方式。生产方式是生产力与生产关系在物质资料生产过程中的统一。劳动群众作为物质生产的主体，作为生产力中最重要的因素，是人民群众的主体部分。人民群众是社会生产的决定力量，左右着自我革命发展进程的前进方向。人民群众不是空洞的，而是由一定数量的个人所组成的、推动社会发展进步的集合体，即群体。因此，人的自我发展与社会的发展是相互作用的过程。一方面，人类社会的整体发展离不开每个人的自我发展的不断向前推进。"人的自由全面发展"是马克思主义人学观点中关于人类发展的终极价值目标，也是每个个体对美好生活的价值向往。马克思和恩格斯在讨论人的自由全面发展问题时，始终把个体与群体、人类等不同层次的主

---

①　中共中央马克思恩格斯列宁斯大林著作编译局编译：《马克思恩格斯文集》第一卷，北京：人民出版社2009年版，第544页。

②　毛泽东：《毛泽东选集》第三卷，北京：人民出版社1991年版，第1031页。

体在其中的相互作用、相互影响看得至关重要，始终秉持个人自由发展是
一切人自由发展的条件的重要原则。个体在自我革命中实现个体发展的同
时，也在推动着整个人类的发展，进而实现人的个体发展与人类发展的和
谐统一。因此，作为自我革命活动的革命主体，必须坚持人民的立场、体
现人民的心声，才能真正推动人类实现从必然王国向自由王国的质的飞跃。
另一方面，自我革命需要"真正的共同体"作为保障，而"真正的共同体"
的构建离不开人民的立场性。在马克思提出的"真正的共同体"构建中，
需要人通过发挥自身的主体性作用对自然、社会、环境等实施活动，使共
同体空间中形成适合人自身发展的生存生产空间，进而推动人类社会的发
展，才能真正完成"真正的共同体"的构建。但是这里的"人"并不是"个
体"中的人，而是人的联合体，即人与人之间联合形成的群体。在"真正
的共同体"中，个人的发展与社会的发展不是相背而行的，而是一个双向
互动的过程，即人只有在社会交往中才有可能实现人的本质的复归与不断
向前发展，进而有可能实现真正的人的个性自由。同时，只有当个体的利
益与集体的利益之间存在根本的一致性时，个体才能获得自由全面发展其才
能的方式方法，而这种利益的根本一致只有在真正共同体中才有可能出现。

二、自我革命的实践活动要发挥人民智慧

人类社会的发展是人民群众共同奋斗、共同意愿的产物。马克思主义
人学从人对劳动工具的运用、对劳动资料的改造等人所参与的物质资料的
生产实践出发，揭示人类社会的一切生产包括物质的、精神的生产，都在
根本上离不开人民群众的实践主体作用。自我革命作为社会实践活动，作
为推动人的全面发展进而推动社会发展的自我完善活动，离不开人民群众
智慧的发挥。

第一，人民群众是从事社会变革实践活动的主力军。社会是一个包含
生产力与生产关系的矛盾的集合体，其发展是通过生产力与生产关系不断
协调实现的。从社会历史的发展进程来看，历史的任何向前推进都离不开
人民群众的革命活动。马克思主义人学认为人类社会任何历史时期的真正
的革命运动，都是人民群众自己主动进行的反对落后社会因素的实践斗争
运动。当然，马克思主义人学并不否认英雄、领袖的作用。归根结底，领

袖是从群众的革命斗争实践中产生出来的，其革命理论也离不开群众斗争经验的总结。也就是说，只要革命活动符合时代规律的发展主流趋势，那么这一革命活动的主体力量必然是起历史推动作用的人民群众。任何脱离人民群众的革命运动，最后都会陷于失败的境地。如果一场历史革命是落后的，那么它在本质上是不符合人民群众的利益、是没有反映人民群众的意志和要求的。以马克思和恩格斯所处的资本主义社会阶级压迫日益严重的时代为例。在资本主义私有制社会中，社会资料日益集中在少数资本家那里，而广大的人民群众却日益沦为无产者。面对资本主义社会生产关系的局限性与不足，面对资产阶级的剥削与压迫，为了改变被剥削的状态，全体被剥削者需要联合起来开展社会变革的实践活动。其中，从事社会变革实践活动的主力军，就是同不符合时代发展进步的"资产阶级对抗的是众志成城的广大人民群众"①。

第二，社会实践活动的变革体现着人民群众的变革。社会变革实践活动是人有目的地改造客观世界的物质活动。这一活动体现了实践主体作用于客体的能动性，体现了特定的社会历史条件下的社会性，体现了社会历史活动的不断更新。同时，社会历史活动的变化与更新也体现着人民群众的认识能力与实践能力的变化与更新。人民群众包括不同的阶级、阶层、社会集团，例如资产阶级革命时期的资产阶级等。人民群众的社会实践活动，创造了人类社会赖以存续和发展的物质资料，而人民群众在实践中也不断积累更新着生产经验以及升级生产技术和工具的能力与手段。可以说社会生产力、生产方式乃至整个社会的发展，离不开人民群众的自我更新与发展。人民群众的自我更新为社会的再生产的整个过程提供发展动力。人民群众作为真正从事社会实践活动的主体，在推动社会发展中发挥着决定性作用。而人民群众所肩负的推动历史发展的作用，要求其始终具备发挥实践主体作用的能力。人要想始终保持推动社会发展的能力，那么就需要人始终保持与社会必然发展方向一致的自我发展状态。因此，社会的发展变

---

① 中共中央马克思恩格斯列宁斯大林著作编译局编译：《马克思恩格斯文集》第一卷，北京：人民出版社2009年版，第696页。

化也为人民群众的自我发展、自我变革提出了必然要求。

第三，人民群众是自我革命活动的实践革新力量。人的变化与发展是社会历史发展的必然要求。但人可以实现自我的变化与发展，很大程度上离不开人的自我意识的能动性。人的能动性表明了人的实践行为的选择性，即人的实践活动受人的主观性的影响而表现出的行为选择的多样性。人如果要与社会的发展保持内在一致性，那么人的自我发展便不仅仅是自我的事情。人需要把自我发展置于具体的历史条件中，置于人与自然、与社会、与其他人的关系中去考察。人的自我改造活动有多种，其中自我革命作为一种革新性的自我改造活动，无疑是自我改造活动中最彻底的一种。自我革命是人在反思自身与周围世界关系的过程中做出的彻底性革命活动。马克思和恩格斯认为，在一个国家内部，当这个国家的人民理解一切、能判断一切时，便意味着这个国家人民的主体意识的觉醒，那么这样的国家就充满了力量。人民作为主体对客体对象的理解与认识离不开实践活动。思想是实践最基本的东西，思想要想转化为现实，离不开思想者本身，即通过人实现思想的实践转化。人在实践中才能证明自己思维的真理性。在人的实践活动中，革命作为社会历史前进的火车头，是使人和社会发生重大变革的运动。人民群众是社会发展进步的主体，是生气勃勃的创造主体，尤其是其中有觉悟的那部分群众，其智慧的散发对自我革命的实践活动具有重要的推动作用。

三、自我革命的价值诉求要以人民为中心

自我革命的实践活动是人为了满足自身利益等目的而开展的活动。这一活动表征的是作为客体的人对作为主体的人的需要的满足程度。当人作为客体时，他既需要与其他人形成价值关系，同时也要满足自我的价值需要。自我革命作为以推动人类社会发展进步为目标的实践活动，其实践的革命主体是关心个体、使每个人的正当需要都能得到不断满足的主体，即人民群众。人民群众是真正起到历史推动作用的人，是社会精神财富的真正创造者，代表着绝大多数人的利益与价值诉求。自我革命作为一个包含个人、群体与类的不同层次在内的实践活动，其实践方向离不开人民群众的检验与评价，其价值评价必然始终坚持以人民为中心地位。

第一，人民群众推动自我革命的物质价值的实现。人的物质价值实现是在人的实践活动中不断产生的客体以自身的物质属性满足主体的意义表征。人的物质价值虽然是在人的实践活动中产生的，但不是所有的人的活动都能产生物质价值。只有那些能够合乎人类目的性的、满足人的物质生活需要的实践活动才能够产生人的物质价值。自我革命是革命主体以推动人类社会发展进步为目标而开展的自我革新性质的实践活动。这一活动以推动人类社会发展进步为目标，体现了实践的合目的性，也反映了人的价值需要的满足。因而，自我革命是一项可以产生物质价值的实践活动。但是，人的物质价值的实现并不都是可以促进社会发展进步的。人的物质价值的实现以是否满足人的需要为特征，这表明人的物质价值具有正向和负向之分。人的需要和利益有长远和就近、整体和局部之分。不同的利益需要决定了人的不同的价值实现的特性。对于那些能符合人类长远利益的需要的满足是一种正向的价值的实现，而违背了人类整体利益的实践活动则反映的是反面的、负向的价值的实现。人的物质价值的实现以社会发展进步为标志。社会的发展进步要求人的生产方式的发展与进步，其中物质资料生产进步是最基本的表现形式。人民群众是指对社会历史发展起推动作用的社会绝大多数成员。其中劳动者作为物质生产的主要力量，在生产力中发挥着重要的力量。人民群众是历史的创造者，对社会历史发展起着决定作用。社会中的每个成员要想实现自身正向的物质价值，只有参与到人民群众创造历史的实践活动中才能够表现出来，否则就会以失败告终。因此，自我革命的物质价值程度的深化，只有坚持人民群众的中心地位时才得以实现。

第二，人民群众推动自我革命的精神价值的实现。人的精神价值主要是指实践主体在实践活动中所能实现的对自我、他人、社会等精神需要的满足价值。人的精神价值与物质价值一样，不仅有正负之分，而且也需要不断储存、传播、再生产、再创造。马克思和恩格斯反对"人类就是精神空虚的群众"①这一说法，认为人民群众是社会精神财富的创造者。人民群

_____

① 中共中央马克思恩格斯列宁斯大林著作编译局编译：《马克思恩格斯文集》第一卷，北京：人民出版社2009年版，第265页。

众的思想、精神源于现实生活、源于社会实践。社会实践与现实生活使人民在实现精神创造时获得丰富的现实感性材料，也为精神财富创造提供必要的条件与设施。精神财富创造者在物质基础条件下，通过发挥意识的能动作用实现艺术作品等精神内容的再创造。当然，人民群众在精神财富的创造中既是创作者又是参与者。其中，从事物质资料生产的那部分人为精神创造提供素材，而从事知识创造的那部分人则在精神生产过程和社会精神财富的创造中起到了非常重要的作用。例如，艺术工作者、精神财富创造者等劳动者为社会发展提供了精神财富直接创造的可能。因此，自我革命主体要实现自身的精神价值，就离不开人民群众对自身精神生活的再生产与再创造。自我革命作为满足人民群众利益的实践活动，正是人在不断端正主体自身认识价值、道德价值、审美价值等方面的过程中，实现自我确证的体现。从人的认识价值来看，人的认识价值有真假之分。人不断提高自身认识能力、不断获取外部世界和人自身的知识的过程，就是人不断追求"真"的过程。人通过彻底的自我革命活动，可以为自身达到真理的认识提供可能，使主体自身的认识、实践与客观本质规律达成统一。从人的道德价值来看，人的道德价值有善恶之分。自我革命作为对落后因素的消灭活动，正是对不道德行为的破除，使人的道德价值始终符合人类社会发展进步的伦理规范。从人的审美价值来看，人的审美价值有美丑之分。马克思主义人学在社会领域中强调的丑的审美价值，一般与违背历史趋势、妨碍人类创造相联系。但是，丑与美又是依据人的审美情趣、人的阶级、时代等不断变化甚至可以相互转化的。因此，为了使人与社会的发展变得更加和谐，人需要通过自我革命的力量始终革除与人的本质等相对立的因素，而这个过程离不开人民群众的中心主体地位作为考量依据。

第三节　遵循人的解放的发展规律

正如革命是推动历史发展的火车头一样，自我革命也是推动人类历史发展的重要方式。马克思主义人学视域下的自我革命是现实的人以自身为客体对象，通过革新客体自我存在的不符合社会发展因素的落后因素，实现人的发展与社会发展的相互促进的重要实践活动。这一实践活动的客观必然趋势和理想目标即实现人的解放，使每个人都能得到个性的自由发展。马克思和恩格斯在唯物史观的基础上指出了人的解放的物质力量和现实途径，并认为只有无产阶级才能担负起领导全体进步人类实现人的解放的历史使命。无产阶级作为被压迫最重的阶级，以最彻底、最大公无私的品性团结全世界进步人民共同奋斗，在实现人类解放的基础上，最终实现无产阶级的自我解放。因此，马克思主义人学视域下的自我革命作为人追寻自我解放的重要实践活动，需要在遵循人的解放的发展规律的基础上实现活动的开展。

一、人的解放是人类社会发展的必然趋势

正如马克思和恩格斯所强调的人的社会关系总和的本质一样，人的社会性存在物属性表明了人的活动与交往不是孤立的，而是始终处于人与人之间相互依赖、相互交织的社会关系网之中。人作为社会的主体，以开展实践活动的主体客体化、客体主体化的方式，实现人和社会之间的相互促进、共同发展，而人的解放正是人类社会发展的必然趋势。

第一，社会的发展与人的发展相互促进。关于人与社会的关系问题，马克思主义人学并没有把社会当作空洞的时间空间存储器，把人与社会之间的关系进行割裂来研究。马克思主义人学始终将人的问题置于现实的、具体的自然存在与社会存在之中进行研究。其中，社会存在是人之所以为人的重要存在属性。马克思主义人学认为，人是构成社会的必要因素。马克思和恩格斯从人的祖先的群居性的生物属性角度出发指出，"猿类祖先是一种群居的动物"[①]，认为社会是充斥着人与人之间关系的社会时间与空间，是由人所组成的集合体，即人口数量越多，由人所组成的社会集合体也就越大。当然，从社会的必要构成要素来看，单个个体是不能够被称为社会的，社会不是局限于单个个体的概念，而是指一定数量和质量的个人的结合体。因此，作为社会存在的必备构成要素，个人的数量、质量。如身体

---

① 中共中央马克思恩格斯列宁斯大林著作编译局编译：《马克思恩格斯文集》第九卷，北京：人民出版社2009年版，第553页。

素质、精神素质等个人的变动与发展，都是影响社会整体发展的重要因素。个人构成了集体，进而构成了社会的基本要素，这为社会的发展与人的发展的相互促进奠定了基础。人由于劳动实践让自身与动物区别开来，使自身具有社会的存在属性。社会作为人的集合体，其自身的运动变化发展离不开人的实践活动的主导作用。人的开展实践活动的过程是一个主体客体化、客体主体化的双向运动过程。正是这一实践活动的双向特征实现了人的发展与社会发展的内在一致与相互促进。人作为主体在与客体对象发生认识与实践的关系时，是主体能动性、选择性、创造性的表现。主体依据自身的意识的能动性作用，使客体对象按照自己的需要、利益等目的发生改变，进而实现了人的发展。但是，人不是作为个人而独立存在的，一切社会性的个人都以一定形式依附于群体共同体、人类共同体等共同体形式，并受共同体支配的。也就是说，当人以主体实践活动的方式作用于客体对象时，客体对象一定会以反作用力的方式制约着主体的人的生存与发展。人在一定社会历史条件下实现的人的本质、人的认识能力、实践能力等方式的变化，也正是客体主体化的表现。总的来说，主客体双向互动的实践活动一方面使作为主体的人不断实现人的发展，另一方面也内在驱动着社会环境的不断改善与发展。

第二，人类社会发展的目标是人的解放。马克思主义人学始终认为，生活在社会交往关系中的人是处于一个拥有共同利益、共同需要的社会共同体之中的。人可以通过与他人的交流与学习，弥补自身的不足，实现自身能力的提高。社会共同体的发展状况也可以为人的发展提供条件，但同时人的发展也会受到特定历史发展规律的限制。例如，在阶级社会中，人只有成为阶级的一分子才有可能获得阶级内的自由，其中占据统治地位的阶级决定了他们相对于被统治阶级而言，要拥有更多的自由。阶级的差别表明社会主体之间的利益存在差别。社会生产力发展水平的有限性引发的人对物质资料的竞争等，使社会主体在发展状态、交往状态与生存状态等方面有可能朝着片面性方向发展。例如，商品拜物教、货币拜物教的产生。这种片面性的、以资本权力等为基础的发展，不仅不是真正意义上的个人自由，更是在一定意义上取消了人的自由发展。当人的自由发展受到限制时，作为人的集合体的社会的发展必然也会受到制约。因此，无论是人还是社会，只要走向片面性发展，便会相互制约、止步不前。从人与社会的发展规律来看，人类社会发展不是片面性的发展，而是在实现社会生产力高度发达的基础上，消灭私有制、消灭阶级，使每个人都能实现自身在社会各方面的平等，使人类社会发展成为真正的个性自由的联合体。"人的解放"是马克思主义人学观点中关于人类发展的终极价值目标，同时也是每个个体对美好生活的价值向往。但是，人只有破除现有的落后因素，始终保持时代先进性，才有可能推动人的自由全面发展。当然，马克思主义人学所强调的未来社会的人并不是"个体"的人，而是人的联合体。个人的发展与联合体的发展是一个双向互动、互相成就的过程。人在自我革命过程中实现自身发展的同时，也在推动着整个人类的发展，进而实现人的个体发展与人类发展的和谐统一。因此，自我革命活动只有遵循人与社会发展的和谐关系，才能真正推动人类实现从必然王国向自由王国的质的飞跃。

二、人的解放以无产阶级的带领为关键

马克思主义人学始终从社会联系中考察人的实践问题。人的解放是人类社会发展的必然趋势和理想目标。人类社会作为人的集合体，其中每个个体都能在一定程度上发挥自己的作用。然而，人的解放实现的生产力极大发展物质力量条件表明，每个人的作用只有参与到群众的社会创造活动中才能发挥作用。也就是说，人的解放的实现不是任何个体通过孤立的自身努力就能实现的，而只能在人与人联合起来的群众的合力中才能实现。人的解放以人民群众为主体力量，但只有发挥领袖的带领作用，才能使人的解放事业成为有组织的力量，进而赢得解放事业的胜利。无产阶级作为社会主体中丝毫不占有任何生产资料而被迫出卖自己劳动力来维持生命的阶级，拥有最彻底的解放力量与革命意识，是依靠多数人、领导多数人、为了多数人的综合体。因此，人的解放离不开无产阶级的带领，而无产阶级要想带领人民实现解放，就要始终以最彻底的自我革命精神保持自身的先进性，并引导其他进步的人通过自我革命活动实现自身的发展，进而推动全社会的发展进步。

第一，无产阶级是先进生产力的代表。阶级是特定社会历史发展阶段的历史现象，主要由于占有社会生产资料的关系及其所起的作用的不同等成为一定阶级的成员。不同的阶级由于阶级属性不同，所以其利益诉求、生活交往方式等带有一定阶级性。无产阶级是资本主义社会的产物。伴随着英国开展了机器大生产代替手工劳动的产业革命，资本主义制度在生产了资产阶级的同时，也创造了生产力量十分强大的无产阶级。同时，随着资产阶级日益淡出生产实践的具体活动，他们就像昔日封建贵族阻碍生产力发展一样，而逐渐成为社会发展规律的桎梏，阻碍社会历史进程的顺利向前推进。资产阶级在创造自己的同时也创造了无产阶级。无产阶级作为被资产阶级雇佣的阶级，从被创造的那一刻起就成为资产阶级的对立阶级。从发生学的角度来讲，资产阶级的诞生与无产阶级的诞生是同步的。在一定程度上，资产阶级与无产阶级可以说是一对"孪生兄弟"。也就是说，无产阶级从一登上历史舞台，就代表了先进的生产力发展要求，就肩负着破除资产阶级所维护的旧的生产关系的使命。旧的生产关系的破除意味着人类拥有摆脱普遍贫穷的可能，意味着人类拥有了自我解放的一定的物质基础。先进的生产力为人的解放与发展奠定了坚实基础。无论是自然环境的基础物质条件带来的个人的身体健康的维护还是物质生产带来的物质后盾，都可以看作是推动人的解放活动开展的前提。因此，人的自由全面发展与解放离不开无产阶级的带领。

第二，无产阶级具有彻底的革命性特征。人民群众自身是无法自发地产生彻底的革命意识的。这种意识的产生需要先进生产力的思想与行为引导。无产阶级作为先进生产力的代表，正发挥着群众事业的倡导者和组织者的作用。马克思和恩格斯认为，革命意识的强弱与掌握生产技能的水平、创造社会财富的能力等影响生产力发展的部分有关，而这一强大的社会生产力就是"革命阶级本身"①。无产阶级作为机器大生产时代下的产物代表着先进的生产力，作为出卖劳动力的阶级，由于不占有任何生产资料而最

---

① 中共中央马克思恩格斯列宁斯大林著作编译局编译：《马克思恩格斯文集》第一卷，北京：人民出版社2009年版，第655页。

迫切改变现状。从无产阶级的特征来看，无产阶级作为革命成本最少的阶级，具有最彻底的革命意识，也具有最强烈的革命动机。因此，无产阶级相对于其他阶级来说是真正的、彻底的革命阶级。相比于其他阶级、相比于其他需要解决的革命目标，无产阶级在革命斗争中，无疑是比任何别的阶级都要坚决和彻底的。因此，人的解放的实现离不开无产阶级自我革命的引导。一方面，无产阶级作为最彻底的革命阶级，通过自我革命的方式使自身始终保持先进性；另一方面，无产阶级作为先进生产力的代表，也通过外部引导、教育与启发的方式，使进步的人民形成不断成熟的革命主体意识，进而带动全人类的自我发展与进步。作为主客体认识统一的广大人民，在自我革命的过程中，可以说是全面地认识自身乃至社会的过程。因此，他们才可以掌握革命理论进而实现自我革命与社会革命的共同前进。

第三，无产阶级的历史使命是实现共产主义。无产阶级从其被生产出来的那一刻开始，就兼具着埋葬资本主义制度并努力建立共产主义社会的伟大历史使命。究其原因，人们可以从以下两点进行考察。一方面，从资产阶级的自身属性来看，资产阶级的发展离不开无产阶级的物质创造。在资产阶级私有制社会，资产阶级作为统治阶级虽然享有一切权力，但是仍然需要面对旧社会内部的一些冲突。例如，资产阶级需要面对来自贵族阶级的反对、需要面对来自其他影响自身利害的资产者的反对等等。劳动者与劳动产品本身的异化表明，资产阶级只能借助无产阶级提升自身的物质财富的创造水平。另一方面，从无产阶级的自身特征来看，无产阶级的革命运动是不可避免的。随着机器大工业的不断深化发展，无产阶级的人数不断增加，而结合成更大的多数人的集体并且在联合中逐渐感受到自身的强大力量。然而，无产者在社会中是没有财产占有的，他们有的只是被资本家奴役的"自由"权利。同时，随着生产力水平的提升，当人从维持生存需要的劳动中解放出来时，人就有了实现个性自由的可能性，而这都将促使他们不断增强自身的革命意识与革命动力。无产阶级作为资本主义社会中的最低级的、丝毫得不到利益保障的阶级，获得自由的唯一动力就是从根本上破除阻碍自身获得合法权益的财产私有制度。私有制的消除正是实现人的自由全面发展的开端，这也是无产阶级的革命活动与过去的革命运动的不同之处。因为历史上的革命运动只是少数人的运动，只是以少数人的利益维护作为革命斗争的动力，而无产阶级的革命运动却与之相反。因此，从无产阶级的正义的历史使命来看，"资产阶级的灭亡和无产阶级的胜利是同样不可避免的"①。

三、人的解放以无产阶级自我解放为归宿

马克思和恩格斯所强调的人的解放是建立在消灭私有制、消灭阶级的人与人之间平等的基础上每个人的自由全面发展。无产阶级的先进性为消灭私有制提供了条件，无产阶级的直接目的是建立无产阶级专政的国家，而最终目的是实现阶级的消灭。在无产阶级专政的条件下，自由与全面发展要经历从不全面到全面的发展过程。当阶级真正消亡后，自由与全面发展才会真正得到实现。因此，对于马克思和恩格斯所强调的人的解放来说，人的解放必然以阶级的消灭为归宿，而阶级的消灭过程是无产阶级在消灭资产阶级之后，经过自我革命实现自我消灭与解放。也就是说，人的解放的最终实现将以无产阶级的自我解放为终结。

第一，人的解放要求实现人与人之间的真正平等。阶级是指社会发展到一定阶段，由于生产资料占有等方面的不同而引发的人的地位的不同。阶级是在剩余产品的出现与私有制的形成的基础上产生的。马克思和恩格斯认为，阶级的存在，其中无论是资产阶级还是无产阶级的存在，都代表着人们在社会经济结构中处于不同的社会地位。当社会地位被分为统治阶级和被统治阶级时，统治阶级的思想就占据了统治地位，而被统治阶级就在思想上落入被压迫地位。也就是说，只要有阶级仍然存在，人与人之间就不可能实现真正的地位平等。马克思认为，资本主义私有制的存在使无产阶级丧失了人的自由自愿劳动的类本质特征，使无产阶级的生活条件达到了非人性的顶点。而且无产阶级与资产阶级之间的这种不平等处于绝对不可抗拒的、无法掩饰的状态。正是由于无产阶级的被压迫性、被剥削性，才使其成为最具有彻底革命精神、最大公无私的阶级。无产阶级作为革命

---

① 中共中央马克思恩格斯列宁斯大林著作编译局编译：《马克思恩格斯文集》第二卷，北京：人民出版社2009年版，第43页。

阶级，其开展的运动是为绝大多数人谋利益的。无产阶级革命运动的目的是消灭私有制、消灭阶级差别，实现人的真正解放。无产阶级要想实现人的真正解放，就要努力实现人与人之间交往关系的平等。人与人之间真正的平等关系的实现，在政治层面意味着阶级的消灭，其中包括无产阶级自身的阶级消灭。当无产阶级消灭了自身和其对立面的时候，它就实现了真正的胜利。所以，人要想实现真正的平等就要致力于无产阶级的自我解放。

第二，人的解放的目的在于实现每个人自由全面的发展。马克思主义人学在坚持唯物史观的基础上，找到了人的解放的物质力量是社会生产力的极大发展，人的解放的现实途径是无产阶级领导全体进步人类通过社会主义革命、社会主义建设的胜利的方式，不断改变旧世界、建立新世界，使每个人始终随着社会历史条件的变化而自由全面地发展。人的自由全面发展的状态是每个人都可以对自我的本质进行全面的占有并实现自由个性的社会形态，而不是少数人的狭隘的、畸形的个性自由。马克思和恩格斯认为，任何企图通过先满足少数人个性自由的想法都是不可能实现的。要想实现人的真正的自由与解放，就要通过革命或改革的方式破除一切不合理的因素，例如消灭私有制和阶级。社会主义社会的建立使剥削阶级被改造成自食其力的劳动者，但是社会主义社会的建立仍然是以无产阶级专政为前提的。无产阶级专政下的"个人自由只是对那些在统治阶级范围内发展的个人来说是存在的，他们之所以有个人自由，只是因为他们是这一阶级的个人"[①]。也就是说，只要阶级仍然存在，社会就不可能具备使每个人都能自由发展的条件。社会主义社会的建立是实现人的解放的重要途径。但是，要想破除对于被统治阶级的发展桎梏、实现每个人在自己的联合中获得自由全面的发展、使人回归于人的本身、实现劳动的真正解放，无产阶级对资产阶级的消灭只是开端，无产阶级的自我解放才是人实现自由全面发展的最终结果。当无产阶级取得国家政权并成为统治阶级时，那么通过阶级的消灭实现人的解放的任务就已经历史地、必然地落在了无产阶级

---

①　中共中央马克思恩格斯列宁斯大林著作编译局编译：《马克思恩格斯文集》第一卷，北京：人民出版社2009年版，第571页。

身上。因此，无产阶级在通过消灭资产阶级进而实现无产阶级专政的基础上，还需要破除无产阶级本身对于人的自由全面发展的限制与阻碍。也就是说，无产阶级还需要致力于自我的解放与发展，而这一方式离不开自我革命作用的发挥。因为只有保持自我革命的无产阶级才有勇气、有能力抛掉身上陈腐过时的东西，才能实现与肮脏的决裂，才能具备重塑自我的能力。

第三，无产阶级的自我消灭是人的解放的必然结果。阶级是社会一定历史条件下的产物。从我国社会主义改造时期的成果来看，我国社会主义社会的建立，已经将原来地主、富农、资本家等剥削阶级基本消灭，并将其改造为自食其力的劳动者。因而当社会生产力实现极大发展时，阶级必然走向消灭。阶级的消灭意味着私有制的消除，意味着人与人之间剥削关系的消除，意味着人将不再以阶级集合的形式出现，而是代之以个性自由的人的联合体的形式存在。从这层关系来看，阶级的消灭是人的解放的必然结果与必然途径。对于无产阶级来说，阶级的消灭首先意味着与之对抗的资产阶级的消灭。这是由无产阶级和资产阶级在社会运动中的阶级地位与对抗关系决定的。无产阶级伴随着资产阶级的产生而出现，它们之间如影随形，彼此抗争。无产阶级作为真正的革命阶级、作为肩负着使人类进入理想社会的历史使命的阶级，其所开展的无产阶级革命运动必然走向胜利，而资产阶级作为对抗阶级必然走向覆灭。当然，与此同时，资产阶级的真正消灭也就意味着与它同向同行的无产阶级也开始走向消亡。但是，无产阶级的胜利并不是真正意义上的人的解放的理想社会的实现。无产阶级的胜利只是实现人的解放的开端。人的真正解放的来临是无产阶级的自我革命与自我解放。当人试图消灭剥削人民的有产阶级时，那么此时"就出现了消灭阶级本身的无产阶级要求"[1]。无产阶级即使是消灭阶级本身也丝毫不减其革命斗志，因为这是无产阶级历史使命的使然。相反，无产阶级恰好就是为这些消灭而奋斗，并不断创造条件。然而，相对来说，资产阶级却一开始就"怕说阶级的消灭"[2]。马克思主义人学认为，阶级的消灭

---

[1]　中共中央马克思恩格斯列宁斯大林著作编译局编译：《马克思恩格斯文集》第九卷，北京：人民出版社2009年版，第112页。

[2]　毛泽东：《毛泽东选集》第四卷，北京：人民出版社1991年版，第1468页。

与国家的消亡是全人类必须走的一条路，只不过是时间早晚的问题。因此，人的解放离不开阶级的消灭并以无产阶级的自我消灭为结果。

小　结

从一般规定可以看到，自我革命虽然是一种实践活动，但是又具有自身的独特性。自我革命的内在指向性决定自我革命具有自觉性特征。自我革命的自觉性特征表明自我革命的顺利开展离不开一定驱动力量。自我革命的驱动要素回答的是自我革命主体想要开展自我革命实践活动的原因。自我革命的程度之深刻、目标之深远决定了自我革命的彻底性特征。从自我革命的彻底性特征可以看到，自我革命顺利开展且最终实现的难度之大。因此，为了推动自我革命的顺利实现，人们需要揭示自我革命的实现的具体条件。

本章主要尝试回答自我革命从开展到实现的过程中所必需的具体条件是什么。其一，自我革命作为一次真正的革命，这一性质本身就决定了自我革命要想成为一种革命，就需要推动社会的发展与进步。自我革命作为社会主体的自我更新式的、推动人类社会发展进步的实践活动，对人的综合素质提出了特殊的要求。它不仅要求自我革命主体在体力上保持健康状态，而且要求自我革命主体在智力与德力上保持先进性。其二，自我革命的顺利开展离不开一切对历史发展起推动作用的人，即人民群众。马克思主义人学视域自我革命的开展是为了达到人的自我实现，是为了实现人的自由全面发展与解放。从这一目标来看，自我革命无论是在顺利开展层面还是从目标实现的层面，都需要发挥对历史发展起推动作用的人民群众的主体力量。因此，要保证自我革命的实现，就必须将人民性置于自我革命主体人性中的主导地位。其三，自我革命的开展与实现离不开对人的解放的发展规律的遵循。马克思主义人学视域下的自我革命致力于通过主体的自我革新与突破，实现人的真正的解放。人的真正的解放在实现过程中有其内在规律可以把握与遵循，即人的解放的最终实现以无产阶级的自我解放为统一。

　　总的来说，马克思主义人学视域下的自我革命并不是一个普通意义上的自我改变性质的活动。从一般性来看，一切先进的人都是自我革命的主体。但具体来看，自我革命从开展到实现的过程又是具有条件性的。自我革命在性质上要求主体具有坚定意志的彻底性特征、在方向上要求革命实践具有自我发展性的特征、在价值上要求具有造福人类的特征。依据自我革命的实现条件，自我革命需要思想先进的阶级及领导者首先进行自我革命，然后才能发挥方向引领与精神带动的作用，进而才能影响到别的群体和个体实现正确的自我革命的目的。自我革命从开展到实现需要先锋力量。"无产阶级是真正革命的阶级"①，无产阶级政党作为"最有远见、最有卓识、最具有组织纪律性"的、"先进部队"的革命政党组织，始终坚持用最敏锐的眼光把握历史发展的前进道路与方向，在实践中走在前列。无产阶级政党不限制于某一具体国家范围内，它在不同国家有具体的形态表现。例如，中国共产党、朝鲜劳动党、越南共产党等都是无产阶级政党的具体表现形式。人无完人，金无足赤。无产阶级及其政党要想不断提高自身觉悟程度，保证自身的阶级先进性、高度自觉性等，也需要进行自我革命。从历史的发展进程来看，每一个阶级及其政党都代表着自己阶级的利益，而那些没有始终代表最广大人民根本利益而是从自己或小集团利益出发的政党，既没有开展自我革命的勇气，也没有实现自我革命的条件。例如苏联共产党，由于最终背弃了共产主义信念、脱离了人民群众的根基，因而丧失了开展自我革命的勇气与底气，最终只能以分崩离析的结局而告终。中国共产党既满足自我革命的实现条件，又具有开展自我革命的现实力量。中国共产党始终遵循人的解放发展规律、遵循最广大人民的根本利益，始终坚持破除一切艰难险阻带领最广大人民致力于开展社会主义和共产主义社会的革命建设，起到推动社会生产力发展的作用。

---

　　①　袁贵仁:《马克思主义人学理论研究》，北京：北京师范大学出版社2017年版，第5页。

第五章 中国共产党拥有开展
自我革命的现实力量

从人的解放的发展规律来看，人的解放与无产阶级的自我解放达成了统一。无产阶级的自我解放以消灭阶级为必然途径，这种自我解放是一场真正的、彻底的自我革命活动。无产阶级的自我解放离不开领导者的组织力量。无产阶级政党作为始终代表无产阶级和人民群众的意志和利益的政治组织，是无产阶级实现自身使命的根本保证。无产阶级政党要想发挥好这一组织力量，离不开以最彻底的自我革命精神保证自身对共产主义的坚守。中国共产党作为中国无产阶级政党，始终代表着先进生产力的发展要求、代表着最广大人民的根本利益，始终承担着实现共产主义的奋斗目标的历史使命。为了肩负起人的解放的最高历史使命，中国共产党靠着坚定的革命精神与纪律意识创造了一部充满着流血与牺牲的奋斗史。中国共产党从成立之日起，就始终以实现人的自由全面发展的奋斗理想、不怕牺牲生命的信仰为精神依托，以坚定的政治底气、先进的精神支撑为滋养，以完善的制度为保障，保持最彻底的自我革命精神，经历了革命、建设和改革的历史锻造。在新时代条件下，中国共产党始终坚守党的初心使命，艰苦奋斗、自强不息，勇于检视自身问题，坚持在自我革命中始终保持思想纯洁、肌体健康。

第一节 中国共产党开展自我革命的政治底气

自我革命是人的发展与社会发展内在一致性的必然趋势，是人在推动社会发展的同时不断自我反思、自我确证、自我发展的实践活动。只不过，自我革命作为实践活动的一种类型，与其他自我改造活动不同。自我革命的本质如革命一样，是为了解放生产力。自我革命的这一功能定位决定了它不是革命主体展开的小修小补的改良活动，也不是革命主体依据自身的任意需要、利益等目的而开展的自我改造的实践活动。自我革命作为以革新自我的方式推动人与社会共同发展的实践活动，是一种勇于刀刃向内的、彻底性的革新活动，是以人的解放这一人类社会发展的必然趋势为根本目标导向的实践活动。而人的解放的实现又需要遵循无产阶级自我解放这一必然规律。这表明，自我革命作为以个体、群体与人类为有机整体的实践活动，其开展的程度与方向决定了自我革命主体必定离不开有远大政治抱负与先进政治追求的人的引导与带领。而中国共产党从自身的性质、历史使命与成立以来的自我革命的实践认同来看，反映出其始终是自我革命的坚定践行者，始终坚持党性与人民性的结合、历史使命与具体实践的结合。因此，中国共产党从成立之日起就有着自我革命的最深厚的政治底气。

一、中国共产党的性质

中国共产党是代表着先进生产力的、最具坚决性、彻底性、革命性的无产阶级政党。中国共产党作为中国无产阶级先进部队，始终坚持党性和人民性的统一。而这既增加了中国共产党自我革命的勇气，又为中国共产党保持自身的主客体的内在和谐提出了自我革命的要求。一方面，中国共产党在人民群众追求自身独立与解放的革命事业中发挥着领导核心作用。这内在要求着中国共产党勇于践行自我革命这一刀刃向内的实践活动。另一方面，社会的不断发展与进步为中国共产党的发展提出了时代要求。中国共产党为了始终走在社会前沿，也必然离不开自我革命这一彻底的自我革新活动。正是坚定的自我革命精神，使中国共产党始终能够坚守自身的初心与使命，始终能够坚持"在群众中开展自己的全部活动，毫无例外地吸收他们中间的一切优秀力量"①。

第一，中国共产党的阶级性，要求其勇于自我革命。政党作为一定阶级的代表体现了自身的阶级性质。在阶级社会中，政党是阶级对抗斗争的

———————

① 中共中央马克思恩格斯列宁斯大林著作编译局编译：《列宁全集》第二十四卷，北京：人民出版社2017年版，第41页。

手段。无产阶级政党正是在资本主义社会的阶级矛盾斗争中产生的。在资本主义社会，私有制和旧式分工的存在，使得资产阶级由于享有生产资料所有权获得经济乃至政治上的统治地位，而劳动人民则由于不占有任何生产资料而逐渐沦为无产阶级。随着生产资料私有制的阶级社会阻碍生产力发展程度的不断加深，资产阶级与无产阶级之间的阶级斗争也就不断深化。无产阶级政党作为阶级斗争的产物，正是在资产阶级与无产阶级对抗斗争到一定阶段时产生的。无产阶级在近现代大工业生产中与资产阶级一起孕育而生。无产阶级的阶级地位决定了它与资产阶级的斗争目的是要消灭私有制，实现生产资料归全社会所有，使自身从异化劳动的关系中解脱出来。中国共产党作为中国无产阶级政党组织，其党性决定了它从一成立起就代表着无产阶级的利益和意志，即以解放全人类的方式实现自身的解放。但人类社会由阶级社会向无阶级社会过渡要经历相当长的历史阶段。中国共产党作为无产阶级最有觉悟的分子，要想发挥推动人类社会发展的作用，必然要始终坚持主客体关系的内在统一性。中国共产党要以最彻底的自我革命精神革新自我、发展自我，进而才能够为全人类解放事业和无产阶级的自我解放做斗争。

第二，中国共产党的人民性，要求其勇于自我革命。中国共产党作为无产阶级政党具有人民性。从利益需要来看，中国工人阶级和中国人民、中华民族的根本利益是一致的。人民群众是社会历史发展的决定力量。其中劳动群众，作为物质生产实践的主要实践者，是生产力中最重要的要素。也就是说，人民群众创造历史的事业本身就是人的解放的事业。无产阶级作为先进生产力的代表，是社会最底层、最受压迫的阶级，具有最彻底的革命精神消灭私有制、消灭阶级剥削和压迫。无产阶级要想解放自身，只有在解放人类的前提下才能实现。因此，从人民群众和无产阶级的利益需要来看，二者在根本上是一致的，都致力于实现人的发展和解放，使每个人都能够实现自由全面的发展。阶级性和人民性的根本一致，表明中国共产党作为无产阶级政党丝毫没有自己的任何特殊利益。恰恰因为中国共产党根本利益的人民性，始终"把人民放在心中最高的位置，一切工作要以人民利益为出发点"，这才使得中国共产党能够有勇气大刀阔斧地开展自我革命。同时，中国共产党作为中国人民的先锋队决定了"中国要出问题，还是出在共产党内部"①。如果中国共产党部分成员出现价值取向上的偏差，坚持个人主义作风，把个人利益看得过重，那么这些出现错误思想的人就存在工作方法上出现主观主义、讲假话、报假情等问题的可能性。这种错误的价值观导向必将使广大人民群众也陷入背离自身的主体创造性、背离实事求是作风、背离人民中心的政治风险的困境中去，进而出现贪污腐败等问题。因此，为了保持自身的先锋队性质，中国共产党要始终保持组织内部的自我更新，始终坚持自身发展的合规律性与合目的性的统一。

第三，中国共产党的先进性，要求其勇于自我革命。中国共产党丝毫没有自己特殊的利益需求，始终坚持把人的解放事业视为自身的理想目标。这一方面体现了中国共产党所具有的自我革命精神的彻底性，另一方面也内在包含了中国共产党的自我革命的必然要求。中国共产党是始终做到"三个代表"的政党组织，这既丰富了自身的性质，又集中概括了自身先进性的表现形式。正是由于中国共产党的先进性质，使得历史和人民都选择了中国共产党。当然，在中国革命、建设和改革的社会历史中也可以看到，中国共产党对于成立新中国、对于建设中国特色社会主义的决定作用。但是，中国共产党也深知"其兴也勃焉，其亡也忽焉"的关联性，深知领导人民"取得革命的胜利，就要有一个成熟的党，这是一个很重要的条件"②。中国特色社会主义事业是全体中国人民的共同事业。因此，为了跳出执政党的历史周期率怪圈，使自身永葆先进性，中国共产党需要始终以自身的先进性要求作为科学指引，勇于开展自我革命，不断正视自我问题，勇于破除自身落后于中国先进生产力、先进文化、最广大人民根本利益的部分。

二、中国共产党的历史使命

无产阶级是在生产资料私有制与旧式分工的矛盾，使不占有生产资料的劳动者，不得不向资本家出卖自己的劳动力，以谋求生存的背景下产生

---

① 邓小平：《邓小平文选》第三卷，北京：人民出版社1993年版，第380页。

② 中共中央文献研究室编：《毛泽东年谱（一九四九——一九七六）》第四卷，北京：中央文献出版社2013年版，第248页。

的。无产阶级从出现之日起就与资产阶级处于基本对抗的阶级矛盾中，并致力于开展无产阶级的自我解放的革命运动。在阶级社会里，一切历史都是阶级斗争的历史。无产阶级政党作为无产阶级的先锋部队，由无产阶级中的优秀分子组成。无产阶级政党从成立之日起就代表着无产阶级和劳动人民的意志，就肩负着实现全人类解放和无产阶级自我解放的共产主义的奋斗目标和历史使命。然而，人类社会从有阶级的社会到无阶级的社会的发展需要一段相当长的历史阶段。因此，中国共产党要想带动全体进步人类共同朝着人的解放目标奋斗，就必然离不开自我革命精神的指引。

第一，历史使命的责任性，要求中国共产党始终保持自觉性，勇于自我革命。无产阶级政党从成立之日起就始终维护无产阶级和广大劳动人民的权利与意志，并始终坚持把实现人类解放和无产阶级的自我解放视为自身应该肩负的义务。中国共产党首要的任务虽然是在本国建立和建设社会主义制度，但是其最终任务仍然是联合全世界的劳动者为全人类解放的共产主义理想目标而奋斗。因此，对于中国共产党来说，无论是中华民族伟大复兴的奋斗目标还是全人类的理想目标，都是其在一定社会历史条件下所要承担的对人民群众、对无产阶级自身的全部责任。但是，社会总是处于发展变化之中的。中国共产党要想在变化发展的社会历史条件中始终肩负使命，离不开意志自觉的参与以及不断发展。马克思主义人学认为，人的自觉性的发展水平与人的认识水平的发展是一致的。中国共产党要想肩负起这一历史使命，就要不断深化对人类社会发展规律的认识。但是，正如人的认识不是一蹴而就的一样，中国共产党作为群体层面的人，在把握人类社会变化发展规律的过程中，也需要人的自我发展与社会发展的相互促进的过程。随着中国共产党的认识深入，中国共产党的自觉性水平也会不断提高。同时，随着自觉性水平的提高，中国共产党肩负历史使命的自由程度也就越来越高。因此，为了保持自觉性意识，中国共产党需要始终以最彻底的自我革命精神提高自身的认识水平与实践水平。除此之外，中国共产党要想带领全体中国人民共同实现中华民族伟大复兴的中国梦，还需要发挥榜样教育的作用，发挥头雁效应，通过自身的自觉性强化广大人民群众的政治素养水平。

第二，历史使命实现的曲折性，要求中国共产党始终坚持时代性，勇于自我革命。人的解放作为人类社会发展的客观必然趋势，其最终实现是漫长且曲折的。马克思和恩格斯揭示了人的解放理想目标的物质力量是无产阶级，其现实途径是从有阶级的社会到无阶级的社会的转变。其中，首要实现的是社会主义。社会主义是共产主义的第一阶段。中国共产党带领全体人民进行社会主义改造，使资本家、地主等剥削阶级转变为自食其力的劳动者。但是，中国仍然处于社会主义初级阶段，仍然存在着社会差别，如工农差别、体力劳动与脑力劳动的差别等。共产主义社会的实现，正是随着社会生产力的不断发展而实现人的自由全面发展。因此，中国共产党作为无产阶级政党不仅具有最高的历史使命，也肩负着阶段性的使命与目标。阶段性目标向长期性目标的奋进是一个曲折性的历史过程，其中包含着现实存在与理想使命的差距与张力。因此，中国共产党需要始终保持时代的先进性，坚持与时俱进，密切关注新时代的要求。例如，在当前时代中国共产党特别是党员干部，更要努力加强道德楷模的培养与树立，以发挥自身在社会实践、精神引领等方面的带头作用，发挥头雁效应，以实际行动带动全社会朝着真、善、美的方向发展，这就是保持时代先进性的重要表现形式。中国共产党要想始终保持时代的先进性，使自身始终保持生命力、活力，就需要共产党人在具体实践中，一边坚持党员的党性并将其内化为自身的外在行为，一边通过党员的自我教育、自我改造、自我完善、自我革命不断加强自身的党性锻炼。

第三，历史使命的崇高性，要求中国共产党始终保持纯洁性，勇于自我革命。人的解放的历史使命是崇高的，人的解放是人类社会发展的客观必然趋势，更是广大人民群众的理想目标。人类社会发展的理想目标之所以具有崇高性，是因为其并不止步于消灭资产阶级实现无产阶级专政，还会进一步实现生产力的高度发达，最终消灭生产资料私有制、消灭阶级，实现人类社会从有阶级的社会向无阶级的社会的彻底过渡与转变。而社会主义和共产主义社会的实现离不开一代又一代的无产阶级及其政党的领导。例如，中国共产党以彻底的革命精神组织、带领被压迫、被奴役的广大人民群众"为夺取政权而斗争"①，最终实现了新中国的成立。当然，在消灭阶级之前，中国共产党作为无产阶级政党，将始终肩负着消灭剥削、消除两极分化、实现共同富裕，最终实现共产主义的历史与时代使命。人的主客体的内在统一性决定了中国共产党的自身建设，尤其是纯洁性建设将极大影响人的解放的发展进程。人的发展要遵循社会历史发展规律的要求表明，中国共产党如果离开了刀刃向内的自我革命活动，就不能实现自身的自我调整、自我修复与自我发展，更不能推动社会的发展与进步。当然，中国共产党的纯洁性建设是在具体的、历史的变化发展中的。当今社会，中国共产党面临着自身纯洁性受到侵蚀的危机与挑战。为了应对"四种危险"与"四大考验"，中国共产党始终推进全面深化改革与全面从严治党活动，不断检视自己、正视自己、纠正自己的错误思想与言行，消除影响自身纯洁性的各种消极因素，以更好地承担起民族复兴的重任。

三、中国共产党的实践认同

坚持自我革命是中国共产党"经过长期实践积累的宝贵经验"②。中国共产党之所以具有开展自我革命的勇气与魄力，不仅在于其自身性质的先进性与历史使命内含的责任与担当，还在于自我革命是中国共产党在实践中形成的历史经验。中国共产党倍加珍惜与长期坚持这一历史经验的过程，实际是对自我革命的实践认同的内化。中国共产党在自我革命的精神支撑下养成了勇于开展自我革命的实践认同。中国共产党的自我革命在实践认同中不断深化与发展。这一实践经验的不断巩固和发展，为后来加入中国共产党的党员同志们塑造了成熟的自我革命环境，使中国共产党人不断深化对自我革命的主体认同与精神认同。

第一，推动中国共产党形成对自我革命的主体认同。马克思主义人学认为，人既具有主体性特征又具有客体性特征。中国共产党作为群体层面的人，也表现为主体性与客体性的统一。从中国共产党的主体性层面来看，中国共产党是由中国无产阶级中的优秀分子组成的。这些人由于拥有共同

---

① 刘少奇:《刘少奇选集》下卷，北京:人民出版社1985年版，第395页。

② 《中共中央关于党的百年奋斗重大成就和历史经验的决议》，北京:人民出版社2021年版，第71页。

的为人的解放事业而奋斗的目的和动机而组织在一起。为了担当起先进部队这一重要任务，中国共产党人始终以敏锐的眼光洞察自身，始终保证自身的自我教育、自我修养，保证自身的自我更新与进步。开展自我革命实践活动，表明了中国共产党人的主体性的一面。从中国共产党的客体性层面来看，中国共产党党员虽然具有自身的相对独立性，可以追求自己的自由和幸福，但在其人生道路的选择上却必须以社会进步和为人类的解放事业做贡献为衡量标准。自我革命作为人以解放生产力为目的的自我改造活动，符合社会进步的要求。中国共产党人始终以坚定的自我革命精神审视自我、控制自我、改造自我、发展自我。自我革命早就成为中国共产党人的内在要求。人是具体的、历史的。为了保证中国共产党组织内部的团结与稳定，实现党组织内部的主体认同是至关重要的。主体认同是指党组织内部成员作为认识主体对自己生活于其中的、自己归属的组织的认知以及对这个组织所构成的热爱与认同，其中包括认识、态度、情感、信念等各个方面的认同。因此，新的、年轻的先进力量要想加入中国共产党组织内部，首先需要具备的就是对中国共产党党组织这一主体的认同。也就是说，中国共产党作为为全体人民谋利益的政党，其自我完善的目的、动机、标准和方式等都一定不能脱离这一社会性要求。自我革命作为保证党组织先进性的重要手段，其内含的刮骨疗毒、刀刃向内的果敢等品质必然是党组织内部必须坚持的重要精神品格。自我革命内化为中国共产党的实践法则，这一法则的执行对新时代的年轻中国共产党党员构成一定的规范作用，即要想成为一名中国共产党党员，就需要认同自我革命是中国共产党始终保持先进性、时代性的重要法宝。

　　第二，推动中国共产党形成对自我革命的环境认同。马克思主义人学认为，环境对人的成长和发展是十分重要的。环境影响的对象可能是一个人、一个集体甚至一些群体；环境影响的作用也有正负之分，欢乐的环境可以使人心情愉悦，而长期悲伤的环境有可能使人陷入悲伤之中。总的来说，人不是独立于环境的，而是始终处于一定的环境之中，并与社会环境之间实现相互促进、相互影响。人作为主体在认识自己、确立自己、改造自己、发展自己的过程中，又受到社会环境的客观因素的制约。人的认知状况会随着人的自我认识情况、社会环境的变化情况，不断呈现出有时强化、有时弱化的发展变化。中国共产党在自身的成长及环境的影响下，逐渐明确并建立清晰的自我意识形成自我认同。自我认同在本质上是在现代社会中不断趋向自我实现目标的能力要素，同时也是始终坚持自我革命实践活动的目标指引。中国共产党人不仅使自身不断塑造成勇于自我革命的人，而且也在一定程度上塑造着环境。中国共产党的百年奋斗史已经证明自我革命是中国社会的重要环境氛围。它不仅影响着中国共产党内部，而且使得其他先进组织也致力于通过自我革命的方式永葆自身的先进性。例如，中国共青团作为走在时代前列的先进组织，为了跟上时代发展的脚步，展现出勇于自我革命的时代风貌，这正是中国共产党自我革命的重要认同表现。然而，当前中国正处于现代社会转型的过程中，转型中的社会存在拜金主义、个人主义、消费主义等社会问题，而生活于转型社会大潮中的中国共产党也面临着"四大危险"与"四大考验"，这种危机很容易使先进组织在自我发展过程中迷失自我，陷入虚假的自我认同之中。因此，主体的自我认同与自我革命的环境认同和谐统一，即将环境认同内化为自我认同的一部分是先进组织始终坚持自我革命的重要保证。

第三，推动中国共产党形成对自我革命的精神认同。中国共产党作为中国无产阶级的先进部队，从成立之日起便始终坚持自我革命的精神力量支撑自身的革新与发展。回顾历史，中国共产党是不畏艰难、及时反思、自我革命的政党。从中国共产党的发展历程来看，中国共产党在第一次国共合作全面破裂之后，内部组织遭到重创，无数革命党员、革命群众被无情杀害。但中国共产党并没有因此而一蹶不振甚至消失在历史视野中。相反，中国共产党以坚定的理想信念为支撑，坚持将自身视为对象化客体进行全面考察，从自身重创中寻找原因、总结经验、及时纠偏，从而使得革命从低潮中再次走向高涨。中国共产党不仅在坚定的自我革命中不断发展壮大，同时形成了艰苦奋斗、不怕流血、不怕牺牲的自我革命的精神。一方面，这些精神的形成离不开自我革命精神作用的发挥；另一方面，这些精神也以情感熏陶的方式使后来新加入的中国共产党党员甚至广大人民群众形成了情感共鸣，进而上升为自我革命的精神认同。正是在这种发展中，一代又一代的中国共产党人不知不觉、慢慢地接受着自我革命精神的熏陶与鼓舞。当然，人的精神、情感最终反映的是一定的社会关系，是由一定的社会性需要引起的。纵观改革开放以来的发展历程，党正是在不断自我革命精神力量支撑下，才能带领人民实现第一个百年奋斗目标。在新时代新阶段下，中国共产党始终坚持自我革命，致力于朝着第二个百年奋斗目标而努力。

总的来说，自我革命作为个体、群体与人类相统一的有机整体开展的实践活动，从运转到实现的整个过程不可能是某个层面的主体的单独行动。也就是说，个体的自我革命不能脱离也不可能脱离群体而展开，同时群体的自我革命也不是单独为了小集团利益而展开的实践活动。然而，由于每个人的人生态度、人生价值、人生境界的差异，所以要想保证自我革命能够起到推动人类社会发展进步的作用，这必然离不开真正实现人的本质力量的确证、保证人民主体地位、遵循人的解放的发展规律的先进群体来发挥带动作用。中国共产党作为中国无产阶级的先进部队，始终坚持党性和人民性的统一、坚持坚定的历史使命与具体实践的统一，不仅具有自我革命的勇气，也具有自我革命的实力。

第二节 中国共产党开展自我革命的精神支撑

人是有机整体。人的自我革命的实践活动，从开展到实现反映的是人的整体性的综合能力。这表明，中国共产党之所以具备开展刀刃向内的自我革命的勇气，除了在于中国共产党的性质、历史使命等自身因素之外，还有其他因素的支撑来发挥作用。自我革命是人的本质力量的对象化。自我革命的实现离不开人的本质力量，即人的综合能力的支撑。人的综合能力表现为人的体力、智力与德力。其中，德力作为反映人的思想素质、政治素质与道德素质的重要能力，在自我革命的实践活动中发挥着重要的精神支撑作用。所谓精神，泛指意识层面的东西，是主观能动性的表现，主要包括思想、观念、道德、宗教等形而上学方面的具体形态。马克思主义人学强调在客观物质基础上考察精神范畴，"它从现实的前提出发，它一刻也离不开这种前提"①。精神不是消极的"分泌物",而是有着巨大的能动作用。精神文化作为人的主观能动性的表现形式,对人的发展乃至经济社会的发展起着巨大的支撑和推动作用。高尚的精神往往是激励人战胜艰难险阻的重要因子。中国共产党坚持先进的德力精神的支撑,它有利于保证自我革命主体实现人生理想与社会理想的统一、政治立场与政治方向的统一、个人利益与集体利益的统一,主要包括改革创新的精神动力、集体主义的价值基础、共产主义的理想信念。

一、改革创新的精神动力

创新能力是人的综合素质协同作用的结果。创新能力反映着人的一种心理取向,"这种心理取向除了智力素质的作用外,还包含情感、审美、道德等因素的共同作用"②。改革创新是中国共产党带领中国人民创新与发展的重要品格。改革创新的精神品格反映着中国共产党作为群体层面的自我革命主体,所具有的综合素质的集中表现。改革创新是每个时代社会发展的必然要求,是突破现状、对旧事物的根本性破除,是敢为人先、对新事物创立的谋划。当前,在一个机遇与风险共生的新时代,要想坚守自我革命的初心与使命,就要以变革的实践和时代发展审视自己,以改革创新的精神不断加强并完善自己。

改革是中国共产党开展自我革命的应然诉求。改革是对旧的、不合理的事物的根本性调整,使之更加合理完善的实践活动。从促进生产力的深度发展,从变革生产关系的广度来讲,改革也可谓是一场革命,从性质上看本身就是"革命性变革"③。改革与自我革命具有内在统一性,二者无论从实践程度上看还是从实践结果上看都具有内在一致性。从实践程度上看,改革和自我革命本质上都是一场革命性变革,都是为了实现实践主体的根本性的自我战胜、自我超越而不是自我毁灭。从实践结果上看,二者都具有先进性,都体现了社会发展脉搏,都推动了时代发展的潮流。从改革与

---

① 中共中央马克思恩格斯列宁斯大林著作编译局编译:《马克思恩格斯文集》第一卷,北京:人民出版社2009年版,第525页。

② 陈志尚主编:《人学原理》,北京:北京出版社2004年版,第397页。

③ 邓小平:《邓小平文选》第三卷,北京:人民出版社1993年版,第135页。

自我革命的区别来看，自我革命是人发挥自身主体性，把主体自身视为客体对象，进行自我审视、自我改造的过程；改革的主体是人，但客体却是除了主体自身以外的其他个人、群体乃至集团等。自我革命实现的是主体自身的革新与发展，而改革则是对社会客体的革新与发展。因此，从改革与自我革命的区别与联系来看，改革与自我革命是相互促进、相互作用的。正如人与社会的发展是相互制约、相互促进的一样，自我革命之所以要实现主体自身的发展，归根结底离不开社会发展这一根本目的；而改革在推动社会发展的同时，也为主体自身的发展提供条件。因此，中国共产党在正确方向、立场与原则下，把握好改革的发展规律，是不断推进自我发展的客观需要。中国共产党带领人民开展自我革命的实践活动离不开改革实践进程的全面深化与持续推进。正如习近平对改革的时态定位一样，在自我革命的实践进程中，只有进行时没有完成时。改革作为自我革命的一种客观需要，其面临的难度与矛盾必然是庞大的。但是，没有改革活动，自我革命就无法开展；没有改革活动，人的自由全面发展状态就永远不会到来。要真正实现人的发展，就要有明知山有虎，偏向虎山行的勇气。

创新是中国共产党开展自我革命的动力。创新表征着一种创造性，其中既包含创造性思维，又包含创造性实践。创新是人区别于其他动物所特有的认识与实践活动。创新是主体旨在为人类的实践活动和认识活动提供的新东西、新事物。创新的实现是主体不断从已知领域向未知领域的探索与开拓的过程中，不断揭示并解决主体和客体对象之间的新矛盾、新问题，并提出新思路、新方法。中国共产党的诞生与壮大离不开其对创新的坚持。中国无产阶级的先进分子正是敢于创新，勇于接纳马克思主义这一科学的新事物，才有了中国共产党这一革命组织。因此，中国共产党能够从幼稚走向成熟，离不开创新的作用。正是这一创新观念在中国共产党内部的贯彻与内化，为中国共产党的自我革命提供了动力。观念是行动的先导。中国共产党想要开展自我革命实践活动，就是为了革除自身落后的、不合时宜的部分。而创新所蕴含的内在否定性发展的基本含义，恰恰与自我革命这一实践活动形成了统一。从思维层面来看，创新是中国共产党作为集体主体的自我意识的新发展的主体精神，体现为集体的主观能动性的发展；

从存在层面来看，创新是以自我意识的新发展推动自我行为的新发展的过程，表现为针对自身、自我的革新。总的来说，中国共产党的自我发展本质上就是自我创新的结果，是其不断平衡内在自觉与外在行为差异的过程中自我创造的实践活动。事物发展表现为矛盾运动中的螺旋式上升的运动状态。在事事有矛盾、时时有矛盾的社会发展的必然规律中，中国共产党作为一个政治组织，其自我发展是一个不断突破现实自我的局限性，在不断跳出自身舒适圈的过程中，不断否定旧的实践运动。中国共产党不断化解旧的矛盾、实现新的实践活动，不断超越旧的自我、创造新的自我，最终达成自由自觉发展目标的自我否定性发作的实践运动。因此，中国共产党带领人民开展的自我发展必然离不开创新精神的条件支撑。

改革创新是中国共产党推动自我革命的源泉。改革创新是中国社会时代发展的伟大成果与客观反映，中国共产党的自我革命离不开改革创新所内在蕴含的自主性、首创性与先进性精神。从改革创新的自主性精神来看，改革创新是中国共产党的自主创新。自主创新表明中国共产党不仅拥有主动战胜自我、超越自我的求新的渴望和意识，同时也拥有相应能力的充分发展。从改革创新的首创性来看，中国共产党开展的首创性的改革创新虽然离不开非创造性思维与实践的学习与积累，但首创性的"第一次"的思维与实践需要巨大的创造新事物的勇气。从改革创新的先进性来看，中国共产党开展的改革创新不是其随着自身的主观意愿随意做出的创造性活动，而是在特定社会历史条件下，在遵循一定社会发展规律的基础上开展的推动社会发展的改革创新。因此，从自主性、首创性与先进性的精神来看，自我革命的开展离不开改革创新的强大支撑。自我革命是中国共产党依据社会发展规律、时代发展要求，对自身不符合规律发展的部分做出的革新与调整并不断完善自我的实践活动。这一实践活动虽然是主体内在的革新活动，却也内在要求改革创新的自主性、首创性与先进性。俗语说，"苟日新，日日新，又日新"，自我革命在本质上就是始终保持用新的事物代替落后事物的自我完善的活动，而这一新生事物必然是顺应社会发展方向与时代进步潮流的。从这个意义上说，自我革命本身就是时代发展的具体表现，是改革创新精神的现实凝聚力量。改革创新的精神是社会革新与发展的物质反映，对人的实践活动与自身发展具有指导作用。时代精神一旦内化为主体的内在精神力量，便可以为自我革命活动提供行动的可能性以及自我发展的基本路径。因此，自我革命活动在本质上离不开改革创新精神的力量支撑。

二、集体主义的价值基础

道德素质是人的思想道德素质的重要组成部分。道德作为人的一种社会意识，对人与人、人与社会之间的关系起到一定的调节规范作用。人的道德素质的差异决定了人对其他人、对社会的态度的差异。自我革命是一项以人的解放为最终目标的实践活动，这一活动要求人的道德观念、价值观念具有先进性、高尚性。中国共产党是由中国无产阶级中最活跃、最积极的分子共同组成的集体组织。中国共产党以人的解放事业为历史使命，始终认为，"一致的行动，一致的意见，集体主义，就是党性"①。中国共产党所坚持的集体主义倡导集体与个人之间相统一的关系，主张随着社会主义制度的建立和发展，个人将组成新的联合，人在这种联合中可以顺利地实现每个人的自由个性的全面发展。集体主义的精神品格反对损人利己的极端个人主义行为，主张维护广大人民群众的集体利益。从长远来看，集体主义的精神品格符合社会发展的客观规律，有利于净化自我革命主体内心的杂质，有利于维护社会整体发展以及人类的长远发展。因此，中国共产党所坚持的集体主义价值理念为自我革命提供了条件和支撑。

集体主义强调的集体是人民群众。马克思主义人学始终坚持人的社会性的存在属性，认为现实的人始终通过一定的劳动实践与其他个人、群体等相联系，并以集体社会的有机整体的形式存在。但人与社会是变化发展的，这种变化发展状态以一定的社会历史条件为前提。可以说，社会在不同阶段、不同历史条件下表现的社会集体是不同的。在资本主义社会中的社会集体，是在生产资料私有制为主体的经济基础上形成的。这意味着，资本主义社会强调的社会集体，是少数人的集体，是那部分占有生产资料

---

① 中共中央文献研究室编：《毛泽东文集》第三卷，北京：人民出版社1996年版，第417页。

的资产阶级的集体。在社会主义社会中的社会集体则与资本主义社会中的社会集体的范畴完全相反。社会主义社会中的社会集体是全体人民群众。因此，在不同历史条件下对比来看，资本主义社会所强调的社会集体，相对于广大人民群众来说是虚伪的。资本主义社会强调的国家利益与集体利益是少数占有社会生产资料的人的利益。相反，社会主义社会所强调的社会集体是指以工人、农民、知识分子为主体的人民群众。也就是说，社会主义社会强调的集体利益本身就是人民群众利益的集中体现。当前，我国虽然已经建立社会主义社会制度，却处于社会主义初级阶段。这表明中国共产党坚持在集体主义价值观支撑下，在社会主义发展中仍然具有长期性与曲折性。中国共产党作为代表广大人民群众利益的先进组织，要想始终通过自我革命保持自身的先进性，必然离不开集体主义价值观的支撑。

集体主义为化解个人利益与集体利益的矛盾提供可能。集体主义是与个人主义、利己主义相反的一种价值观，主张以系统性、整体性思维来衡量个体的利益与价值，主张将个人利益置于集体利益中来考虑。马克思主义人学坚持人与社会相互促进、相互发展的观点。从个人与社会的关系来看，社会离不开个人，没有个人就没有社会的存在与发展；个人的生存与发展又必然依赖群体和社会，社会是个人存在和发展的前提。从个人与社会的关系来看，无论是个人的发展还是社会集体的发展，都需要遵循符合人类社会发展的必然规律这一客观基础。集体的范畴是具体的、历史的。集体在资本主义社会历史条件下强调的是少数生产资料的占有者，而在社会主义社会的历史条件下则强调的是广大人民群众。因而，人类社会发展的客观基础是要符合广大人民群众的根本利益。天下熙攘，皆为利来利往，正是利益牵动着每个人奋斗的神经。马克思认为，"正确理解的利益是全部道德的原则，那就必须使人们的私人利益符合于人类的利益"[1]。人民群众作为推动社会历史发展的决定力量，其自身的发展水平体现着人类社会的发展水平。因此，可以看到，在资本主义社会强调的集体利益本质上是少

---

[1]　中共中央马克思恩格斯列宁斯大林著作编译局编译：《马克思恩格斯文集》第一卷，北京：人民出版社2009年版，第335页。

数人的利益，是个人主义的体现；社会主义社会强调的集体利益则是真正的绝大多数人的利益，是集体主义的体现。集体主义强调在实现集体利益的基础上实现个人利益，强调个人要以集体为重、个人利益要在集体的范畴内考察，其本质正是坚持个人与集体共同发展的方向与原则，二者具有内在统一性。从长远来看，集体主义是真正的"人人为我，我为人人"的相互促进的精神支撑。

自我革命实践活动的开展要坚持集体主义的价值观。马克思主义人学认为，人的实践活动离不开自身的利益、需要、价值、理想等目的与动机。人的需要是多层次的，既有满足衣食住行的物质需要，也有实现更高层次发展的需要。自我革命的实践活动是革命主体以革新自我、发展自我的方式满足人的解放与自由全面发展需要的实践活动。人是社会性的人。这决定了人的需要的实现离不开集体、离不开社会。因此，自我革命的实践目的——人的解放的实现，是以社会历史的共同发展为前提的。从人的发展与社会发展的一致性来看，自我革命目的的实现必然离不开与社会集体的关系。也就是说，如何调节个人与集体之间的张力，实现个人价值与社会价值的和谐统一，是保证自我革命实现的重要问题。个人与集体的关系中最重要的问题是利益问题。当集体是由广大人民群众联合而成时，个人与集体的根本利益就是内在统一的，那么人通过自我革命实现自身发展的同时，也必然推动社会集体的发展与进步。当集体是由占有生产资料的少数人联合而成时，个人与集体的根本利益就是完全对立的，那么集体越得到发展，个人的个性自由就越会被限制，人也就越不可能实现自身的完全解放。若一个集体是先进的，代表着社会成员大多数的利益，那么这一集体就是真实的集体。它能够推动社会的发展与进步，能够成为个人发展的有力"跳板"。也就是说，合理的个人利益可以推动人的自我革命目标的发展与实现，而不合理的个人利益则会扭曲自我革命的发展方向甚至阻碍自我革命活动的开展。同时，当合理的个人利益与虚假的集体相结合时，自我革命活动是无法朝着人的自由自觉状态发展的；而当不合理的个人利益与真实的集体相结合时，同样会产生人与人之间社会交往的矛盾，最终也不利于人的自我实现的完成。只有把合理的个人利益与真实的集体相结合，人与人之间的交往才能达到和谐共处的状态。因此，只有正确理解"利益"在个体与个体、个体与集体之间的合理定位，人们私人利益的实现才更符合人类的利益。中国共产党坚持集体主义，坚持个人是人民的一分子，坚持国家利益是人民利益的集中和代表。集体主义的客观基础与价值取向，不仅是自我革命实践活动的内在要求，也是自我革命主体实践的方向。因此，中国共产党作为代表最广大人民根本利益的先进组织，拥有自我革命的现实力量与客观条件。

三、共产主义的理想信念

理想信念作为人区别于动物所特有的精神需要，是思想素质的重要组成部分。理想信念是现实的社会生活中精神世界的内化，同时也是人对自身生命存在与发展的意义的追寻，是人的世界观、人生观、价值观的集中体现。理想信念作为人类理想目标和价值标准的重要组成部分，对人类的实践活动具有重要的指导意义。它可以使人按照理想信念规定的目标与方向去努力，是人前进方向中的一盏明灯。理想信念有积极与消极之分。人对理想信念的选择直接关系到人的前途和命运。科学的理想信念是真理与价值的统一、合规律性与合目的性的统一。共产主义理想信念正是这种结合的最高表现形式。共产主义理想信念是马克思和恩格斯在社会发展的客观基础上，通过把握社会现实矛盾的本质和规律，对未来社会应然性的把握。共产主义理想信念完全符合无产阶级和广大人民群众的根本利益。正是有了共产主义理想信念，中国共产党才有始终坚持开展自我革命实践活动的勇气，才有了中国共产党从幼稚到成熟的发展与转变。

共产主义理想信念坚持合规律性与合目的性的统一。理想信念与空想、臆想不同。理想信念虽然高于现实世界，是人在头脑中的构想，但是理想信念的产生绝不是一种妄想甚至幻想。理想信念是合规律性的存在，它产生于客观事物的存在及其发展，是对客观事物发展趋势的可能性与必然性的把握。共产主义理想信念正是马克思和恩格斯在把握社会发展规律的基础上，提出的人类社会发展的未来构想。社会生产力水平的发展，带来的必然结果是广大人民在人的劳动本质上的解放与个性的自由全面发展。但是，理想信念作为一种精神，不仅是对客观事物的发展规律的反映，同时也是对人自身的反映。理想信念对人自身的反映体现了它除了是合规律性的存在之外，还是合目的性的存在。理想信念表达了人的内在需要和利益。人与社会的发展是内在统一的。人由于对现实社会的不满足，而产生了对未来充满憧憬的理想信念。这种理想信念的实现需要人通过自己的努力，在改变自我与社会的同时，不断实现新的现实并不断扬弃现实、超越现实。共产主义理想信念表现出人对真善美的追求的合目的性的特征，包含着人对自我、自然、社会等不断深化的认识，包含着完善的道德关系，包含着对美的规律真理性把握。共产主义理想信念深刻地体现了人类的崇高追求，是有着广泛群众基础的伟大目标。

共产主义理想信念是激励中国共产党不断前行的动力。共产主义理想信念源于人的实践而又高于人的实践。说其高于人的实践，是因为它对人的实践活动具有价值导向功能。一方面，共产主义理想信念对中国共产党的生存与发展具有批判性作用。共产主义理想信念是建立在对现实社会的不满足基础上的。这一现实社会不仅包括社会现实环境，还包括处于现实中的人自身。随着社会历史的发展，中国共产党对社会的本质和规律乃至其自身的生存与发展也都有了不断更新的认识。因此，中国共产党由于对现实社会存在的缺陷与不足表示不满意，而有了对共产主义理想信念的坚持，这才有了中国革命、建设与改革的胜利以及中国共产党自身的不断发展与进步。另一方面，共产主义理想信念是中国共产党推动自身发展的"罗盘"，起着重要的"指南针"作用。作为中国无产阶级中最活跃、最积极的分子，中国共产党始终把共产主义理想信念作为自己坚定的信念与信仰。当然，正如人的发展变化要受到社会历史条件的制约一样，人的理想信念的发展变化也在社会基本矛盾的运动变化中而不同。当前，虽然我国已经建立了社会主义制度，但是仍然存在着封建的、资本主义思想的影响，其中包括中国共产党部分党员的信仰危机的出现。恩格斯曾这样描述，"人们总是通过每一个追求他自己的、自觉期望的目的来创造他们的历史"。[①]

---

① 中共中央马克思恩格斯列宁斯大林著作编译局编译：《马克思恩格斯文集》第四卷，北京：人民出版社2009年版，第302页。

因此，为了始终保证中国共产党的先进性、纯洁性，始终保持对党组织和中国人民的忠诚以及人民利益的维护，进一步坚定共产主义理想信念是十分重要的。

中国共产党的自我革命离不开共产主义理想信念的精神力量。如前所述，共产主义理想信念指引中国共产党不断丰富和发展对自身的生存和发展的认识。这一深化认识的具体实践方式之一就是自我革命。自我革命是革命主体以对社会历史条件的把握为客观基础，对客体自我落后于社会生产发展的部分所开展的刀刃向内的、彻底性的革命活动。革命是解放生产力，因而自我革命的实质是实现人自身与社会的共同发展。自我革命是中国共产党始终保持自身先进性、纯洁性的重要实践活动。自我革命可以帮助中国共产党在否定自我中实现对自我的超越、对自我的发展；自我革命可以推动中国共产党在实现自我发展的基础上，带动全体人民群众发展与进步。然而，虽然自我革命是一项实践活动，但是无论从实践程度还是从实践方向上看，它都需要革命主体的意志力的支撑。自我革命活动执行的彻底性程度、长期性程度都离不开人的意志努力与意志行动。共产主义理想信念作为真理和价值相结合的最高表现，反映着无产阶级和最广大劳动人民的根本利益，致力于实现全体人类解放的社会。中国共产党坚持开展自我革命实践活动，正是为了保证党自身的人民性、先进性。中国共产党在保证自身人民性的同时，也巩固了实现共产主义社会的广泛群众基础。从这个层面来看，中国共产党开展自我革命的实践活动，离不开共产主义理想信念的精神支撑。共产主义理想信念的精神支撑下的自我革命正是中国共产党不断深化对自身认识、对人类社会发展规律认识的重要实践活动。

总的来说，自我革命作为一项以实现人的解放和自由全面发展为目标的实践活动，为自我革命主体提出了特殊的要求。它要求自我革命主体不仅具有发展自我、改变自我的认识与实践的体力与智力，同时也规定了自我革命主体的思想道德素质的水平。只有拥有先进的人的本质力量的人，才能够拥有先进的思想道德素质。而在马克思主义人学看来，拥有先进思想道德素质的人，在思想上坚持共产主义的理想、坚持以集体主义为核心的价值观与道德观。中国共产党作为中国无产阶级的先锋队，始终坚持把为人民服务作为自己的宗旨。正是这种思想道德的价值观、道德观，激励着一代又一代中国共产党人不断自我革命、奋勇争先。因此，中国共产党所坚持的先进的精神力量为中国共产党的自我革命提供了重要的支撑。

第三节　中国共产党开展自我革命的制度保障

制度作为上层建筑，是马克思主义人学考察人的问题的重要依据。制度表现为人在一定社会历史条件下形成的社会意识形态和与之相适应的政治法律制度。制度的确立，一方面对于主体的行为和活动起着刚性的约束作用，另一方面也反映着主体在一定社会历史条件下的综合素质。因此，社会主体确定以何种制度规范自身的行为，在一定程度上反映了社会主体综合素质的先进性程度。作为一个拥有庞大党员队伍的百年大党，中国共产党要想建设好自己的党组织，必然离不开制度的保障。而中国共产党之所以可以组织全党上下开展自我革命活动，进行全面从严治党，正是源于中国共产党的党纪党规等制度规范的实施保障，这是中国共产党实现全党开展自我革命的关键。其主要表现在坚持民主集中制、批评与自我批评的制度化、监督体系日益健全并形成强大监督合力三个方面。

一、坚持民主集中制

民主集中制是中国共产党的最大制度优势。中国共产党作为一个集体性的政治组织，要想实现更好的治理，需要党组织自身"既充分发扬民主，又善于集中统一"[①]。自我革命作为中国共产党全面从严治党的实践活动，必然离不开民主集中制作用的发挥。中国共产党通过民主集中制可以推动各级党组织在自我检查、自我斗争时做到有章可循。这不但能够极大激发全体党员的创造活力，而且可以凝聚全党共识、统一行动，从而有效防止议而不决、决而难行现象的出现。

第一，坚持民主集中制有利于中国共产党在自我革命中保持行为统一。民主集中制主张民主基础上的集中和集中指导下的民主相结合。其中，集

[①]　习近平：《习近平谈治国理政》第三卷，北京：外文出版社2020年版，第49页。

中在人的社会实践中产生，并对人的社会实践活动产生一定的强制作用。关于强制作用的问题，巴枯宁等无政府主义者曾超越社会生产力的发展阶段，通过主张个性反对共性、思想自由反对集体意志等抽象的阶级革命观，把革命、阶级、国家等视为人不幸福的源泉。但是，马克思主义人学坚持任何人的发生和发展都是具体的、历史的，都是主体性与客体性的统一，都要受到一定社会历史条件的制约。恩格斯借助航船遇险的案例也指出了集中的重要性，尤其是在关键的拯救人的生命的时刻，所有人都要立即服从一个人的意志。正如人的发展始终处于合规律性之中一样，集中的存在也是人的自由全面发展的必要条件。一切自由都是相对的，个人自由受到集体自由的限制，集体自由又离不开个人自由的实现。自我革命是作为革命主体的对象化自我的实践活动，而不是任凭自己意志随意展开的革新活动。中国共产党始终代表着无产阶级和广大人民群众的利益。中国共产党的自我革命也是在这一根本目的的指引下开展的实践活动。从自我革命的实践目的、实践动力来看，中国共产党的自我革命活动是全党统一的革命行动，这必然离不开党中央领导权威和集中统一领导在统一思想、统一意志、统一行动等方面的作用发挥。因此，民主集中制为中国共产党大刀阔斧地开展自我革命活动提供了重要的制度保证。

第二，坚持民主集中制有利于中国共产党激发自我革命创造活力。民主集中制强调的集中是基于民主基础上的集中。也就是说，民主集中制除了强调集中的重要作用外，也离不开集中指导下民主的参与。依据计划经济时期的发展经验来看，"家长制""一言堂"既不能实现人的发展，也不能推动社会的进步。在社会发展过程中，无论是何种形式的个人崇拜都是不合规律性的表现。中国共产党始终坚持民主集中制这一根本组织原则，为自我革命活动创造了活力。虽然自我革命是中国共产党为了维护广大人民利益，保证自身先进性的统一行动，但是自我革命的具体开展离不开人的主观能动性的发挥。中国共产党作为集体层面的政治组织，在开展自我革命实践活动过程中，离不开中国共产党的利益、需要、价值、理想等目的与动机的参与。因此，无论是从主观性来看还是从客观性来看，自我革命的实践活动都需要坚持民主集中制的原则，即在充分发挥各级党组织、各个党员创造性的基础上，争取把各方分散意见组织起来，从而按照社会发展的客观规律与人民群众的利益需求择善而从。民主集中制的制度保障使自我革命从开展到实现的整个过程都不是被动的、消极的实践活动，而是人的主体性的充分体现，这极大地体现了中国共产党党内的自我革命实践活动创造活力。

二、批评与自我批评的制度化

批评与自我批评的工作作风是中国共产党在坚持人民群众的最根本利益的基础上，正确接受别人的意见与看法以及敢于审视自己、评判自己的优良作风。为了深化党的自身建设，提高党解决自身问题的能力，中国共产党认真开展批评与自我批评并努力将其形成制度化、规范化的管理，发挥制度带来的根本性、长期性作用。中国共产党坚持在遵守批评与自我批评制度化管理下，勇于刀刃向内，深化党的自我革命锻造。

第一，批评与自我批评是中国共产党开展自我革命的重要武器。中国共产党始终坚持用批评与自我批评的方法教育党组织内部的各级党员或党员干部，使其形成敢于检视自身问题、敢于坚持真理、敢于改正错误的良好习惯，防止出现讳疾忌医、安于现状等危害自身先进性的现象的出现或恶化，实现党同人民群众之间矛盾问题的不断化解与及时解决。批评与自我批评是中国共产党的优良作风，是区别于其他政党的独特优势。批评与自我批评作为中国共产党内部反求诸己的"慎独"之举，是其开展自我革命的特殊武器。从自我革命自身的性质来看，自我革命是一项刀刃向内的革命性活动；是一项勇于克服自身一切不符合人民根本利益的革除行动，如对追名逐利、贪图享乐、信念动摇、拈轻怕重等问题进行彻底击灭的浴火重生的行动；是一项不断提高自身能力的行动。它需要刮骨疗毒、壮士断腕、不怕流血牺牲的巨大的勇气去支撑、去实施。如果一个党员没有流血牺牲的勇气、没有坚定的自我革命意志，在为人民服务的过程中存有私心，那么这个党员就会突破纪律底线甚至做违法乱纪的事情。因此，中国共产党开展自我革命这样彻底的革命性活动需要坚定的批评与自我批评的自我检视意志作为发展过程中的支撑，进而用批判的眼光反思自我、批判自我，才能不断实现更高层次的自我革命。正是这种敢于自我检视的批评与自我批评的工作作风为中国共产党勇于开展自我革命的实践活动提供了锐利的武器与行动依据。习近平强调，"全党同志必须……用好批评与自我批评这个锐利武器，驰而不息抓好正风肃纪反腐，不断增强党自我净化、自我完善、自我革新、自我提高的能力"①。

　　第二，把批评与自我批评制度化，为中国共产党自我革命提供规范。批评与自我批评是中国共产党定期自我反省、自我纠偏，始终与落后思想做斗争，维护党的团结、保持党的战斗力的重要武器。中国共产党之所以可以严肃看待批评与自我批评这一工作作风，是因为从第一次全国代表大会制定党章起，这一工作作风就以最严肃的制度化的方式体现在了中国共产党的党章内。建党百年以来，批评与自我批评始终以具体规定的方式加强中国共产党党内建设。批评与自我批评的制度化建设把党员自我反省上升到规范化管理的层面，并以民主生活会制度的方式固定为定期开展的实践活动。批评与自我批评的制度化建设以严肃的方式使中国共产党党员始终保持并锻炼自我检视的革命意志。这可以防止党内不想检视自我甚至批评能力退化或者弱化的人出现、防止选择明哲保身、装聋作哑、患得患失、讳疾忌医等情况出现。批评与自我批评的制度化建设为中国共产党开展自我革命奠定了基础。一方面，批评与自我批评的制度化、常态化使中国共产党党员具备了自我反思、自我批评的思想准备与批评能力，使党组织和党员的缺点和错误可以被扼杀在萌芽状态。另一方面，批评与自我批评并不是毫无原则地争执与纠纷。批评与自我批评是有原则的。正确地开展批评与自我批评要维护党和人民最根本的利益，要贯彻执行党的各项方针政策。批评与自我批评是衡量党员思想、行为好坏与否的标准。批评与自我批评的制度化建设可以在一定程度上抵制害怕运用批评武器、拒绝和压制批评等现象的泛滥。批评与自我批评的原则也正是中国共产党自我革命的重要依据。从这个层面来看，批评与自我批评的制度化是中国共产党完善自我革命实践过程的重要条件。

---

　　①　习近平:《习近平谈治国理政》第三卷，北京：外文出版社2020年版，第541页。

三、监督体系日益健全并形成强大监督合力

自我革命是一项刀刃向内的革新活动，这需要革命主体的坚强意志支撑。但是，意志并不是主体所具有的先天品质，它需要主体在后天的实践中进行淬炼而习得。主体不同，意志品质高低也就不同。中国共产党是由中国共产党党员组成的政治组织，党员的发展变化将影响中国共产党的整体发展，其中落后的党员个人则有可能成为"害群之马"。"增强党自我净化能力，根本靠强化党的自我监督和群众监督。"①因此，为了始终保证最广大人民群众的根本利益不受侵害，监督必然是实现中国共产党自身目标的重要一环。为了有效发挥监督制约作用，中国共产党不断健全党内、党外的监督体系，并形成了强大的监督合力。党内外监督体系的日益健全有效防止了中国共产党内部成员出现消极意志、容易受周围环境影响的状况，保证了自我革命的开展。

第一，党内监督是中国共产党开展自我革命的重要保障。党内监督一直是马克思主义政党的基本宗旨。马克思和恩格斯在《共产主义者同盟章程》制定时就明确提出了诸如"中央委员会是全盟的权力执行机关，向代表大会报告工作"②等党内监督萌芽思想的制度规定。中国共产党作为中国无产阶级的先进部队，始终坚持发挥党内监督对维护自身先进性、纯洁性的重要作用。不仅如此，中国共产党自成立以来始终坚持重视党内监督体系的完善与发展，不断形成党内自上而下、自下而上、同级之间的多重监督体系。中国共产党作为一个政党组织，始终以集体组织的形式存在。中国共产党组织内部包含着各级党组织、各级干部、基层党员等不同层次的成员。因此，中国共产党要实现全面净化党内政治生态、从严治党政治建设的目的，离不开党内监督的权力制约作用。从严治党是中国共产党坚持自我革命的重要政治实践。从整体层面来看，自我革命是一项中国共产党自觉开展的革命性活动。但是从部分层面来看，自我革命这一实践活动所需要的自觉性信念与实践上的意志力水平并不是每个人天生就有的。人的

---

① 习近平：《习近平谈治国理政》第三卷，北京：外文出版社2020年版，第52页。

② 中共中央马克思恩格斯列宁斯大林著作编译局译：《马克思恩格斯全集》第四卷，北京：人民出版社1958年版，第574页。

意志水平的提升与锻炼离不开后天的教育与培养。在党组织队伍里，绝大多数人是经得起历史检验的为人民服务的党员，他们多数是"具有高度觉悟性、纪律性和自我牺牲精神的"①，但也不能排除少数人掉队的情况。对于那些意志自制性能力差且易做出冲动行为的少数党员来说，他们由于缺少自我监督的意志力，所以思想、行为容易受到外界的影响。在消极环境的影响下，这些人可能会产生盲目的、不理智的甚至有时候容易后悔的行为，进而可能导致做出不利于自身目的的行为。党内监督作为中国共产党建设的重要内容，通过巡视、纪律建设、惩治腐败等方式全面深化中国共产党的自我净化能力；通过落实主体监督责任等方式保证中国共产党推动自我革命深刻性与彻底性的全面提升。

第二，党外监督是中国共产党保证自我革命彻底性的外在防线。中国共产党不断健全的监督体系建设不仅包含党内系统化的监督体系，还包括党外监督合力的贯通与系统化。中国共产党作为一个百年大党，作为为人民服务的先进的政党，作为中国特色社会主义事业的领导核心，其自身的发展变化不仅影响到党组织的生存与发展，而且影响着人类社会的发展。因此，中国共产党的自我革命必然离不开人民群众等外部监督作用的发挥。党外监督是中国共产党健全监督体系的重要组成部分。相对于党内监督而言，党外监督对党的自我革命的开展起到了重要的补充作用。党内党外监督体系的健全与完善是中国共产党跳出历史周期率的重要方法。权力是人与人之间的特殊支配力量，它可以影响一个人的行为甚至改变一个人的行为。人是有私欲的。人的私欲使其有可能为了满足自身的目的而滥用手中权力。在特定的情况下，外在的刚性约束可以防止少数人强烈的自我扩张性，使得公共权力保持"公"的维度，不至沦为私权。中国共产党代表最广大人民群众的利益，所拥有的权力是人民赋予的。因此，为了始终保证权为民所用，公权力的行使便离不开党外监督的常态化与长效化。中国共产党是为中国人民谋幸福、为中华民族谋复兴的政党，如果失去了党外监督也就意味着广泛群众基础的动摇。人民决定着历史的发展、决定着国家

---

① 邓小平:《邓小平文选》第二卷，北京：人民出版社1994年版，第341页。

的前途命运。检验自我革命活动是否符合人的自身发展规律、是否符合社会发展规律的关键在于人民群众在心理需要与现实需要中的获得感与满足感，而"司法机关是维护社会公平正义的最后一道防线"[①]。因此，中国共产党的自我革命事业仅仅依靠党内的自身监督是远远不够的，还需要发挥外部监督的防线作用，实现监督保障体系的合力作用发挥。

　　总的来说，中国共产党开展的自我革命实践活动拥有自身的政治底气、精神支撑与制度保障等现实力量。但归根结底，这一现实力量的获取仍然离不开人民群众这一社会历史发展的决定力量。中国共产党自成立以来所形成的自我革命精神、经历的一系列自我革命实践活动，在一定程度上是中国人民勇于自我革命的结果。尽管具体到人民中的每一分子来说，不一定都能自觉地直接参与自我革命活动，但是，只要人民的需要、利益等诉求经过实践取得了胜利，使全体人民不断实现自身的发展，那么这一自我革命的实践活动实际上就是人民群众在自我革命问题上所达到的整体水平。也就是说，中国共产党的自我革命本质上是不断为人民服务、更好地维护广大人民群众利益的实践表现。中国共产党作为肩负着民族复兴的使命型政党，要充分发挥其在中国特色社会主义事业中的领导核心作用，就要始终坚持以最彻底的从严治党纪律要求，提升自身执政能力、保持自身的先进性与纯洁性、提升自身的科学化水平；始终坚持以改革创新的精神加强和完善自己、以集体主义的道德原则维护人的发展的长远利益、以共产主义理想信念作为自我革命的方向支撑；始终坚持贯彻民主集中制这一根本组织原则深化自我革命水平、坚持批评与自我批评的工作作风保证自我革命内容的更新，以及党内外监督的双重作用保证自我革命的含金量。所以，中国共产党的自我革命是人的解放过程中的必要选择，它不仅对党的自身产生重要影响，更对中国人民乃至人类社会的整体发展进步产生重大的影响。

---

　　① 习近平：《习近平谈治国理政》第一卷，北京：外文出版社2018年版，第148页。

小　结

真正的革命活动以实现人的自由与解放为目标。从自我革命的开展要求与实现目标来看，自我革命是一场真正的革命活动。真正的革命活动需要真正的革命主体的参与和推动。无产阶级是彻底的革命阶级，而无产阶级政党是无产阶级组成的先进部队。因此，无产阶级要想开展自我革命，首先离不开无产阶级政党的自我革命。无产阶级政党要想开展自我革命，需要强大的现实力量。无产阶级政党要想拥有这一现实力量，首先需要始终坚持共产主义的信念、巩固人民群众的根基。与之形成鲜明对比的是，苏联共产党由于最终背弃了共产主义信念、脱离了人民群众的根基，因而丧失了开展自我革命的勇气与底气，丧失了自我革命的现实力量，最终只能以分崩离析的结局而告终。

本章主要是回答中国共产党拥有开展自我革命的现实力量的问题。中国共产党是用马克思列宁主义武装起来的、最革命的、最具有战斗力的无产阶级政党。中国共产党不仅具有开展自我革命的坚定勇气，也具有勇于开展自我革命的现实条件。其一，中国共产党拥有开展自我革命的政治底气。中国共产党之所以具有大刀阔斧的开展自我革命实践活动的勇气，主要表现在中国共产党的性质、历史使命、革命的实践认同上。其二，中国共产党拥有开展自我革命的精神支撑。中国共产党之所以具备开展刀刃向内的自我革命的勇气，除了在于中国共产党的政治底气之外，还在于高尚的精神支撑等信念的力量推动中国共产党形成自我革命的实践力量转化，主要包括改革创新、集体主义、共产主义等推动。其三，中国共产党拥有开展自我革命的制度保障。中国共产党之所以可以在组织内部开展自我革命活动，正是源于中国共产党的党纪党规等制度规范的实施保障，主要表现在坚持民主集中制、批评与自我批评的制度化以及监督体系日益健全并形成强大监督合力三个方面。

总的来说，中国共产党在性质上的先进性、历史任务的使命性、革命的实践认同坚定了中国共产党开展自我革命的政治底气；其所坚持的改革创新、集体主义、共产主义为中国共产党开展自我革命提供了精神支撑；其所坚持的民主集中制、批评与自我批评的制度化、党内外双重监督的制度规定为中国共产党开展自我革命提供了制度保障。归根结底，中国共产党作为代表先进生产力发展要求、代表人民群众根本利益的政党组织，其所开展的自我革命活动，在本质上是人民群众的利益和意志的体现。中国共产党的自我革命的程度与水平也反映了一定社会历史条件下人民群众的发展水平。因此，中国共产党作为体现无产阶级和人民群众的利益和意志的马克思主义执政党与革命党，其所开展的自我革命不仅有利于加强自身的建设，更是有利于推动中国人民乃至人类整体的发展与进步。

第六章　中国共产党开展自我革命的普遍意义

中国共产党自我革命的产生和实现不是偶然的，其背后反映的是社会客观存在的各种矛盾的激化、压抑等问题。正是由于这些社会现实问题，进而才有了探究矛盾破解的实践活动。自我革命作为一种实践活动，正是中国共产党探究自身发展、人与社会共同发展的出路之一。中国共产党拥有自我革命的现实力量。中国共产党在百年奋斗历程中始终坚持通过自我革命实现自我的纯洁、自我的发展与进步。中国共产党是为人民服务的党，其所坚持的自我革命精神与开展的具体的自我革命实践活动，是广大人民群众的利益与意志的集中体现。因此，中国共产党的自我革命不仅关系到其自身的党性建设，更关系到人民群众的根本利益的维护，以及人类命运共同体的顺利实现。中国共产党的自我革命在保证自身建设的同时，也在发挥政治引领力、思想引领力与社会感召力的过程中，不断激发更多先进的人的积极性、主动性与创造性，实现自我发展、自我革命。中国人民历来富有正义感和同情心，并且愿意为人类和平与发展做出自己的贡献。中国共产党在带领中国人民实现自我提升的过程中，也具有深远的世界意义，为人类的和平发展树立了榜样。总的来说，中国共产党开展自我革命的普遍意义恰恰反映了中国共产党在伟大自我革命与伟大社会革命之间的统一作用，而这对继续开展全社会层面的自我革命以推进伟大社会革命来说，具有十分重要的意义。

第一节　中国共产党的自我革命对党的自身建设的意义

中国共产党从幼稚走向成熟的大党的道路是曲折的，其中"要经过一个很长的革命的锻炼和修养的过程，一个长期改造的过程"①。中国共产党在百年来的奋斗中，始终坚持以自我革命的勇气与决心，不断深化自我的发展。正是这刀刃向内、刮骨疗毒的自我革命的勇气与行动，使其始终在纷繁复杂的国际国内环境中保持定力、保持生机与活力，始终担任着历史和人民赋予的重大责任。

一、坚持自我净化，保持党的纯洁性

中国共产党从来不讳疾忌医，也从来没有停止过净化自己的步伐。中国共产党始终坚持以最坚决的态度与勇气自我净化，坚持真理、修正错误，清除杂质与毒瘤，使党始终拥有健康、纯洁的肌体。尤其是党的十八大以来推进全面从严治党的实践也充分证明，中国共产党是完全有能力解决自身的问题、实现自我净化的。

第一，纯洁党的思想。思想是人内心世界的意识现象，它源于客观世界，同时也推动客观世界的创造。思想作为人的观念的存在，可以使人按照自己的需要创造观念的对象进而实现观念对象向现实对象的转变。中国共产党作为人的群体层面的主体，要保证自身的纯洁性，首先离不开思想的纯洁性建设。相反，思想上的滑坡也是人最危险的滑坡。对于那些"思想上没有入党的人……根本不知道什么是无产阶级思想，什么是共产主义，什么是党"②，不知道中国共产党是为了谁、依靠谁而存在的。例如，苏联共产党对马克思主义的背叛进而造成的苏联解体的教训是惨痛的。苏联共产党在资产阶级自由化意识形态的侵蚀下，深受"民主化、公开化、多元化"方针政策的影响，形成了资产阶级抽象人道主义基础上的全人类的价值高于一切的抽象价值理念，使苏联走向了自由主义，使苏联共产党乃至苏联历史完全被否定。中国共产党历来重视党的思想的纯洁性，重视思想防线的筑牢工作。为了抓好党的思想纯洁性建设，使"不忘初心"成为全党甚至全国人民的共识，中国共产党一直致力于提升自身的思想纯洁性建设，致力于拧紧思想建设的总开关。中国共产党通过加强对党员和党的干

---

① 刘少奇：《论共产党员的修养》，北京：人民出版社1980年版，第3页。
② 毛泽东：《毛泽东选集》第三卷，北京：人民出版社1991年版，第875页。

部的马克思主义理论知识的培养与教育，帮助他们做到真学真信真用，帮助他们树立正确的权力观、政绩观、事业观，帮助他们从各方面加强自己的锻炼和修养，使他们坚定对共产主义的信仰、坚定对中国特色社会主义的信念。

第二，纯洁党的队伍。中国共产党是由中国无产阶级中的优秀分子组成的政治组织。这一政治组织以最广大人民的根本利益为共同利益而组织成为一个共同体。而个人一旦联结成为一定的共同体，就必然与集体发生一定的关系。其中，个人既服从于集体，又具有一定的自主性和自觉性。个人的这种自主自觉使其对集体的影响产生两重作用：完善的个人有利于增强集体的活力，而消极的个人则会成为"害群之马"。中国共产党作为由个人组成的集体性的政治组织，要想保证自身的纯洁性，就一定要确保党的队伍的纯洁性。中国共产党的队伍的纯洁性离不开每一个党员的纯洁性。中国共产党在纯洁党的队伍的过程中，坚持管理好新党员的发展问题、正式党员的党性纯洁问题以及畅通党员出口问题等相关环节。从党员的入口关来看，中国共产党十分重视发展新党员的入党动机、程序考察、组织考察、素质考察等问题。从2021年《中国共产党党内统计公报》①的数据来看，截至2021年6月5日，在党员的学历水平方面，大专及以上学历党员有4951.3万名，占党员总数的52.0%。而从2018年《中国共产党党内统计公报》的数据来看，截至2018年12月31日，在党员的学历水平方面，大专及以上学历党员有4493.7万名，占党员总数的49.6%。在一定程度上可以看出，中国共产党正在优化党员结构、规范优化发展党员。从管理好正式党员的党性纯洁情况来看，中国共产党一直坚持贯彻并落实全面从严治党战略。例如，在贯彻落实全面从严治党过程中，中国共产党始终坚持"反腐败无禁区、全覆盖、零容忍"②的方针，最终使得反腐败斗争取得压倒性的巩固与发展。关于畅通党员出口问题，中国共产党重视党员出口畅通对纯洁党的队伍的重要性。2019年，中共中央印发《中国共产党党员教

---

① 《中国共产党党内统计公报》，载2021年6月30日，https://www.12371.cn/2021/06/30/ARTI1625021390886720.shtml。

② 习近平：《习近平谈治国理政》第三卷，北京：外文出版社2020年版，第6页。

育管理工作条例》，就理想信念缺失、政治立场动摇、已经丧失党员条件等不符合合格党员条件的情形做了予以除名的明文规定。这些举措彰显了中国共产党刀刃向内、刮骨疗毒的勇气与决心，保证了党的队伍的纯洁性。

第三，纯洁党的作风。作风是人在实践中表现出来的行为，它既是人的思想的反映，也是人的认识活动的基础。中国共产党要想肩负起人的解放的历史使命，离不开加强自身的作风建设。党的作风是党的形象、党的先进性的重要体现。中国共产党始终高度重视作风建设的作用。例如，延安整风运动、"两个务必"的提出、关于真理标准问题的讨论等都是中国共产党加强作风建设的体现。新时代中国共产党依然将纯洁党的作风视为党的建设的重要部分。中国共产党关注并认识到"四风"问题的形成并非一蹴而就。"四风"问题要想真正得到解决，中国共产党必须有壮士断腕的勇气与决心。党的十八大召开之后，中共中央政治局就公布了"八项规定"，力图解决"四风"问题，并通过一系列具体的规定，把党员干部可以做什么、不可以做什么明确出来。例如，为了整治奢靡之风，中国共产党党内明确出行方式、办公用品、出差入住等具体标准，并要求中国共产党领导干部必须按照明确标准开展工作，对违反人员进行查处。可以看到，中国共产党始终坚持把作风建设作为实现党的纯洁性的重要方面。

二、坚持自我完善，提升党的长期执政能力

中国共产党是"长期执政的革命党，也是坚持革命的执政党"[1]。中国共产党通过自我革命不断提高自身的领导能力与执政能力的实践过程，是一个不断深化党与人民的命运紧密联系的过程，是社会整体层面实现革新发展的必然要求，也是社会历史发展的必然趋势。

第一，提升驾驭社会主义市场经济的能力。人的经济生活是其生存与发展的基础，是人类生命运动的特殊形式。人越是要发展，就越离不开人自身经济性的物质存在。只有物质资料的生产方式才是人类社会由低级向高级发展转变的决定力量。市场经济是以交换为目的的生产，是人类社会

---

[1]　中共中央宣传部编：《习近平新时代中国特色社会主义思想学习问答》，北京：学习出版社、人民出版社2021年版，第194页。

发展不可逾越的阶段。市场经济为人的发展和解放提供了客观条件，但从物的依赖性角度来看也具有一定的消极作用。社会主义市场经济有利于人类社会向全面发展和彻底解放前进。但是，社会主义市场经济的建立与完善是一个充满矛盾的发展过程。例如，我国社会范围内仍然存在多种所有制形式；国家、集体和个人等在物质利益上的问题也存在一定的差异。社会主义市场经济的存在和发展是社会历史条件下人们自觉活动的结果。这一结果受人对其认识的有限性而具有一定的曲折性。中国共产党应该如何驾驭好社会主义市场经济，是其需要自我完善的重要方面。为了完善好这一能力，中国共产党在市场经济环境下不断调适自我、完善自我，注重党政关系、党群关系等方面的和谐。为了改善党内出现的少数人利益关系、思想观念等问题，通过加强理论学习和思想政治教育、清查党的队伍、实行党和国家机关领导干部交流制度等方式来加强党内的建设，规范和改善党的领导，保证党和国家的各级权力是掌握在马克思主义者手中。中国共产党在摸索前进的过程中，不断破解物价上涨等影响经济秩序的现象、党内少数人出现的经济领域的犯罪等现象，极大地推动了中国经济事业的改革与发展。这反映了中国共产党的自我革命可以极大地推动伟大的社会革命。

第二，发展社会主义民主政治的能力。民主原指人民权力，属于上层建筑的范畴，它为一定的经济基础服务。民主是具体的、历史的。民主没有超阶级性的，它总是体现一定阶级的意志。例如，资本主义社会的民主制是资产阶级实现统治的典型形式。在社会主义国家，民主体现了全体人民群众的意志。中国共产党强调民主的制度化、法律化建设，并把它视为社会主义现代化不断发展的重要体现。为此，中国共产党不断提升自身的国家建设能力，以切实推进社会主义民主政治的不断完善。中国共产党自党的十八大以来在人民当家作主方面提出了新的要求。例如，习近平对人民政协工作的新要求，认为要加强党对人民政协工作的领导、准确把握人民政协性质定位、聚焦党和国家中心任务履职尽责、坚持人民政协为人民等方面的新要求。可以看到，中国共产党的自我革命在推进自身能力提升的同时，也推动了中国社会主义民主政治事业的社会革命与创新。

第三，建设社会主义先进文化的能力。文化是人在社会历史实践过程中创造的成果，它反映了具体的、历史的社会现象。文化对一个人的思想变化乃至行为起着至关重要的作用，甚至在某种程度上可以发挥决定性作用。先进的文化可以完善人的生活生产方式，使人与社会不断得到自我丰富、自我发展，而落后的文化则会使人变得愚昧、腐朽。中国共产党重视文化建设工作，目的是防止文化在市场经济、全球化大潮中迷失方向。中国共产党重视文化的影响作用，始终坚持从人民群众的根本利益出发，发展社会主义的先进文化，不断推动中华文化新发展。人要想全面地满足自身的精神文化的需要，就必须积极主动地培养自身文化创造的能力。邓小平曾指出，"在社会主义国家，一个真正的马克思主义政党在执政以后……要特别注意建设物质文明……还要建设社会主义的精神文明"[1]。中国共产党始终重视并积极推进文化创新工作，并把是否具有先进文化的建设能力视为自身的重要考察标准。党的十八大以来，中国共产党始终高度重视社会主义先进文化的教育，坚持"引导人们树立正确的历史观、民族观、国家观、文化观"[2]。例如，2017年，中共中央办公厅、国务院办公厅印发《关于实施中华优秀传统文化传承发展工程的意见》。该意见专题讨论了如何开展中华优秀传统文化的传承、发展等相关工作。总的来说，社会主义先进文化的建设为中国共产党的自我革命提出了现实要求，同时中国共产党在增强文化建设能力的同时，也推动了中国文化方面的改革与完善。

第四，构建社会主义和谐社会的能力。社会主义和谐社会的构建为中国共产党提高自身的执政能力提出了相应的要求。社会主义和谐社会的构建离不开中国共产党对中国所处的历史方位的把握，离不开中国共产党对人民群众根本利益与共同愿望的把握。为了构建好社会主义和谐社会，中国共产党着力增强党激发社会创造活力、管理社会事务、协调利益关系、处理人民内部矛盾、开展群众工作和维护社会稳定等方面的本领。例如，关于激发社会创造活力本领，中国共产党一直致力于推进实施人才强国战略、创新驱动发展战略等战略支撑。中共中央于2021年首次印发的《中国

---

①　邓小平：《邓小平文选》第三卷，北京：人民出版社1993年版，第28页。

②　习近平：《习近平谈治国理政》第三卷，北京：外文出版社2020年版，第33—34页。

共产党组织工作条例》中，就人才工作也做了具体的规定，如破除束缚人才发展的思想观念和体制机制障碍，协调推进人才发展体制机制改革和政策创新，激发人才创新活力等规定都是中国共产党不断提高执政能力的证明。总的来说，社会主义和谐社会的构建为中国共产党的自我革命提出了要求，同时中国共产党在增强社会治理本领的同时，也推动了社会建设方面的革新与发展。

第五，建设社会主义生态文明的能力。人是自然存在的。人的自然存在属性表明人类圈始终是地球生物圈的一部分。那么，生态文明的建设自然成为人维系自身乃至子孙后代生存与发展的重要手段。在一定程度上可以说，人的解放发展与生态文明建设是内在统一的。中国共产党肩负人的解放与发展的使命，始终重视生态文明的建设问题。从新中国成立以来，从中国共产党对国家建设布局的不断完善来看，生态文明建设也处于不断完善之中。中国共产党对国家建设布局的认识经历了"两个文明"—"三位一体"—"四位一体"—"五位一体"的变化。同时，国家建设布局的完善与发展，也体现出了中国共产党建设社会主义生态文明能力的自我完善。另外，中国共产党关于社会主义生态文明建设能力的提高，还体现在一些新理念与新思想中。例如，"人与自然是生命共同体"①、"绿水青山就是金山银山"②、"用最严格制度最严密法治保护生态环境"③等生态理念的发展方面。总的来说，中国共产党在不断提升建设社会主义生态文明建设能力的同时，也身体力行地推动着社会整体层面在生态方面的革命与发展。

第六，应对国际局势和处理国际事务的能力。中国共产党除了具有处理好国家内部事务等内政方面的要求外，还肩负着应对国际局势和处理国际事务的外交方面的能力要求。在应对国际局势与处理国际事务的能力方面，中国共产党坚持以外交为民为宗旨，不断提高认识和把握全局、驾驭全局的能力。自新中国成立以来，中国共产党一直重视国防和军队建设的

---

① 习近平:《习近平谈治国理政》第三卷，北京：外文出版社2020年版，第360页。
② 习近平:《习近平谈治国理政》第三卷，北京：外文出版社2020年版，第361页。
③ 习近平:《习近平谈治国理政》第三卷，北京：外文出版社2020年版，第363页。

现代化，使其不断增强处理外交事务的能力。例如，和平共处五项原则的提出为推动各国共同维护地区和世界和平安全提供新的解决方案。党的十八大以来，我国全面推进中国特色大国外交，不断提高国际地位，意味着中国共产党应对国际局势和处理国际事务的能力增强。例如，"丝绸之路经济带"的提出为我国处理与周边国家外交工作增加砝码，促进了我国与周边国家的合作共赢；中国提出了构建人类命运共同体，为解决人类问题贡献了中国智慧。中国共产党在推动构建新型大国关系方面也体现了外交能力的自我完善。例如，中国共产党带领人民构建中美新型大国关系、在亚欧大陆也架起一座友谊与合作之桥。中国还注重与发展中国家的关系，例如推动中拉关系实现新的更大发展、深化中阿之间的合作共赢等。可以看到，中国共产党在不断提升应对国际事务能力的同时，也以一己之力向世界各国展示社会主义核心价值观、道德观的先进性，进而也可以在吸引更多的进步人类推动自我革命并实现全人类的革命方面做出贡献。

三、坚持自我革新，建设创新型政党

守正创新是中国共产党的特质，是中国共产党永葆青春的源泉。中国共产党作为一个创新型政党，是不断推进理论创新、实践创新的政党。中国共产党在百年历史进程中，始终坚持用与时俱进的革命精神状态不断突破自己、超越自己；始终坚持在自我革新中时刻把握时代发展大势，勇于面对时代赋予的新考验。中国共产党在自我革命中努力推进自身理论、实践等各方面的创新，使自身不断完善创新型政党的建设。

第一，理论创新。指导思想是一个政党的精神旗帜。一个政党的历史正是理论创新的历史。中国共产党的经验证明，马克思主义理论坚定了中国共产党的实践行动的方向；马克思主义理论与中国实际的不断结合，推动中国共产党攻坚克难，完成一项项历史性的艰巨任务，创造一个个历史性的辉煌成就。因此，中国共产党的历史"是一部不断推进理论创新、进行理论创造的历史"[①]。中国共产党在百年奋斗中，经过革命性锻造，不断

[①]　习近平:《在党史学习教育动员大会上的讲话》，北京：人民出版社2021年版，第12页。

从胜利走向新的胜利。而习近平新时代中国特色社会主义思想正是中国共产党在不断推进党的自我革命的过程中不断创立并丰富发展的。党的十八大以来，中国共产党始终坚持理论方面的自我革新。总的来说，正是中国共产党在百年历史奋斗中的理论创新不断增强全体党员的理论自信，以及全体党员的政治定力。

第二，实践创新。实践是人根据自己的目的改造现实世界的客观物质活动，是人类生存与发展的基础与动力。人类社会的发展进步离不开实践的运动变化与发展，而实践创新正是人类社会始终向前发展的重要手段。实践是认识的源泉，是人不断向前发展的强大动力。中国共产党不仅重视理论方面的创新，而且重视实践创新。中国共产党在百年奋斗历程中，积累了丰富的实践创新经验，拓展了马克思主义的实践路径。例如，中国共产党在中国革命道路选择上，走出了与苏联"城市中心论"不同的道路，创造性地开辟了农村包围城市、武装夺取政权的革命道路。在社会主义改造的方式方法上，中国共产党创造性地提出了"和平赎买"的政策，大大减少了资产阶级对社会主义改造的阻力。在社会主义社会经济发展上，中国共产党又实现了社会主义与市场经济的结合，突破了传统的市场经济与计划经济的认知局限，拓宽了社会经济发展的现实路径。在国家统一问题上，中国共产党也创造性地提出了"一国两制"的基本国策，有力地推进了祖国统一的进程。总的来说，中国共产党的实践创新切实推动了中国社会的发展，是中国共产党伟大自我革命的同时推动伟大社会革命的反映。

四、坚持自我提高，建设高素质专业干部队伍

中国共产党的先进性表现为党的队伍的先进性。其中，干部的先进性培养是中国共产党抓好后继有人的根本大计。中国共产党始终坚持干部队伍的自我提高，坚持在自我提高中加强对自身干部队伍的高素质培养。

第一，中国共产党坚持自我提高，努力建设一支高素质干部队伍。中国共产党作为马克思主义执政党，加强高素质干部队伍的建设是其内在要求和必然要求。其一，提升干部队伍的政治素质。在干部队伍的建设中，政治素质是第一位的。政治素质水平差的干部对党的团结和稳定是非常有害的。中国共产党在建设高素质干部队伍时，一直把干部队伍的政治素质

的提升视为首要的任务。为了实现干部队伍的高素质建设，中国共产党致力于加强对党员干部政治素质的教育培养与锻炼，致力于加强对党员干部进行理论学习和世界观等方面的教育改造活动，并督促党员干部自觉追求、自觉践行。例如，推进"两学一做"学习教育常态化制度化、"三严三实"在全体党员中的开展。其二，提升干部队伍的道德素质。做人最重要的是品德，做官离不开官德。道德修养是共产党人的人生必修课。如果共产党员连最基本的思想道德都保证不了，那党的先进性就更无从谈起了。中国共产党的领导干部作为全党的表率，更加需要加强道德修养的培养与锻炼。《中国共产党党章》的第35条明确了，"党按照德才兼备、以德为先的原则选拔干部"[①]。因此，中国共产党党员干部要想肩负好党和人民赋予的责任，就需要德才兼备、以德为先，重视自身道德修养的培育。

第二，中国共产党坚持自我革命，努力建设一支专业化干部队伍。党的干部是中国共产党自身建设的重要力量。邓小平认为，"老干部要把选拔和培养中青年干部，作为第一位的、庄严的职责"[②]。为了担负起中华民族伟大复兴的历史重任，中国共产党历来重视干部队伍的专业化培养，始终把专业化建设作为中国共产党自我提高的重要任务来抓。邓小平在党的十二大上提出了干部队伍的"四化"任务。习近平在党的十九大报告中将"专业化"和"高素质"并列。为了规范党员干部的任用，中国共产党把制定的《党政领导干部选拔任用工作条例》视为党内重要的法规，视为中国共产党选拔干部任用的基本遵循。为了应对干部任用过程中不断出现的新问题与新情况，中国共产党一直坚持按照党的最新精神与指示对这一制度进行修订，为提高党员干部的专业化水平提供有力的制度保障。2018年，中共中央印发《2018—2022年全国干部教育培训规划》，通过制度化的保证提高干部队伍专业化水平，使广大党员专业化能力培训更加精准、知识培训更加有效、干部教育培训更加系统，不断增强中国共产党党员干部的专业知识、专业思维、专业方法、专业能力、专业精神。

---

① 《党的十九大文件汇编》，北京：党建读物出版社2017年版，第108页。
② 邓小平：《邓小平文选》第二卷，北京：人民出版社1994年版，第360页。

总的来说，中国共产党自成立之日起，就始终坚持贯彻自我革命的实践活动，努力致力于中国共产党这一群体层面的革命主体综合素质的提升。中国共产党百年奋斗中始终保持纯洁性、先进性，离不开自我革命。同时，自我革命作为革命的一种类型，其革命水平反映一定社会历史条件下的社会发展诉求。从这个角度看，中国共产党的自我革命程度也反映了一定社会历史条件下社会的革命程度。即中国共产党的自我革命的成果本身就推动着社会革命的发展，二者是相辅相成、相互贯通的。

第二节　中国共产党的自我革命对中国人民的意义

中国共产党的自我革命反映了人民的根本利益。中国共产党坚持在以人民为中心、以人民群众的整体利益为出发点的基础上开展自我革命活动，增强了人民的获得感、幸福感与安全感。中国共产党在自我革命过程中发挥思想引领力与社会感召力，激发中国人民敢闯敢试、自强不息、自我革命的劲头。"党的百年奋斗从根本上改变了中国人民的前途命运。"[①]中国共产党的自我革命是具体的、历史的实践活动。中国共产党自我革命的过程也是中国人民不断突破自我、革新自我的过程。中国人民作为中国社会的主体，其自我革命的过程也恰恰反映了整个社会的革命。在中国共产党的带领下，不仅中国人民的政治地位得到改变、生活水平得到提升、精神状态得到丰富，而且中国社会也发生了翻天覆地的变化。因此，中国共产党的自我革命引发了一场全社会范围内的解放生产力、发展生产力的大变革。

一、中国共产党的自我革命推动了人民民主的有效实施

鸦片战争之后，中国陷入了历史困境中。为了摆脱这一历史困境，中国共产党在社会发展的客观要求下应运而生。中国共产党作为中国无产阶级的先进部队，坚持在自我革命中始终坚守为人民谋幸福、为民族谋复兴的初心与使命。中国共产党在带领人民确立并完善人民民主的过程中深

---

① 《中共中央关于党的百年奋斗重大成就和历史经验的决议》，北京：人民出版社2021年版，第62页。

化了中国人民意志的体现、中国人民权益的保障、中国人民创造活力的激发。

第一，中国共产党的自我革命推动了中国人民权益得到保障。权益是一种社会现象，它随着社会的发展而不断发展。人的权益的获得与人的本质发展是内在统一的。当人的权益被虚伪、片面甚至剥削蒙蔽时，人的本质发展就会受到阻碍。中国共产党作为马克思主义政党，始终坚持人民群众是历史的主体。中国共产党在国家坏到了极处、人民苦到了极处、社会黑暗到了极处时，承担起了民族复兴、人民解放的历史奋斗任务，始终把坚持人民至上贯穿于奋斗进程。为了站稳人民立场，中国共产党始终坚持在法律保障中维护人民权益，不断弥补计划经济时期的社会主义民主与法制的缺失。为了更好发挥制度建设保障人民权益的作用，筑牢中国共产党的群众根基，中国共产党曾明确提出"发展民主必须同健全法制紧密结合，实行依法治国"[①]。党的十八大以来，中国共产党致力于实现"党在治国理政上的自我完善、自我提高"[②]，努力使人民主体地位更好地得到保障。

第二，中国共产党的自我革命推动了中国人民意志得到体现。人民意志反映了中国人民的利益、意愿。中国共产党作为代表先进生产力发展要求的政党，一经成立，就始终反映着人民意志、人民意愿。中国共产党一直为如何更好地反映人民意志而坚持刀刃向内的革命实践活动。中国共产党重视制度对人民意志的保障作用。社会主义革命和建设时期，随着社会主义改造的完成，我国社会主义制度也逐步确立起来。例如，"五四宪法"确立的我国社会主义社会的根本政治制度、基本经济制度、基本政治制度，为人民意志体现提供了制度保障。中国人民意志的体现还可以在中国共产党具体的、历史的民主实践中得到表现。例如，1954年6月14日，毛泽东在《关于中华人民共和国宪法草案》中指出，"起草宪法采取了领导机关的意见和广大群众的意见相结合的方法"[③]，这就是人民意志在民主决策中的

①　江泽民：《江泽民文选》第二卷，北京：人民出版社1994年版，第28页。
②　习近平：《习近平谈治国理政》第二卷，北京：外文出版社2017年版，第114页。
③　中共中央文献研究室编：《建国以来重要文献选编》第五册，北京：中央文献出版社1993年版，第287页。

具体体现。1997年，党的十五大明确了关于人民民主实践内容在选举、决策、管理与监督四个方面的概括。2021年12月，国务院新闻办公室发表的《中国的民主》白皮书中增加了"民主协商"作为具体现实的民主实践内容，使得中国人民的意志得到全面的体现。民主实践内容的丰富，极大地拓宽了民主渠道，广泛凝聚了人民意志。

第三，中国共产党的自我革命推动了中国人民创造活力的激发。人民群众创造历史。中国共产党为了充分调动人民群众的创造活力，始终坚持自我批判、与时俱进，正确判断国内国际形势。在土地革命时期，为了团结农民这一无产阶级的可靠同盟军，调动农民的积极性，中国共产党主张建立工农民主专政的苏维埃政权，这为当时受苦受难的中国人民展现了翻身解放的现实路径。抗日战争时期，中国共产党反思当时的社会形势，提出了建立抗日民族统一战线的任务。抗日民族统一战线政权的建立，极大地壮大了革命的力量，动员和统一全中国的抗日力量，最终将中国人民从日本侵略者手中解放出来。1945年，中国共产党在抗日战争胜利前夕正确分析了国内形势。为了使抗战胜利成果归中国人民所有，中国共产党最终领导人民走上了一条建立一个无产阶级领导的人民大众的新民主主义国家的道路，最终使"中华人民共和国的国家政权属于人民"[①]。中国人民主人翁地位的改变又激发了中国人民开展社会主义革命和建设的创造活力。党的十八大以来，中国共产党不断深化对民主政治的认识，创造性地提出了"全过程人民民主"的重大理念，有效地团结了各党派、各团体、各民族、各阶层、各界人士，使得人民创造活力竞相迸发。中国共产党的自我革命推动了人民民主的不断完善与发展，在激发人民创造活力的同时，也展现了人民民主的勃勃生机与旺盛活力。

近代中国经历的国格丧失的危机告诉人们，没有国家就没有一国人民，国家没有尊严，国民也将受人欺凌。中国共产党顺应历史潮流，义无反顾地接过历史的接力棒，使中国人民有了可以依赖的领导者。为了肩负起崇

---

① 中共中央文献研究室编：《建国以来重要文献选编》第一册，北京：中央文献出版社1992年版，第4页。

高历史担当，中国共产党在百年奋斗历程中，始终坚持在认真分析客观社会形势的基础上开展自我革命。中国共产党的自我革命恰恰是中国人民不断追求自由的现实反映。中国共产党作为代表最广大人民根本利益的政党，其自我革命使中国人民变得更加自信、自立、自强，极大增强了中国人民的志气、骨气与底气。

二、中国共产党的自我革命丰富了人民的物质生活

人的需要是多层次的，物质需要是人的最基本的需要。新中国的成立使中国人民结束了被奴役的状态，使中国人民翻身得到解放。新中国成立后，中国共产党面临的重要问题就是解决人民的吃饭问题。中国共产党不断自我革命，探索社会主义建设规律，革除不适应现代化建设要求的思想观念、行为习惯等，带领中国人民创造了人类历史上的伟大成就，推动了中国社会的伟大社会革命，使新中国从一穷二白走向繁荣富强。

第一，1949—1978年，中国共产党的自我革命推动中国人民奋力争取温饱。中国共产党始终坚持自我革命的精神驱动中国共产党自身不断与时俱进。这在党的经济建设的学习方面可以得到体现。新中国的成立使中国共产党承担起了全面执政的重要角色。而新中国一穷二白的现状使作为执政党的中国共产党面临建设社会主义国家的任务。新中国成立之初，中国共产党缺乏建设经验并在经济建设方面借鉴了苏联模式。苏联模式的学习的确在我国社会建设中起到了助力作用，如五年计划的制订等。在学习与借鉴苏联模式中，中国共产党坚持批评与自我批评的工作作风，并很快认识到了苏联模式的弊端。关于学习苏联模式方面，中国共产党曾做过自我批评。毛泽东在《论十大关系》中专门讨论了苏联在建设方面的不足，并指出中国要建设成为一个强大的社会主义国家而必须重视的十个问题。例如，中国共产党反对苏联实行的义务交售制，认为这种制度会极大地损伤农民生产的积极性。总的来说，中国共产党在批评与自我批评中不断探索社会主义建设规律，并在曲折中发展前进。邓小平在《我国经济建设的历史经验》中对社会主义革命和建设时期的经济建设做出历史经验的总结，认为人们"基本上解决了吃饭穿衣问题，粮食达到自给。这是很了不起的

事情，旧中国长期没有解决这个问题"①。

　　第二，1978—2000年，中国共产党的自我革命推动中国人民总体实现小康。中国共产党善于自我反思、自我批评，始终坚持有错必纠的原则，认真总结过去的历史经验与教训。正是由于中国共产党的自我革命，才使家庭联产承包责任制的全国推广、分配平均主义弊端的消除成为现实，进而使农民生产的积极性被广泛调动起来，使农业生产的粮食产量明显提高。1979年，邓小平在《坚持四项基本原则》的讲话中，对我国的政治局面、思想政治方向、国民经济状况做了自我反思与总结。邓小平依据当时的政治和经济形势，做出了历史上的一个伟大转折，即全党把工作重心转移到社会主义现代化建设上来。为了满足人民对物质文化的需求，中国共产党始终致力于解放和发展生产力的工作。1987年，邓小平在《吸取历史经验，防止错误倾向》的讲话中明确指出，我国"三步走"战略中的第一步，解决温饱问题这一原定目标，"可以提前在今年或者明年完成"②。中国共产党坚持认真谨慎、大胆细心地往前走，坚持在前进中总结经验，不断自我调整、自我革命。中国共产党的自我革命推动我国经济建设的改革与发展。依据我国2000年国民经济和社会发展统计公报的总结显示，在全国各族人民的共同努力下，我国基本消除了贫困现象，人民生活总体达到了小康水平。

　　第三，2001—2021年，中国共产党的自我革命推动中国人民实现全面小康。人的物质水平的提升形式是多样的，它可以是全面的发展，也可以是片面的发展。片面的发展阻碍社会历史发展进程，而全面的发展则是人类社会发展的内在要求。人的物质水平的全面提高是人类社会发展的必然趋势。物质水平的全面提升，可以帮助人实现生存劳动的解放，进而实现人的个性自由发展。中国共产党始终在推动人的物质发展水平的全面提升过程中，坚持对自我的不断革新。中国共产党始终保持自我革命的传统，坚持在实践中自我革新、自我提高，实现对社会主义现代化建设规律的不

---

① 邓小平:《邓小平文选》第二卷，北京：人民出版社1994年版，第405页。
② 邓小平:《邓小平文选》第三卷，北京：人民出版社1994年版，第226页。

断深化与发展。中国共产党在带领人民总体达到小康水平之后，并没有止步不前，而是认真反思中国小康社会的具体特征与不足。例如，发展水平低、发展不片面、发展不平衡等问题仍然存在。在明确了总体小康社会的特征之后，中国共产党坚持查缺补漏，把发展弱项作为全面建成小康社会的关键。中国共产党坚持全面建成小康社会的过程是不断促进人的全面发展、实现全体人民共同富裕的过程。2021年，中国共产党带领人民实现了小康社会的全面建成，使中国的绝对贫困问题得到了历史性的解决。

三、中国共产党的自我革命提振了人民的精神面貌

社会是人的集合。近代中国沦为半殖民地半封建社会之后，生活于其中的中国人民过着饥寒交迫的生活。当时的中国人民所遭受的贫困与不自由的程度在世界上是非常罕见的，西方列强曾把中国人民戏称为"东亚病夫"。但是，"自从中国人学会了马克思列宁主义以后，中国人在精神上就由被动转入主动"[1]了。中国共产党的自我革命带动中国人民正确认识自己、革新自己，使中国人民不断树立自信、自立、自强的精神。

第一，中国共产党的自我革命推动中国人民更加自信。近代中国人民长期受到封建主义、帝国主义的精神侵略与裹挟。封建礼教等僵死的传统以及帝国主义的奴化教育，导致中国人民的精神活力被严重禁锢。帝国主义为了使中国人民服从于帝国主义文化，以传教、办医院、办学校、办报纸和吸引留学生等方式对中国人民进行精神文化侵略。这种精神上的文化侵略与价值渗透是潜移默化的。精神文化侵略在潜移默化中束缚着广大民众的精神状态，使广大民众民智变得愚钝，使广大民众的民族自尊心与文化自信心被摧毁。例如，建党初期，中国共产党部分党员存在党的理论准备工作不足、封建主义影响比较严重、小资产阶级思想影响的问题。为了改变党组织内部部分党员思想不纯、组织不纯的问题，中国共产党坚决进行自我革命，使自身建设逐步走向正轨。中国共产党的自我革命发挥了社会动员的力量，极大地激发了中国人民的革命热情、民族凝聚力与爱国情感。正是中国共产党的自我革命，使得中国人民有了精神力量，不再产生

---

① 毛泽东:《毛泽东选集》第四卷，北京：人民出版社1991年版，第1516页。

对自我、对国家、对民族的矮化认识，并对未来发展重新点燃希望。

第二，中国共产党的自我革命推动中国人民更加自立。历史是最好的教科书，"我们党是靠自力更生、艰苦奋斗起家的"①。中国共产党领导人民实现的革命、建设、改革的伟大成就，离不开自力更生的常态化。自力更生是中国共产党的优良传统，而这一优良传统是在中国共产党不断自我革命、消除自身落后因素的过程中坚持下来的。中国共产党自成立之日起，便把自力更生作为自己的鲜明作风。中国共产党坚持在自力更生作风指导下，不断开拓发展道路。例如，毛泽东在《组织起来》一文中曾经指出，中国共产党在抗日战争时期面临着十分艰难的处境。中国共产党在抗日战争时期，一边面临着敌人的"三光"政策，一边陕甘宁边区又遭受着国民党的多重封锁包围。面对这一艰难环境，中国共产党不惧困难，坚持在具体的社会历史条件下发展自己的革命策略。中国共产党坚持自我革命，坚持不沾染国民党的官僚主义的灰尘，不向人民群众要救国公粮，以自己动手的方法达到了丰衣足食的目的。邓小平在《我国经济建设的历史经验》中曾指出，"中国的经验第一条就是自力更生为主"②。正是在中国共产党的自力更生精神的支撑下，中国人民变得更加自立。例如，在社会主义建设时期，中国人民在自力更生的精神指导下，虽然面临施工大、可参考资料稀缺等难度，但建成了红旗渠这一重大项目。从中国共产党领导中国人民的百年奋斗史来看，中国要想实现发展，只有依靠中国人民自己才能真正强大起来。

第三，中国共产党的自我革命推动中国人民更加自强。自强不息的奋斗精神是中华民族的优良传统。自中国共产党承担起民族复兴的历史重担之后，便始终在自强不息精神支撑下不懈奋斗。中国共产党自承担起历史使命之后，便始终坚持打铁必须自身硬的道理，始终在自我革命精神的动力支撑下，永不自满，永不懈怠，不断保持党的先进性，努力建设世界上最强大的政党。自强不息精神就是中国共产党永葆青春的精神支撑。回顾

中国共产党的奋斗历程，自强精神早已融入中国共产党的血液中。例如，井冈山精神、长征精神等革命精神都在一定程度上蕴含着自强不息的精神内涵。这些精神是中国共产党团结带领人民的实践结晶，也是进一步指导实践的精神支撑。中国共产党在自强不息中实现自身的超越，通过发挥社会号召力、群众组织力与思想引领力的作用，使中国人民明白世界上没有坐享其成的好事，社会主义是干出来的，奇迹是干出来的，幸福是干出来的。

在社会主义国家，权力是人民赋予的。社会主义不仅是一种制度，更是一种价值追求，是对人类一切美好的价值追求。中国共产党作为人民根本利益的代表，始终坚持人民主体地位。中国共产党的自我革命是全体中国人民利益和意志的集中体现。中国共产党的自我革命是在社会主义核心价值观指导、在符合人民根本利益下开展的。中国共产党的自我革命作为人民群众的需要和利益的反映，表明自我革命推动中国共产党从幼稚走向成熟的过程，也是中国人民实现自信、自立、自强的过程。而中国人民作为中国革命、中国社会主义建设、中国改革的主体，其自身的革新过程正是中国人民开展伟大社会革命的过程。因此，中国人民不断实现人民民主、丰富物质生活、提振精神面貌的过程，也正是中国社会不断走向繁荣富强的过程。中国共产党的自我革命对中国人民的发展意义，恰恰反映了中国共产党的自我革命可以带领中国人民开展伟大的社会革命。它不仅反映在过去的历史发展进程中，更是反映在未来社会主义现代化强国的建设中。中国共产党的自我革命既是社会革命的有机组成部分，又是开展伟大社会革命的重要条件。没有中国共产党的自我革命，就不可能开展好伟大的社会革命。

第三节　中国共产党的自我革命
对构建人类命运共同体的意义

中国共产党作为无产阶级政党，肩负着实现人的解放的历史使命。中国共产党的自我革命在深化发展自身建设、反映中国人民的客观需要的同时，也对探索人类社会的发展规律有着重要意义。构建人类命运共同体是中国共产党为人类谋进步所贡献的中国智慧。人类命运共同体的内在要求是把每个人生活的世界建设成一个普遍安全、共同繁荣、开放包容的世界。中国共产党勇于自我革命的决心与行动也证明了中国共产党具备为世界和平安宁、世界共同发展、世界文明交流互鉴做贡献的能力，进而汇聚起构建人类命运共同体的力量。

一、中国共产党的自我革命为世界和平安宁做贡献

人人享有安宁和谐的普遍安全的世界，是人类命运共同体追求的题中应有之义。人类处在普遍安全的共同体之中才有可能实现人类共同的繁荣与发展。世界和平与安宁的问题关系到人类的前途命运。中国共产党作为中国无产阶级的先进组织，始终坚持为人的解放的理想目标谋出路。中国共产党在共产主义理想信念的指引下，不仅关注中国人民的发展，同时也关注人类的前途与命运，肩负着对世界的责任担当与情怀使命。中国共产党成立以来，世界一直充满着不确定性与不稳定性的因素。面对世界的不稳定，中国共产党迎难而上，不断完善、提高自己为世界和平与发展做贡献的能力，"始终不渝走和平发展道路，积极推进全球伙伴关系建设，主动参与国际热点难点问题的政治解决进程"①，进而为构建人类命运共同体贡献力量。

第一，中国共产党的自我革命推动了和平发展道路的建设。人是社会性的人，人与人之间的联系形成了个体、群体与人类等不同层次的主体。人的解放离不开每个人的发展，每个人的发展也离不开由社会、国家等组成的集体的和平与安全环境。中国共产党作为肩负人的解放历史使命的无产阶级政党，始终为营造和平稳定的全球环境做出自己的贡献与努力，并在自我革命中不断注入新的思想与行动。和平发展道路来之不易，它是中国共产党在实践探索中不断形成的，为推动人类和平与发展这一崇高事业，通过不断的自我革命而形成的国际战略。中国共产党从1921年到1949年，经过28年争取民族独立与解放的革命斗争，带领中国人民获得了新生。中国共产党在革命斗争中付出了巨大的代价与牺牲。中国共产党人在这场牺

---

① 习近平：《习近平谈治国理政》第三卷，北京：外文出版社2020年版，第436页。

牲中深深地感受到了和平的来之不易并坚定不移地为人类和平做出自己的贡献。新中国成立后，中国共产党始终奉行和平外交政策。后来，在党的十四大报告、十五大报告和十六大报告中，中国共产党也明确提出中国的外交政策的宗旨是维护世界和平、促进共同发展。进入21世纪之后，中国共产党多次强调中国要走和平发展道路，并先后写入党的十七大、十八大、十九大报告中。2007年在党的十七大报告中，中国共产党明确提出中国将"始终不渝走和平发展道路"。党的十八大以来，中国共产党对如何走和平发展道路提出了要求。2018年3月，《中华人民共和国宪法修正案》将坚持和平发展道路正式写入宪法。从中国共产党推动和平发展道路的历程来看，中国共产党为和平未来不断注入新的动力。

第二，中国共产党的自我革命推动了全球伙伴关系的建设。中国近代历史告诉人们落后必挨打。中国共产党铭记历史、引以为戒，坚持在人与人之间的社会交往中发展自身。需要是人与人之间交往的内在动力，并以利益的形式在社会关系中表现为一定的现实形态。中国共产党认识到只有不断扩大国际利益交往关系，中国才能构建覆盖全球的关系网络，才能在全球网络中打造包容性的全球伙伴关系，进而携手"同心打造人类命运共同体"①。全球伙伴关系是中国共产党在思考如何应对世界和平与发展这一重大课题过程中得出的治国理政新方针。这一新方针的提出是中国共产党在积极构建新型国际关系过程中不断与时俱进的成果。中国的外交政策是具体的、历史的，是中国共产党在依据各个时期的历史条件确定下来的。新中国成立前夕，面对帝国主义国家的封锁与孤立，中国共产党为了巩固新政权、团结一切社会主义国家，采取了"一边倒"的外交政策，坚持在独立自主的基础上坚定地站在以苏联为首的社会主义阵营的一边。随着苏联逐渐滑向修正主义、中苏的分歧越来越大，中国共产党逐渐放弃了"一边倒"的外交政策，并经历了从"反帝""反修"的外交政策到"一条线""一大片"外交政策的转变。中国外交政策的与时俱进有力地推进了国际统一战线的建立。改革开放之后，为了争取一个有利于和平与发展的国际环境，

---

① 习近平：《习近平谈治国理政》第二卷，北京：外文出版社2017年版，第521页。

中国共产党强调应该从国家利益出发而不是从意识形态的异同出发，在不断融入国际社会的进程中，不断提高自身的国际地位，不断为自身的国际话语权提升新高度。党的十八大以来，中国共产党站在世界格局加快演进的新的历史起点上，坚决继续深化全球伙伴关系的建设，努力为构建全球发展的人类命运共同体献力。

第三，中国共产党的自我革命彰显了解决国际热点难点问题的责任担当。和平是世界各国实现自身发展的必要条件。当今世界正处于大变革、大调整时期，在总体缓和、稳定的战略态势下，局部动荡与冲突也不间断地存在与发生。局部冲突和热点难点问题的存在使人类面临着和平赤字的挑战。中国共产党始终关注人类的前途与命运，努力同世界一切进步力量共同发展。为了在促进世界和平与发展上发挥建设性作用，中国共产党积极构建超越冷战思维、摒弃以对抗求安全的新安全观。中国共产党在构建新安全观上时刻保持与时俱进、不断革新。从"国家的主权、国家的安全要始终放在第一位"[1]到党的十八大以来的"贯彻落实总体国家安全观，必须既重视外部安全，又重视内部安全"[2]的提出。中国共产党不仅倡导新安全观，同时也积极带头践行新安全观。随着中国国际地位的提高，中国共产党作为一个负责任的大党，参与解决国际热点难点问题的热情不断上升、力度也在不断加大。例如，习近平在中国共产党与世界政党高层对话会上曾指出，中国是联合国维和行动的主要出兵国和出资国。

二、中国共产党的自我革命为世界共同发展做贡献

"实现各国共同发展，努力打造人类命运共同体"[3]是中国共产党在不断审时度势、与时俱进的基础上，对时代问题的科学认识与准确把握。中国共产党始终坚持胸怀天下，始终主动承担大责任、大担当，始终坚持为世界的共同发展做出大贡献。中国共产党作为马克思主义政党，始终坚持在推动自身发展的同时推动世界的共同发展。

---

① 邓小平：《邓小平文选》第三卷，北京：人民出版社1993年版，第348页。

② 习近平：《习近平谈治国理政》第一卷，北京：外文出版社2018年版，第201页。

③ 习近平：《论坚持推动构建人类命运共同体》，北京：中央文献出版社2018年版，第458页。

第一，中国共产党的自我革命推动了世界减贫事业的发展。中国共产党的初心与使命决定了带领中国人民消除贫困、实现共同富裕始终是中国共产党的任务。中国共产党带着这一必然任务，经过百年的艰苦奋斗从消除贫困工作的艰难起步走到全面建成小康社会的完成。实现这一任务不仅对中国自身发展具有重大意义，同时也为世界共同发展贡献了中国力量。中国脱贫攻坚任务的完成为人类减贫事业做出巨大贡献，也为世界各国提供了丰富的经验。中国共产党完成这一艰难任务离不开其在脱贫实践工作中的自我净化、自我完善、自我革新与自我提高。中国共产党始终做到对扶贫工作的及时总结，及时更新对中国扶贫问题的认识。例如，中国共产党从粗放型扶贫到精准扶贫的转变。中国共产党坚持从扶持对象、项目安排、资金使用、措施到户、因村派人、脱贫成效等六个方面在全国开启精准扶贫、精准脱贫的攻坚战。2021年，中国向世界宣告中国脱贫攻坚的胜利，中国完成了消除绝对贫困的艰巨任务。精准扶贫的成功实践提高了中国共产党的贫困治理能力，同时也为世界减贫事业做出了贡献。

第二，中国共产党的自我革命推动了中国援外事业的不断完善。中国共产党作为马克思主义执政党，除了注重中国自身的发展，同时也胸怀天下、心系苍生。中国共产党坚持身体力行地为世界发展提供帮助与支持，不断在战略谋划与具体实践中深化国际支持的相关工作，为构建人类命运共同体做出贡献。从战略谋划来看，中国始终坚持以平等互利、共同发展、不附带任何政治条件为核心的对外援助基本方针，实现了从提供物资援助到援助生产性项目的转变、从社会主义国家扩展到其他发展中国家、从单纯提供物资到多种形式的互利合作，深化对外援助工作的长远效果。在一定意义上可以说，构建人类命运共同体理念的提出正是新时代我国对外援助工作的价值引导、战略引导。从具体支持工作的实践情况来看，伴随着战略部署的优化调整，中国对外支持的具体工作也产生了相应的变化，使得对外支持工作的项目类型、资金手段、援助方式等变得越来越丰富。例如，无偿援助、优惠贷款、技术支持、人员支持、智力支持等形式与手段的多样化。总的来说，中国共产党始终坚持中国人民的根本利益与人类社会长远利益的协调统一，坚持在实现中国与世界各国的良性互动中为推动构建人类命运共同体做贡献。

第三，中国共产党的自我革命推动了全球发展合作的深化与发展。合作是人与人之间基于经济、政治等有关方面的共同需要，在平等互利原则上，形成的一种互动关系。当今的世界是一个全球联动的世界。经济全球化是时代发展的潮流，是社会生产力发展的客观要求。随着经济活动在国界间的不断跨越，各国之间的依赖程度也不断加深。独木不成林。在经济全球化深入发展的时代条件下，国家与国家之间要想实现自身的发展，必然离不开全球发展合作的不断深化。中国共产党始终尊重人类社会发展的必然规律，也坚持通过自身的自我革命不断深化对世界发展大势的认识与把握，并努力推动全球发展合作的不断深化，以期创造更多更大的发展机遇。例如，中国共产党努力以"革新、责任、合作：亚洲寻求共同发展"①为主题，与世界各国共商亚洲和世界发展大计；努力在弘扬"上海精神"中，促进上海合作组织成员国的共同发展；努力与东盟国家共同建设"更为紧密的中国—东盟命运共同体"②等。中国共产党在不断深化与世界各国的全球发展的实践合作中，为建设合作共赢美好世界做出贡献。

三、中国共产党的自我革命为世界文明交流互鉴做贡献

人类文明是人类物质生产和精神生产的积极成果的集合体，是社会进步、开化程度的标志。人类文明多样性是人类进步的源泉。人类文明多样性的维护建立在世界各国文明的交流与互鉴的基础上，只有经过各文明间的交流才能使人类文明的发展更充实。人类文明的多样性是人类命运共同体的重要支撑力量。为了保护人类文明的多样性，使其发挥好人类文明进步的动力作用，中国共产党始终坚持与时俱进、坚持理论与实践上的自我革新，努力在保证世界文明交流互鉴上发挥作用。

第一，中国共产党的自我革命，不断推动国际关系民主化的进程，为促进世界文明交流互鉴提供前提规则保障。人类文明发展进步以世界文明

---

① 习近平：《论坚持推动构建人类命运共同体》，北京：中央文献出版社2018年版，第27页。

② 习近平：《论坚持推动构建人类命运共同体》，北京：中央文献出版社2018年版，第51页。

的交流互鉴为推动力，而世界文明的交流互鉴以国际关系的民主与平等为重要保证。民主不仅是国内治理的重要方式，同时也是国际关系必须坚持的基本原则。中国共产党始终坚持从全人类的共同利益出发，在推动国际关系的民主与平等方面发挥着重要的作用。中国共产党始终坚持与其他国家之间采用"和平共处五项原则作为指导国际关系的准则"①。在世纪之交，为了推进世界和平与发展，江泽民在联合国千年首脑会议上的讲话中曾强调平等、民主的精神对于维护世界文明多样性共存、推动各种文明交流、互鉴具有重要作用。党的十八大以来，习近平在继承以往中国共产党关于国际关系民主化思想的基础上，坚持与时俱进，不断为推动国际关系民主化注入新生机。习近平对国际关系民主化进程做了定位，认为"国际关系民主化已成为不可阻挡的时代潮流"②。

第二，中国共产党的自我革命，不断推进"一带一路"建设，为维护世界文明交流互鉴提供了示范。"构建人类命运共同体，关键在行动。"③为了构建人类命运共同体，中国共产党始终重视世界各国的文明交流，坚持从具体实践行动出发维护人类文明的多样性。其中，"一带一路"的建设正是中国共产党通过具体实践推动文明交流互鉴的重要体现。中国共产党通过自我革命，实现了"一带一路"建设从倡议到战略规划再到行动的不断升级与深化。2013年，习近平提出建设"一带一路"倡议。"一带一路"战略规划是我国在新时期与周边其他国家开展合作的重要依托。这一重要依托为实现中国梦与世界梦之间搭建了桥梁。中国共产党在推动"一带一路"的战略建设中，始终坚持深化文明之间的交流与互鉴，坚持以文明共存的方式超越文明冲突、文明优越。中国共产党始终倡导发挥"一带一路"的世界作用，努力发挥好"一带一路"的开放包容的合作平台作用，坚持在各国文化交流中实现世界对本国的借鉴以及本国对世界的学习，增强世界

---

① 邓小平：《邓小平文选》第三卷，北京：人民出版社1993年版，第283页。

② 习近平：《论坚持推动构建人类命运共同体》，北京：中央文献出版社2018年版，第532页。

③ 习近平：《论坚持推动构建人类命运共同体》，北京：中央文献出版社2018年版，第418页。

各国文明的自信与自觉。

第三，中国共产党的自我革命推动了人类文明新形态的创造，为维护世界文明交流互鉴持续注入新的力量。中国共产党作为马克思主义执政党，在百年奋斗中始终坚持以人民为中心，把人的自由全面发展作为自己的奋斗目标。人的发展与社会的发展是一致的，而社会发展进步的具体表现便是人类文明的发展。中国共产党作为为人民求进步、求解放的政党，其自我革命的发展目标与全人类的解放与发展目标是一致的。中国共产党通过自我革命实践活动不仅实现了自身的发展，也通过自身的发展促进了人类社会的发展与进步。中国共产党坚持在社会发展过程中不断自我革命，推动了人与周围环境的和谐发展。在党的百年奋斗中，我们始终坚持吸收和借鉴人类文明的有益成果，坚持推动中华文明的历久弥新。中国共产党在自我革命中推动我国社会主义事业从"两手抓"到"三位一体"和"四位一体"再到"五位一体"的形成，逐步"创造了中国式现代化新道路，创造了人类文明新形态"①。中国共产党始终坚持"不断为人类文明进步贡献智慧和力量，同世界各国人民一道，推动历史车轮向着光明的前途前进"②的重要体现。人类文明新形态作为人的全面发展的新形态，表明我国的现代化道路是与西方的现代化、与人的物化发展状态根本不同的新样态。人类文明新形态的提出有力地驳斥了"西方中心论""历史终结论""文明冲突论""中国威胁论"等影响世界和平与发展的观点，有力地维护了世界文明的多样性。文明因多样而交流，因交流而互鉴，因互鉴而发展。人类文明新形态的形成为世界文明的融合注入了新的力量，有力地推动了世界人民自觉地加入构建人类命运共同体的实践进程中。人类文明新形态将更长远地为构建人类命运共同体提供支撑，使关乎全人类福祉的共同发展、合作共赢、共商共建共享等理念成为更广泛的共识。

总的来说，当今的世界是一个紧密联系的世界。世界各国人民彼此影

---

① 习近平:《在庆祝中国共产党成立100周年大会上的讲话》，北京：人民出版社2021年版，第14页。

② 《中共中央关于党的百年奋斗重大成就和历史经验的决议》，北京：人民出版社2021年版，第68–69页。

响、休戚与共，为共同的全球性的挑战与发展要求而奋斗。中国共产党的自我革命不仅推动了中国共产党、中国人民、中国社会的发展与进步，也推动着人类文明的发展与进步。自我革命是以进步的个体、群体与人类为有机主体，以推动人的解放为理想目标的实践活动。马克思主义人学认为，人的解放事业离不开无产阶级的领导。只有无产阶级能够担起领导全体进步人类改变旧世界、创造新世界进而实现人的解放的历史使命。中国共产党的自我革命所具有的世界意义，恰恰体现了中国共产党作为无产阶级政党起到的带动进步人类推动世界新发展的重要作用。

小　结

中国共产党是中国无产阶级的先进部队，始终坚持实现共产主义的理想目标。中国共产党的先进性质表明了其勇于开展刀刃向内的自我革命，绝不仅仅是为了实现自身的发展，它还具有更为普遍性的意义。中国共产党的自我革命的普遍意义关系自身的党性建设、关系到中华民族伟大复兴中国梦乃至人类命运共同体是否可以顺利实现。

本章主要回答中国共产党自我革命所具有的现实普遍意义的问题。其一，中国共产党的自我革命对党的自身建设的意义。中国共产党在百年奋斗历程中始终坚持在自我革命中保持党的纯洁性、提升党的长期执政能力、建设创新型政党以及建设高素质专业干部队伍。其二，中国共产党的自我革命对中国人民的意义。中国共产党在自我革命过程中发挥思想引领力与社会感召力，激发中国人民敢闯敢试、自强不息、自我革命的劲头。在中国共产党的领导下，中国人民不断突破自我、革新自我，推动了人民民主的有效实施、丰富了人民的物质生活、提振了人民的精神面貌。其三，中国共产党的自我革命对构建人类命运共同体的意义。中国共产党肩负着推动构建人类命运共同体的崇高使命。人类命运共同体的内在要求是把每个人生活的世界建设成一个普遍安全、共同繁荣、开放包容的世界。中国共产党勇于自我革命的决心与行动也证明了中国共产党具备为世界和平安宁、世界共同发展、世界文明交流互鉴做贡献的能力。

总的来说，中国共产党的自我革命具有深刻的普遍意义。中国共产党的自我革命不仅有利于加强党的自身建设，也在发挥政治引领力、思想引领力与社会感召力的过程中，不断激发广大人民群众的积极性、主动性与创造性，实现自我发展、自我革命。同时，中国共产党的历史使命也充分证明了中国共产党的自我革命也为人类和平与发展做出自己的贡献。中国共产党的自我革命所具有这种推动全社会乃至全体进步人类不断发展进步的带头作用，反映出中国共产党是自我革命与伟大社会革命的统一论者。中国共产党的自我革命所引发的社会主体革命恰恰是社会革命的反映。而这种广泛层面的自我革命与社会革命在真正意义上推动了人的自由全面发展的实现。

结　语

一、主要结论

马克思主义人学是以历史唯物主义和辩证唯物主义为指导思想，从整体上研究人的存在、人的本质以及人的发展，并致力于回答"什么是人""如何做人"等一些问题的学问。自我革命是革命主体作用于对象自我，以自我发展实现人类社会发展的实践活动。自我革命作为一项实践活动，其活动的主体是人。因此，马克思主义人学视域作为以现实的人为研究对象、以人的解放为发展目标的学问，无疑为自我革命提供了科学的理论基础与实践指导。

马克思主义人学坚持以人的现实存在的客观事实为出发点，通过对现实的人的全部社会实践和社会关系的研究，考察人的存在、本质、发展等相关规律。马克思主义人学关于人的存在论的考察，揭示了人不仅是自然存在物，更重要的是社会存在物。人不是个体的简单集合，而是始终处于一定社会交往之中的。人的社会性的存在方式决定人是由个体、群体、类的统一组成的有机体。马克思主义人学关于人的本质论的考察，揭示了人的劳动本质与社会关系本质的内在统一。简言之，人的本质就是社会性的实践劳动。人的社会性的实践劳动的本质，表明了人的存在状态的运动发展性。人作为劳动实践的存在物，始终通过自己的实践活动实现自身的自我扬弃与发展。马克思主义人学关于人的发展论的考察，揭示了人的发展与社会的发展是主客体的双向运动过程。人的发展不是毫无章法的，而是在遵循人的发展的合规律性、合目的性与社会历史条件性的统一基础上的发展。

马克思主义人学为自我革命研究提供了根本遵循。自我革命作为实践活动的一种类型，是人所特有的存在方式。自我革命的实践内容在于，作为主体性的人通过使对象自我发生合目的性、合规律性的改变，进而促进主体与客体之间的矛盾化解。从对自我革命做一般的实践活动分析来看，自我革命是包括个体、群体、人类等在内的人的实践活动，自我革命的驱动离不开人的主体性、本性需要、理想、价值、动机等目的要素的参与。但是，人的目的是多样的。人的目的多样性表明，人的实践活动的表现形式也是多样的。自我革命属于实践活动，但又有其自身的特殊性。马克思主义人学认为，革命是推动事物发生根本变革，引起事物从旧质到新质的飞跃，是一场全面的、彻底的、根本性的变革，是一场解放生产力的实践活动。随着社会生产水平的高度发达，人类社会发展的趋势必然是人的解放。而人民群众首先是劳动群众，是物质生产的主体，是生产力中最重要的因素。可以说，历史上一切真正的革命，实质上都是人民群众作为主力军的实践运动。社会中的每个人在社会历史中都能发挥其作用，但个人的作用只有在参与到群众创造历史的活动中才能表现出来。自我革命作为革命的一种类型，遵循着革命的一般规定。自我革命是以人民群众作为主力军，展开的具有根本性、超越性、彻底性的，旨在根除自身落后于生产力发展部分的内在指向性的、以实现人的解放为目标的革命活动。然而，人民群众作为生产力发展的重要因素，要想发挥自身的合力作用，离不开有组织的统一力量的发挥。无产阶级是先进生产力的代表，是受压迫最大、受剥削最重、最深的阶级。人民群众要想实现社会历史的发展创造，离不开先进生产力的代表，即无产阶级的领导带动。而无产阶级作为先进生产力的代表，其力量和智慧来自人民群众的实践。无产阶级要想实现自我解放，只有团结领导全世界进步人类，共同奋斗，实现全人类的解放，最终才能解放自己。其中，无产阶级政党作为由无产阶级优秀分子组成的政治组织，始终代表人民群众的意志和利益，始终代表先进生产力的发展要求，是无产阶级实现历史使命的根本保证。因此，可以说，自我革命的实现条件以促进社会发展进步为现实要求、以人民群众为主体力量、以人的解放的发展目标为根本遵循。

中国共产党是中国无产阶级的先进部队，拥有开展自我革命的现实力量。"勇于自我革命是中国共产党区别于其他政党的显著标志。"世界上的每一个政党都想通过自我革命的方式保持自身的生机与活力。从历史的发展进程来看，每一个政党都代表着自己的阶级与利益，而那些没有始终代表最广大人民根本利益而是从自己或小集团利益出发的政党，既没有开展自我革命的勇气，也没有实现自我革命的条件。例如苏联共产党，由于最终背弃了共产主义信念、脱离了人民群众的根基，而丧失了开展自我革命的勇气与底气，最终只能以分崩离析的结局而告终。中国共产党作为无产阶级政党，其党性要求始终坚持贯彻马克思主义强调的"只有在革命中才能抛掉自己身上的一切陈旧的肮脏东西，才能胜任重建社会的工作"的彻底革命观，始终坚持代表最广大人民的根本利益。中国共产党从成立之日起便以坚强的革命意志，承担起了为中国人民谋幸福、为中华民族谋复兴的使命，也经历了历史的锻造。中国共产党在艰苦奋斗、不怕流血、不怕牺牲的精神指引下，创立的"伟大建党精神""长征精神""延安精神""大庆精神""雷锋精神""'两弹一星'精神""特区精神"等革命精神，离不开其坚定的自我革命意志的支撑。在中国特色社会主义发展的新阶段，中国共产党又始终坚持以自我革命保持自身先进性，努力致力于彻底实现全体人民站起来、富起来、强起来的伟大历史任务。因此，无论从自我革命的精神理念还是行为表现来看，中国共产党始终"在学思践悟中牢记初心使命，在细照笃行中不断修炼自我"。

中国共产党的自我革命具有普遍意义。中国共产党作为中国无产阶级的先进部队，拥有自我革命的现实力量。但是社会历史发展的进程表明，中国共产党的自我革命的产生和实现不是偶然的，它源于一定社会历史条件下的经济文化发展水平以及广大人民群众的利益和要求。也就是说，中国共产党虽然拥有自我革命的现实力量，但自我革命的开展反映的人民群众的智慧和意志的集中体现。而人民群众强调的是一切推动社会历史发展的进步人类。因此，中国共产党作为代表最广大人民根本利益的马克思主义革命党与执政党，其开展的自我革命具有广泛的普遍意义。中国共产党的自我革命不仅对其自身的建设具有重要意义，而且对中国人民乃至人类的发展进步都具有重要意义。中国共产党的自我革命所具有的这种推动全社会，乃至全体进步人士不断发展的带头作用，反映出中国共产党是自我革命与伟大社会革命的统一论者。因此，马克思主义人学视域下的自我革命研究是需要全体人民共同反思和努力践行的重要议题。

二、未来展望

通过马克思主义人学视域下的自我革命研究，可以看到自我革命不仅是中国共产党加强自身建设的重要方式，同时也是进步的人保持自身发展的必要手段。

一方面，从中国共产党的自我革命来看。"坚持党的自我革命"是党的百年历史经验的宝贵经验之一。这足以看到坚持自我革命在确保中国共产党始终成为中国特色社会主义事业的坚强领导核心中的重要作用。自我革命作为一项实践积累的宝贵经验，随着中国共产党在新时代的实践活动而不断丰富与发展。因此，未来如何坚持以党的政治建设为统领，推进新时代全面从严治党的革命性锻造，使中国共产党始终保持山清水秀的政治生态的研究仍然具有深刻的现实意义。

另一方面，从进步的人保持自身发展来看。习近平在庆祝中国共产主义青年团成立100周年大会上对中国共青团提出了希望与建议。这表明自我革命不仅是中国共产党保持人民性、纯洁性、先进性的重要砝码，也可以成为其他先进个人、集体跟上时代前进步伐的重要方法。革命人永远年轻。广大人民群众要想始终跟随时代发展的脚步，争做担当中华民族伟大复兴的时代新人，就必然离不开自我革命的发挥作用。那么，如何用自我革命精神培育时代新人等问题也变得具有迫切的现实需要。因此，在更广泛的主体上，马克思主义人学视域下的自我革命研究仍然具有进一步的研究意义。

参考文献

一、中文参考文献

（一）著作类

［1］中共中央马克思恩格斯列宁斯大林著作编译局.马克思恩格斯文集：第一卷［M］.北京：人民出版社，2009.

［2］中共中央马克思恩格斯列宁斯大林著作编译局.马克思恩格斯文集：第二卷［M］.北京：人民出版社，2009.

［3］中共中央马克思恩格斯列宁斯大林著作编译局.马克思恩格斯文集：第三卷［M］.北京：人民出版社，2009.

［4］中共中央马克思恩格斯列宁斯大林著作编译局.马克思恩格斯文集：第四卷［M］.北京：人民出版社，2009.

［5］中共中央马克思恩格斯列宁斯大林著作编译局.马克思恩格斯文集：第五卷［M］.北京：人民出版社，2009.

［6］中共中央马克思恩格斯列宁斯大林著作编译局.马克思恩格斯文集：第七卷［M］.北京：人民出版社，2009.

［7］中共中央马克思恩格斯列宁斯大林著作编译局.马克思恩格斯文集：第八卷［M］.北京：人民出版社，2009.

［8］中共中央马克思恩格斯列宁斯大林著作编译局.马克思恩格斯文集：第九卷［M］.北京：人民出版社，2009.

［9］中共中央马克思恩格斯列宁斯大林著作编译局.马克思恩格斯文集：第十卷［M］.北京：人民出版社，2009.

［10］中共中央马克思恩格斯列宁斯大林著作编译局.马克思恩格斯全集：第一卷［M］.北京：人民出版社，1960.

［11］中共中央马克思恩格斯列宁斯大林著作编译局.马克思恩格斯全

集：第二卷［M］.北京：人民出版社，1957.

　　［12］中共中央马克思恩格斯列宁斯大林著作编译局.马克思恩格斯全集：第三卷［M］.北京：人民出版社，1965.

　　［13］中共中央马克思恩格斯列宁斯大林著作编译局.马克思恩格斯全集：第四卷［M］.北京：人民出版社，1958.

　　［14］中共中央马克思恩格斯列宁斯大林著作编译局.马克思恩格斯全集：第十七卷［M］.北京：人民出版社，1963.

　　［15］中共中央马克思恩格斯列宁斯大林著作编译局.马克思恩格斯全集：第二十卷［M］.北京：人民出版社，1971.

　　［16］中共中央马克思恩格斯列宁斯大林著作编译局.马克思恩格斯全集：第二十一卷［M］.北京：人民出版社，1965.

　　［17］中共中央马克思恩格斯列宁斯大林著作编译局.马克思恩格斯全集：第二十三卷［M］.北京：人民出版社，1972.

　　［18］中共中央马克思恩格斯列宁斯大林著作编译局.马克思恩格斯全集：第四十卷［M］.北京：人民出版社，1982.

　　［19］中共中央马克思恩格斯列宁斯大林著作编译局.马克思恩格斯全集：第四十六卷［M］.北京：人民出版社，1979.

　　［20］中共中央马克思恩格斯列宁斯大林著作编译局.马克思恩格斯全集：第四十七卷［M］.北京：人民出版社，1979.

　　［21］中共中央马克思恩格斯列宁斯大林著作编译局.列宁全集：第四卷［M］.北京：人民出版社，2017.

　　［22］中共中央马克思恩格斯列宁斯大林著作编译局.列宁全集：第六卷［M］.北京：人民出版社，2017.

　　［23］中共中央马克思恩格斯列宁斯大林著作编译局.列宁全集：第八卷［M］.北京：人民出版社，2017.

　　［24］中共中央马克思恩格斯列宁斯大林著作编译局.列宁全集：第十六卷［M］.北京：人民出版社，2017.

　　［25］中共中央马克思恩格斯列宁斯大林著作编译局.列宁全集：第二十四卷［M］.北京：人民出版社，2017.

［26］中共中央马克思恩格斯列宁斯大林著作编译局.列宁全集：第二十五卷［M］.北京：人民出版社，2017.

［27］中共中央马克思恩格斯列宁斯大林著作编译局.列宁全集：第二十九卷［M］.北京：人民出版社，2017.

［28］中共中央马克思恩格斯列宁斯大林著作编译局.列宁全集：第三十三卷［M］.北京：人民出版社，2017.

［29］中共中央马克思恩格斯列宁斯大林著作编译局.列宁全集：第三十四卷［M］.北京：人民出版社，2017.

［30］中共中央马克思恩格斯列宁斯大林著作编译局.列宁全集：第三十七卷［M］.北京：人民出版社，2017.

［31］中共中央马克思恩格斯列宁斯大林著作编译局.列宁全集：第三十九卷［M］.北京：人民出版社，2017.

［32］中共中央马克思恩格斯列宁斯大林著作编译局.列宁全集：第四十卷［M］.北京：人民出版社，2017.

［33］中共中央马克思恩格斯列宁斯大林著作编译局.列宁全集：第五十五卷［M］.北京：人民出版社，2017.

［34］毛泽东.毛泽东选集：第一卷［M］.北京：人民出版社，1991.

［35］毛泽东.毛泽东选集：第三卷［M］.北京：人民出版社，1991.

［36］毛泽东.毛泽东选集：第四卷［M］.北京：人民出版社，1991.

［37］中共中央马克思恩格斯列宁斯大林著作编译局.资本论：第1卷［M］.北京：人民出版社，2004.

［38］中共中央马克思恩格斯列宁斯大林著作编译局.列宁专题文集：论社会主义［M］.北京：人民出版社，2009.

［39］中共中央马克思恩格斯列宁斯大林著作编译局.列宁专题文集：论辩证唯物主义和历史唯物主义［M］.北京：人民出版社，2009.

［40］中共中央马克思恩格斯列宁斯大林著作编译局.列宁专题文集：论马克思主义［M］.北京：人民出版社，2009.

［41］中共中央马克思恩格斯列宁斯大林著作编译局.列宁专题文集：论无产阶级政党［M］.北京：人民出版社，2009.

［42］中共中央马克思恩格斯列宁斯大林著作编译局.列宁专题文集：论资本主义［M］.北京：人民出版社，2009.

［43］中共中央文献研究室.毛泽东年谱（一八九三——一九四九）：上卷［M］.北京：中央文献出版社，2013.

［44］中共中央文献研究室.毛泽东年谱（一八九三——一九四九）：中卷［M］.北京：中央文献出版社，2013.

［45］中共中央文献研究室.毛泽东年谱（一八九三——一九四九）：下卷［M］.北京：中央文献出版社，2013.

［46］中共中央文献研究室.毛泽东年谱（一九四九——一九七六）：第一卷［M］.北京：中央文献出版社，2013.

［47］中共中央文献研究室.毛泽东年谱（一九四九——一九七六）：第二卷［M］.北京：中央文献出版社，2013.

［48］中共中央文献研究室.毛泽东年谱（一九四九——一九七六）：第三卷［M］.北京：中央文献出版社，2013.

［49］中共中央文献研究室.毛泽东年谱（一九四九——一九七六）：第四卷［M］.北京：中央文献出版社，2013.

［50］中共中央文献研究室.毛泽东文集：第三卷［M］.北京：人民出版社，1996.

［51］邓小平.邓小平文选：第一卷［M］.北京：人民出版社，1994.

［52］邓小平.邓小平文选：第二卷［M］.北京：人民出版社，1994.

［53］邓小平.邓小平文选：第三卷［M］.北京：人民出版社，1993.

［54］刘少奇.刘少奇选集：上卷［M］.北京：人民出版社，1981.

［55］刘少奇.刘少奇选集：下卷［M］.北京：人民出版社，1985.

［56］刘少奇.论共产党员的修养［M］.北京：人民出版社，2000.

［57］江泽民.江泽民文选：第二卷［M］.北京：人民出版社，2006.

［58］胡锦涛.胡锦涛文选：第一卷［M］.北京：人民出版社，2016.

［59］胡锦涛.胡锦涛文选：第三卷［M］.北京：人民出版社，2016.

［60］习近平.习近平谈治国理政：第一卷［M］.北京：外文出版社，2018.

［61］习近平.习近平谈治国理政：第二卷［M］.北京：外文出版社，2017.

［62］习近平.习近平谈治国理政：第三卷［M］.北京：外文出版社，2020.

［63］习近平.之江新语［M］.杭州：浙江人民出版社，2007.

［64］习近平.论党的宣传思想工作［M］.北京：中央文献出版社，2020.

［65］习近平.论坚持推动构建人类命运共同体［M］.北京：中央文献出版社，2018.

［66］习近平.在庆祝中国共产党成立100周年大会上的讲话［M］.北京：人民出版社，2021.

［67］习近平.在党史学习教育动员大会上的讲话［M］.北京：人民出版社：2021.

［68］中共中央关于党的百年奋斗重大成就和历史经验的决议［M］.北京：人民出版社，2021.

［69］党的十九大文件汇编［M］.北京：党建读物出版社，2017.

［70］中共中央宣传部.习近平新时代中国特色社会主义思想学习问答［M］.北京：学习出版社，2021.

［71］中共中央宣传部.习近平新时代中国特色社会主义思想学习纲要［M］.北京：学习出版社，2019.

［72］中国法制出版社.中国共产党党员教育管理工作条例［M］.北京：中国法制出版社，2019.

［73］党政领导干部选拔任用工作条例［M］.北京：党建读物出版社，2019.

［74］北京大学哲学系外国哲学史教研室.十八世纪末—十九世纪初德国哲学［M］.北京：商务印书馆，1975.

［75］中共中央党史和文献研究院.中国共产党一百年大事记：1921年7月—2021年6月［M］.北京：人民出版社，2021.

［76］中国社会科学院.中国社会科学院西方宪政民主观批判文选［M］.

北京：中国社会科学出版社，2016.

［77］中国社会科学院.中国社会科学院历史虚无主义批判文选［M］.北京：中国社会科学出版社，2015.

［78］中国社会科学院.中国社会科学院"普世价值"论批判文选［M］.北京：中国社会科学出版社，2016.

［79］中国人学学会.人学与现代化［M］.南宁：广西人民出版社，1998.

［80］王沪宁.政治的逻辑：马克思主义政治学原理［M］.上海：上海人民出版社，2016.

［81］赵敦华.西方人学观念史［M］.北京：北京出版社，2005.

［82］李中华.中国人学思想史［M］.北京：北京出版社，2005.

［83］陈志尚.人学原理［M］.北京：北京出版社，2004.

［84］陈志尚.人学新论：马克思主义人学基本理论和重大现实问题研究［M］.北京：人民出版社，2015.

［85］黄楠森，夏甄陶，陈志尚.人学词典［M］.北京：中国国际广播出版社，1990.

［86］黄楠森.人学的足迹［M］.南宁：广西人民出版社，1999.

［87］夏甄陶.认识发生论［M］.北京：人民出版社，1991.

［88］袁贵仁.马克思主义人学理论研究［M］.北京：北京师范大学出版社，2017.

［89］袁贵仁.人的素质论［M］.北京：中国青年出版社，1993.

［90］韩庆祥.马克思的人学理论［M］.郑州：河南人民出版社，2011.

［91］韩庆祥.现实逻辑中的人：马克思的人学理论研究［M］.北京：北京师范大学出版社，2017.

［92］欧阳康.社会认识论［M］.昆明：云南人民出版社，2002.

［93］张步仁，马杏苗.马克思主义人学研究［M］.哈尔滨：黑龙江人民出版社，2005.

［94］王伟光.社会矛盾论：我国社会主义现阶段阶级、阶层和利益群体的分析［M］.北京：中国社会科学出版社，2011.

［95］胡大平.后革命氛围与全球资本主义：德里克"弹性生产时代的马克思主义"研究［M］.北京：北京师范大学出版社，2018.

［96］高清海.哲学与主体自我意识：论马克思实践观点的思维方式［M］.北京：北京师范大学出版社，2017.

［97］陈志良.思维的建构和反思：重新理解马克思主义认识论［M］.北京：北京师范大学出版社，2017.

［98］任平.走向交往实践的唯物主义：马克思交往实践观的历史视域与当代意义［M］.北京：北京师范大学出版社，2017.

［99］程美东，张晓峰.20世纪中国革命理论与中国现代化的历程：孙中山、毛泽东、邓小平的革命观［M］.济南：济南出版社，2002.

［100］李鼎文.马克思精神是人的解放［M］.北京：东方出版社，2002.

［101］李英.历史唯物主义视阈下的自我实现研究［M］.北京：中国社会科学出版社，2013.

［102］张健.论人的精神世界［M］.郑州：河南人民出版社，2011.

［103］邹广文，常晋芳.全球化进程中的人［M］.郑州：河南人民出版社，2011.

［104］赵鼎新.社会与政治运动讲义［M］.北京：社会科学文献出版社，2012.

［105］李强.社会分层十讲［M］.北京：社会科学文献出版社，2008.

［106］叶启绩，钟明华.马克思主义人学视域中的现代人生问题［M］.北京：人民出版社，2006.

［107］查正权.何以成人：马克思关于人的范畴研究［M］.南京：南京大学出版社，2015.

［108］王中汝.马克思主义基本原理若干问题研究［M］.北京：社会科学文献出版社，2019.

［109］冯珊.马克思个人与共同体关系的思想研究［M］.北京：中国社会科学出版社，2020.

［110］许纪霖.家国天下：现代中国的个人、国家与世界认同［M］.上海：上海人民出版社，2016.

［111］杨晶.列宁人学思想研究［M］.北京：中国社会科学出版社，2020.

［112］辛世俊，等.马克思主义人学中国化新探［M］.北京：人民出版社，2013.

［113］汤俊峰.自我革命——全面从严治党战略［M］.北京：研究出版社，2017.

［114］甄占民.常青之道：中国共产党自我革命的故事［M］.北京：中共党史出版社，2021.

［115］张志明.百年大党：走向最强大政党［M］.北京：中国财政经济出版社，2021.

［116］韦磊.伟大的自我革命：国际社会看新时代全面从严治党［M］.北京：中国方正出版社，2019.

［117］陈坚.党的自我革命：中国改革开放成功的政治密码［M］.北京：北京人民出版社，2020.

［118］徐昕.自我革命：新时代党的建设伟大方略［M］.南京：江苏人民出版社，2021.

（二）译作类

［1］萨特.存在主义是一种人道主义［M］.周煦良，汤永宽，译.上海：上海译文出版社，1988.

［2］马尔库塞.单面人［M］.左晓斯，张宜生，肖滨，译.长沙：湖南人民出版社，1988.

［3］基辛格.世界秩序［M］.胡利平，等译.北京：中信出版社，2015.

［4］曼德尔.革命的马克思主义与20世纪社会现实［M］.颜岩，译.北京：中国人民大学出版社，2013.

［5］桑德斯.我们的革命［M］.钟舒婷，等译.南京：江苏凤凰文艺出版社，2018.

［6］米尔斯.权力精英［M］.李子雯，译.北京：北京时代华文书局，2017.

［7］马尔库什.马克思主义与人类学：马克思哲学关于"人的本质"的

概念［M］.李斌玉，孙建茵，译.哈尔滨：黑龙江大学出版社，2011.

［8］鲍曼.共同体［M］.欧阳景根，译.南京：江苏人民出版社，2003.

［9］吉登斯.现代性与自我认同：现代晚期的自我与社会［M］.赵旭东，等译.北京：生活·读书·新知三联书店，1998.

［10］凯什，等.数字正义：当纠纷解决遇见互联网科技［M］.赵蕾，等译.北京：法律出版社，2019.

［11］尼葛洛庞蒂.数字化生存［M］.胡泳，范海燕，译.北京：电子工业出版社，2017.

［12］桑德尔.公正：该如何做是好?［M］.朱慧玲，译.北京：中信出版社，2012.

［13］赫里尔.全球秩序与全球治理［M］.林曦，译.北京：中国人民大学出版社，2018.

［14］阿伦特.论革命［M］.陈周旺，译.南京：译林出版社，2011.

［15］斯考切波.国家与社会革命——对法国、俄国和中国的比较分析［M］.何俊志，王学东，译.上海：上海人民出版社，2007.

［16］泰勒.自我的根源：现代认同的形成［M］.韩震，等译.南京：译林出版社，2012.

［17］埃克尔斯.脑的进化：自我意识的创生［M］.潘泓，译.上海：上海科技教育出版社，2005.

［18］胡德.自我的本质［M］.钱静，译.杭州：浙江人民出版社，2020.

［19］布尔迪厄.自我分析纲要［M］.刘晖，译.北京：中国人民大学出版社，2017.

［20］马斯洛.自我实现的人［M］.许金声，等译.北京：生活·读书·新知三联书店，1987.

（三）期刊类

［1］陈志尚.人学研究的回顾与展望［J］.毛泽东邓小平理论研究，2010（6）：64-70.

［2］陶德麟.关于人学研究的两个问题之我见［J］.马克思主义哲学研究，2006（1）：295-299.

［3］袁贵仁.人的素质与当代中国发展［J］.中国社会科学,1998（1）：31-33.

［4］韩庆祥."两个伟大革命"的哲学基础［J］.前线,2020（10）：4-7.

［5］欧阳康.论主体能力［J］.哲学研究,1985（7）：3-11.

［6］王锐生.当代人类发展与21世纪的价值选择［J］.中国社会科学,1998（1）：28-31.

［7］阮青.马克思主义人学研究方法论研讨会述要［J］.哲学动态,1998（1）：8-10.

［8］丰子义.面向新时代的人学研究［J］.江海学刊,2022（1）：55-63.

［9］张康之.基于人的活动的三重空间——马克思人学理论中的自然空间、社会空间和历史空间［J］.中国人民大学学报,2009,23（4）：60-67.

［10］林剑.论马克思实践唯物主义人学理论的深刻革命［J］.哲学研究,2006（9）：18-22.

［11］衣俊卿.人类发展状况批判与人学主题的确立［J］.中国社会科学,1998（1）：21-24.

［12］陈新夏.当代中国人学研究的主要路径［J］.武汉科技大学学报（社会科学版）,2021（4）：373-378.

［13］张雷声.关于理论逻辑、历史逻辑、实践逻辑相统一的思考——兼论马克思主义整体性研究［J］.马克思主义研究,2019（9）：48-56.

［14］赖金良.哲学价值论研究的人学基础［J］.哲学研究,2004（5）：17-24+95.

［15］陈树文,陈金美.主体实践能力系统结构初探［J］.探索,1992（2）：42-47.

［16］夏建国,沈建波.真理的主体性与马克思主义理论的实践功能［J］.江汉论坛,2014（6）：37-42.

［17］党永强.追寻自我：现代性自我认同的危与机［J］.同济大学学报（社会科学版）,2020（5）：94-102+113.

［18］郭正红.马克思主义自我批判精神及其当代价值［J］.马克思主义研究，2015（5）：36-41+62+159-160.

［19］高斯扬.现代性视域下的马克思"自我"思想探析［J］.人民论坛·学术前沿，2017（21）：138-141.

［20］魏新东，汪凤炎.从无我到自我实现：基于自我发展的智慧历程［J］.心理科学进展，2020（11）：1880-1889.

［21］高斯扬.自我的张力——马克思"自我"观初探［J］.理论与改革，2016（5）：38-42.

［22］诺瑟夫.自我及其时间［J］.秦鹏民，译.华南师范大学学报（社会科学版），2020（2）：5-13+189.

［23］王启康.论自我意识及其与自我之关系［J］.华中师范大学学报（人文社会科学版），2007（1）：124-133.

［24］王德军.人的自我及其实现［J］.浙江社会科学，2006（6）：112-117.

［25］刘岸英.自我概念的理论回顾及发展走向［J］.心理科学，2004（1）：248-249.

［26］甘绍平.自我展示之伦理维度［J］.东南大学学报（哲学社会科学版），2022，24（3）：5-13+146.

［27］董慧.中国式现代化的唯物史观意蕴［J］.哲学研究，2022（6）：5-12+126.

［28］韩喜平，姚治，何柏岐.坚持自我革命：跳出"历史周期率"的第二个答案［J］.思想教育研究，2022（4）：3-10.

［29］甄占民，唐爱军.新时代中国共产党自我革命理论的系统构建［J］.中共中央党校（国家行政学院）学报，2020，24（6）：5-12.

［30］曲青山.勇于自我革命是我们党的鲜明品格［J］.党建，2017（4）：29-31+34.

［31］辛向阳.共产党人如何练就彻底的自我革命精神［J］.人民论坛，2018（20）：28-29.

［32］张一兵.反抗帝国：新的革命主体和社会主义战略——奈格里、

哈特《帝国》解读［J］.东岳论丛，2018（5）：5-13.

［33］陈家刚.坚持自我革命　锻造长期执政的马克思主义政党［J］.教学与研究，2021（12）：21-25.

［34］段妍.新时代中国共产党以自我革命应对风险考验的现实路径［J］.求索，2022（3）：28-34.

［35］张雷.新时代中国共产党推进自我革命的四重逻辑［J］.南京社会科学，2022（5）：9-16.

［36］唐皇凤，任婷婷.新中国70年中国共产党的自我革命：实践历程、基本经验与战略路径［J］.江苏社会科学，2019（5）：30-40.

［37］齐卫平.论新时代党的自我革命与全面从严治党［J］.思想理论教育，2019（8）：4-10.

［38］单伟.从自我革命的视角探析全面推进党的建设［J］.党的文献，2019（5）：24-29.

［39］陈锡喜，董玥.论党的自我革命命题提出的历史逻辑和内涵［J］.思想理论教育，2020（11）：74-79.

［40］汤俊峰.全面从严治党：中国共产党自我革命的伟大壮举［J］.前线，2018（4）：24-27.

［41］韩振峰，练宸希.中国共产党百年"自我革命"的哲学审视［J］.北京行政学院学报，2021（3）：9-14.

［42］任晓伟.习近平关于"两个伟大革命"基本内涵和内在关系的重要论述及其意义［J］.党的文献，2019（5）：18-23.

［43］韩凯."两个伟大革命"的时代内涵［J］.前线，2018（12）：46-49.

［44］赵秀华.准确理解中国共产党自我革命的科学内涵［J］.马克思主义研究，2020（2）：45-53.

［45］陈建兵，郭小铭.中国共产党自我革命的动力探析［J］.科学社会主义，2022（2）：15-21.

［46］张润峰.党的自我革命：建党百年回望及经验启示［J］.重庆大学学报（社会科学版），2021（3）：14-26.

［47］杨俊.中国共产党推进自我革命的伟大实践及意义［J］.理论视野，2022（1）：5-10.

［48］王晓升.实现可持续发展的途径——人的革命还是科技革命［J］.贵州社会科学，1997（6）：29-34.

［49］王端庆.人的革命与高等教育革命［J］.辽宁高等教育研究，1995（4）：30-35.

［50］李泾一，杨玉瑞，陈锋.对21世纪"人的革命"的思考［J］.甘肃广播电视大学学报，1999（4）：19-22.

［51］陈新夏.人的发展视域中的社会主义核心价值观［J］.马克思主义理论学科研究，2019（3）：42-51.

［52］刘汉峰.论革命性锻造［J］.中国特色社会主义研究，2020（1）：88-93+110.

［53］张志丹.论革命的人性［J］.学术前沿·学术前沿，2020（10）：106-115.

［54］贾英健.风险社会的实践生成及人学意蕴［J］.中共济南市委党校学报，2008（4）：57-61.

［55］夏有恒.人的革命和企业人革命［J］.企业文化，1998（2）：3-5.

［56］郭祥才.论知识经济条件下的主体革命［J］.中共浙江省委党校学报，1999（3）：32-35.

［57］原华荣.人的革命与可持续发展［J］.西北人口，1998（3）：23-26.

［58］李开玲.WTO·高等教育大众化·人的革命［J］.辽宁教育研究，2003（1）：26-28.

［59］李菲菲，董慧.大数据时代下城市治理的伦理诉求［J］.城市发展研究，2020，27（5）：65-71.

（四）电子文献

［1］中国共产党党内统计公报［R/OL］.（2021-06-30）［2022-06-24］.https：//www.12371.cn/2021/06/30/ARTI1625021390886720.shtml.

二、外文参考文献

（一）著作类

［1］DAVIS D，MAUSBACH W，KLIMKE M，et al. Changing the World，Changing Oneself［M］.Berghahn Books，2010.

［2］ADAMS B.Theory of Social Revolutions［M］.Manybooks.Net，2004.

［3］BLUM CO.Critics of the Enlightenment：readings in the French counterrevolutionary tradition［M］.Wilmington，2003.

［4］CASTORIADIS C.Political and Social Writings［M］.University of Minnesota Press，1988.

［5］PERRY E J，SELDEN M.Chinese Society—change，conflict and resistance［M］.Asia's Transformations，2000.

［6］KARIOKI J N.Tanzania's Human Revolution［M］.University Park，Pa.and London：Pennsylvania State University Press，1979.

［7］GAINOUS J，WAGNER K M.Tweeting to Power—The Social Media Revolution［M］.Oxford University Press，2014.

［8］SIDANIUS J，PRATTO F.Social Dominance—an Intergroup Ttheory of Social Hierarchy and Oppression［M］.Cambridge University Press，1999.

［9］LAYFIELD L J，ESEBUA M.A modified Papanicolaou Society of Cytopathology system for reporting respiratory cytology specimens：Implications for estimates of malignancy risk and diagnostic accuracy［M］.Diagnostic Cytopathology，2021.

［10］L.Eve Armentrout Ma.Revolutionaries，Monarchists，and Chinatowns［M］.University of Hawai'I Press，2019.

［11］Major Brian L.Mayer.Modern Social Media and Social Revolutions［M］.Fort Leavenworth，Kansas，2011.

［12］FISCHER-KOWALSKI M，HAUSKNOST D.Large scale societal transitions in the past.The Role of Social Revolutions and the 1970s Syndrome［M］.IFF-Social Ecology，2014.

［13］DRYHURST N F.The great French Revolution［M］.New York：

Schocken Books，1971.

［14］SAULL R G.Rethinking Theory and History in the Cold War：The State，Military Power and Social Revolution［M］.ProQuest LLC，2014.

［15］DUNBAR R.Female Liberation As the Basis for Social Revolution［M］.El Libro Libre：Flatbush，2013.

［16］DUTT R P.Fascism and Social revolution：A Study of the economics and Politics of the Extreme Stages of Capitalism in Decay［M］.E Proletarian，1974.

［17］MILLERM MA.Selected Writings on Anarchism and Revolutionthe［M］.I.T.Press，1970.

［18］HIRSCH S J，VAN DER WALT L.Anarchism and Syndicalism in the Colonial and Postcolonial World，1870-1940［M］.Benedict Anderson，2010.

［19］SKOCPOL T.States and Social Revolution［M］.Cambridge University Press，1979.

［20］STEPANENKO V，PYLYNSKYI Y.Ukraine After the Euromaidan［M］.Peter Lang，2015.

（二）期刊类

［1］ASHRAF A.Bazaar-Mosque Alliance：The Social Basis of Revolts and Revolutions［J］.International Journal of Politics，Culture，and Society，1988，1（4）：538-567.

［2］MALAMUD A.Social Revolution or Political Takeover?：The Argentine Collapse of 2001 Reassessed［J］.Latin American Perspectives，2013，42（1）：11-26.

［3］BESEK J F.Post Growth Living：For an Alternative Hedonism［J］.Monthly Review-an Independent Socialist Magazine，2021，73（4）：57-65.

［4］HENNING B.Environmental fairness.The social dispersal of environmental strains［J］.Kolner Zeitschrift Fur Soziologie Und Sozialpsychologie，2006，58（2）：371-373.

［5］MACARTNEY C A.The Social Revolution in Austria［J］.The

Economic Journal, 1927, 37（146）: 290-292.

［6］KROEBER C B.Theory and History of Revolution［J］.Journal of World History, 1996, 7（1）: 21-40.

［7］WILLIAM C, WEBSTER R, LELEUX C.Smart Governance: Opportunities for Technologically-mediated Citizen Co-production［J］. Information Polity, 2018, 23（1）: 95-110.

［8］Doaa M.Salman Abdou and Zeinab Abbas Zaazou.The Egyptian revolution and post socio-economic impact［J］.Topics in Middle Eastern and African Economies, 2013, 15（1）: 92-115.

［9］DU SHASHA, HU PENGHUI.The "McDonaldized Consumer Society" and tourism industry governance by local development zones in China: an empirical study［J］.Current Issues in Tourism, 2021, 25（6）: 874-886.

［10］BEVIS E.Preliminary Exam Summary; Section: Social Change［J］. International Advances in Engineering and Technology, 2012（2）: 99-115.

［11］ENDLEMAN R.Reflections on the human revolution［J］.Psychoanal Rev, 1966, 53（2）: 169-188.

［12］VOLPI F.Framing Political Revolutions in the Aftermath of the Arab Uprisings［J］.Mediterranean Politics, 2014, 19（1）: 153-156.

［13］ALBEE G W.Revolutions and Counterrevolutions in Prevention［J］. the American Psychological Association, 1996, 51（11）: 1130-1133.

［14］BARKER G, BARTON H, BIRD M.The "human revolution" in lowland tropical Southeast Asia: the antiquity and behavior of anatomically modern humans at Niah Cave（Sarawak, Borneo）［J］.Journal of Human Evolution, 2007（52）: 243-261.

［15］HAILWOOD S.Reversing Environmental Degradation: Justice, Fairness,Responsibility and Meaning［J］.Environmental Values,2017,26（6）: 663-668.

［16］GOLDSTONE J.Rethinking Revolution: Integrating Origins, Processes and Outcomes［J］.Comparative Studies of South Asia, Africa and the Middle East，2009，29（1）：18-32.

［17］GOODWIN J.Toward a New Sociology of Revolutions［J］.Theory and Society，1994，23（6）：731-766.

［18］GOODWIN J，SKOCPOL T.Explaining Revolutions in the Contemporary Third World［J］.Politics & Society，1989，17（4）：489-509.

［19］LUCYNA K.Treatment of brain metastases from lung cancer：challenging the historical nihilism concerning prognosis［J］.Ournal of Thoracic Disease，2021，13（5）：3226-3229.

［20］KIM Y W.The Revolutionary Life Extension of Transhumanism and Christianity：Cyborg and Eternal Life［J］.Literature and Religion，2020，25（1）：59-82.

［21］BROERS L.After the "revolution"：civil society and the challenges of consolidating democracy in Georgia［J］.Central Asian Survey,2005,24（3）：333-350.

［22］LIU L P，Shenoy P P Conditional belief functions［J］.Decision Sciences Institute 1998 Proceedings，1998，1（3）：589-591.

［23］NICHOLAS L.Reinventing Collectivism［J］.Urban Policy and Research，2008，26（1）：1-3.

［24］Macaranas，Juan Rafael G.Philosophy in a Meaningless Life：A System of Nihilism，Consciousness and Reality［J］.Meta-research in Hermeneutics Phenomenology and Practical Philosophy，2021，13（1）：280-286.

［25］JULIE M.Free repair against the consumer society：How repair cafes socialize people to a new relationship to objects［J］.Journal of Consumer Culture，2022，22（2）：534-550.

［26］TEEUWEN M.Soka Gakkai's human revolution：The rise of a mimetic nation in modern Japan［J］.Contemporary Japan，2021，33（1）：138-141.

［27］KALDOR M.The Idea of Global Civil Society［J］.International

Affairs, Royal Institute of International Affairs, 2003, 79（3）: 583-593.

［28］ZAVALA M, GOLDEN N A.Prefiguring Alternative Worlds: Organic CrLiteracies and Socio-Cultural Revolutio［J］.Knowledge Cultures, 2016, 4（6）: 207-227.

［29］NILSSON P.Butler's Stone and Ultimate Psychological Hedonism［J］. Philosophia, 2013, 41（2）: 545-553.

［30］PALMER E.Individualism versus collectivism［J］.The Western journal of medicine, 1984, 140（2）: 291-292.

［31］BLANC P L.Lenin and Revolutionary Democracy［J］.Critique, 2010, 38（4）: 617.

［32］ANDORS P.Social revolution and woman's emancipation: China during the great leap forward［J］.Bulletin of Concerned Asian Scholars, 1975, 7（1）: 33-42.

［33］PLATA E A C, TACCA H E.Power load identification［J］.Journal of the Franklin Institute-Engineering and Applied Mathematics,2005,342（1）: 97-113.

［34］DAHRENDORF R.Toward a Theory of Social Conflict［J］.The Journal of Conflict Resolution, 1958, 2（2）: 170-183.

［35］TANTER R, MIDLARSKY M.A theory of revolution［J］.Conflict Resolution, 1967, XI（3）: 264-280.

［36］SAULL R.Locating the Global South in the Theorisation of the Cold War: Capitalist Development, Social Revolution and Geopolitical Conflict［J］. Third World Quarterly, 2005, 26（2）: 253-280.

［37］COX R W.Social Forces, States and World Orders: Beyond International Relations Theory［J］.Millennium: Journal of International Studies, 1981, 10（2）: 126-155.

［38］MILLIKEN S.Rethinking the human revolution［J］.Before Farming, 2008（1）: 1-9.

［39］LAUREN S.Revolutionary Fossils, Ancient Biomolecules, and

Reflections in Ethics and Decolonization: Paleoanthropology in 2019 [J]. American Antheropogist, 2020, 122 (2): 306-320.

[40] FISHER S E, RIDLEY M.Culture, Genes, and the Human Revolution [J].AAAS, 2013, 340 (6135): 929-930.

[41] JONES S F, MOUNT HOLYOKE COLLEGE.The Rose Revolution: A Revolution without Revolutionaries ? [J].Cambridge Review of International Affairs, 2006, 19 (1): 33-48.

[42] STIRLING A, BURGMAN M A.Strengthening conservation science as a crisis discipline by addressing challenges of precaution privilege and individualism [J].Conservation Biology, 2021, 35 (6): 1738-1746.

[43] SOEDERBERG S.From Neoliberalism to Social Liberalism Situating the National Solidarity Program Within Mexico's Passive Revolutions [J]. Latin American Perspectives, 2001, 28 (3): 104-123.

[44] MEVLUT T, NURULLAH G.Individualism and Working Hours: Macro-Level Evidence [J].Social Indicators Research, 2022, 159 (2): 733-755.

[45] AWAYA T.Organ Transplantation and the Human Revolution [J]. Transplantation Proceedings, 1999 (31): 1317-1319.

[46] IOAN T.Migration as a (Non) Traditional Security Issue of the Risk Society [J].Postmodern Openings, 2021, 12 (2): 387-409.

[47] LEYVA Y C. "I Go to Fight for Social Justice": children as revolutionaries in the Mexican revolution [J].Peace & Change, 1998, 23 (4): 423-439.

[48] LOWE E D, STRAUSS C.Introduction: Person-Centered Approaches in the Study of Culture and Poverty [J].Ethos, 2018, 46 (3): 299-310.

[49] LAPWORTH A.Sensing [J].Trans Inst Br Geogr, 2019, 44 (4): 657-660.

[50] URBAN E.On matters of mind and body: regarding Descartes [J]. Journal of Analytical Psychology, 2018, 63 (2): 228-240.

［51］KRUGER F.Enacting small justices：Education，place and subjectivity in the Anthropocene［J］.The Philosophy of Education Society of Great Britain.2021，55（4-5）：665-674.

［52］HOELLE J，GOULD R K，TAURO A.Beyond "desirable" values：Expanding relational values research to reflect the diversity of human-nature relationships［J］.People and Nature，2022（00）：1-12.

［53］BAKHURST D.Human nature，reason and morality［J］.The Philosophy of Education Society of Great Britain，2021，55（6）：1029-1044.

［54］BALMFORD A.Concentrating vs.spreading our footprint：how to meet humanity's needs at least cost to nature［J］.Journal of Zoology，2021，315（2）：79-109.

［55］HALDANE J.Philosophy in relation to other disciplines exploring human nature［J］.Metaphilosophy，2022，53（1）：3-16.

［56］WOLF-MEYER M. "Human Nature" and the Biology of Everyday Life［J］.American Anthropologist，2019，121（2）：338-349.

［57］JACKELÉN A.What may we hope？［J］.Dialog，2022，61（1）：13-19.

［58］DIETRICH P，KNIEPER T.（Neuro）Aesthetics：Beauty，ugliness，and ethics［J］.PsyCh Journal，2022：1-9.

［59］IRIGUCHI S.Toward the development of true "off-the-shelf" synthetic T-cell immunotherapy［J］.Cancer Sci，2019，110（1）：16-22.

［60］HIRAI T，COMIM F，JOLLY R.Rescuing human development from a lip-service syndrome［J］.Dev Policy Rev，2019，39（2）：197-211.